本书由
中央高校建设世界一流大学（学科）
和特色发展引导专项资金
资助

中南财经政法大学"双一流"建设文库

中|国|经|济|发|展|系|列|

中国经济周期波动的原因及其福利成本研究

庄子罐 著

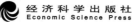

中国财经出版传媒集团

经济科学出版社

Economic Science Press

图书在版编目（CIP）数据

中国经济周期波动的原因及其福利成本研究/庄子罐著．
—北京：经济科学出版社，2019.12
（中南财经政法大学"双一流"建设文库）
ISBN 978 - 7 - 5218 - 1149 - 0

Ⅰ.①中… Ⅱ.①庄… Ⅲ.①中国经济 - 经济周期
波动 - 研究 Ⅳ.①F124.8

中国版本图书馆 CIP 数据核字（2019）第 284297 号

责任编辑：孙丽丽 撒晓宇
责任校对：蒋子明
版式设计：陈宇琰
责任印制：李 鹏

中国经济周期波动的原因及其福利成本研究
庄子罐 著
经济科学出版社出版、发行 新华书店经销
社址：北京市海淀区阜成路甲 28 号 邮编：100142
总编部电话：010 - 88191217 发行部电话：010 - 88191522
网址：www. esp. com. cn
电子邮箱：esp@ esp. com. cn
天猫网店：经济科学出版社旗舰店
网址：http://jjkxcbs. tmall. com
北京季蜂印刷有限公司印装
787 × 1092 16 开 15.5 印张 250000 字
2019 年 12 月第 1 版 2019 年 12 月第 1 次印刷
ISBN 978 - 7 - 5218 - 1149 - 0 定价：62.00 元

总　序

　　"中南财经政法大学'双一流'建设文库"是中南财经政法大学组织出版的系列学术丛书，是学校"双一流"建设的特色项目和重要学术成果的展现。

　　中南财经政法大学源起于1948年以邓小平为第一书记的中共中央中原局在挺进中原、解放全中国的革命烽烟中创建的中原大学。1953年，以中原大学财经学院、政法学院为基础，荟萃中南地区多所高等院校的财经、政法系科与学术精英，成立中南财经学院和中南政法学院。之后学校历经湖北大学、湖北财经专科学校、湖北财经学院、复建中南政法学院、中南财经大学的发展时期。2000年5月26日，同根同源的中南财经大学与中南政法学院合并组建"中南财经政法大学"，成为一所财经、政法"强强联合"的人文社科类高校。2005年，学校入选国家"211工程"重点建设高校；2011年，学校入选国家"985工程优势学科创新平台"项目重点建设高校；2017年，学校入选世界一流大学和一流学科（简称"双一流"）建设高校。70年来，中南财经政法大学与新中国同呼吸、共命运，奋勇投身于中华民族从自强独立走向民主富强的复兴征程，参与缔造了新中国高等财经、政法教育从创立到繁荣的学科历史。

　　"板凳要坐十年冷，文章不写一句空"，作为一所传承红色基因的人文社科大学，中南财经政法大学将范文澜和潘梓年等前贤们坚守的马克思主义革命学风和严谨务实的学术品格内化为学术文化基因。学校继承优良学术传统，深入推进师德师风建设，改革完善人才引育机制，营造风清气正的学术氛围，为人才辈出提供良好的学术环境。入选"双一流"建设高校，是党和国家对学校70年办学历史、办学成就和办学特色的充分认可。"中南大"人不忘初心，牢记使命，以立德树人为根本，以"中国特色、世界一流"为核心，坚持内涵发展，"双一流"建设取得显著进步：学科体系不断健全，人才体系初步成型，师资队伍不断壮大，研究水平和创新能力不断提高，现代大学治理体系不断完善，国际交流合作优化升级，综合实力和核心竞争力显著提升，为在 2048 年建校百年时，实现主干学科跻身世界一流学科行列的发展愿景打下了坚实根基。

"当代中国正经历着我国历史上最为广泛而深刻的社会变革，也正在进行着人类历史上最为宏大而独特的实践创新"，"这是一个需要理论而且一定能够产生理论的时代，这是一个需要思想而且一定能够产生思想的时代"①。坚持和发展中国特色社会主义，统筹推进"五位一体"总体布局和协调推进"四个全面"战略布局，实现"两个一百年"奋斗目标、实现中华民族伟大复兴的中国梦，需要构建中国特色哲学社会科学体系。市场经济就是法治经济，法学和经济学是哲学社会科学的重要支撑学科，是新时代构建中国特色哲学社会科学体系的着力点、着重点。法学与经济学交叉融合成为哲学社会科学创新发展的重要动力，也为塑造中国学术自主性提供了重大机遇。学校坚持财经政法融通的办学定位和学科学术发展战略，"双一流"建设以来，以"法与经济学科群"为引领，以构建中国特色法学和经济学学科、学术、话语体系为己任，立足新时代中国特色社会主义伟大实践，发掘中国传统经济思想、法律文化智慧，提炼中国经济发展与法治实践经验，推动马克思主义法学和经济学中国化、现代化、国际化，产出了一批高质量的研究成果，"中南财经政法大学'双一流'建设文库"即为其中部分学术成果的展现。

文库首批遴选、出版二百余册专著，以区域发展、长江经济带、"一带一路"、创新治理、中国经济发展、贸易冲突、全球治理、数字经济、文化传承、生态文明等十个主题系列呈现，通过问题导向、概念共享，探寻中华文明生生不息的内在复杂性与合理性，阐释新时代中国经济、法治成就与自信，展望人类命运共同体构建过程中所呈现的新生态体系，为解决全球经济、法治问题提供创新性思路和方案，进一步促进财经政法融合发展、范式更新。本文库的著者有德高望重的学科开拓者、奠基人，有风华正茂的学术带头人和领军人物，亦有崭露头角的青年一代，老中青学者秉持家国情怀，述学立论、建言献策，彰显"中南大"经世济民的学术底蕴和薪火相传的人才体系。放眼未来、走向世界，我们以习近平新时代中国特色社会主义思想为指导，砥砺前行，凝心聚

---

① 习近平：《在哲学社会科学工作座谈会上的讲话》，2016 年 5 月 17 日。

力推进"双一流"加快建设、特色建设、高质量建设，开创"中南学派"，以中国理论、中国实践引领法学和经济学研究的国际前沿，为世界经济发展、法治建设做出卓越贡献。为此，我们将积极回应社会发展出现的新问题、新趋势，不断推出新的主题系列，以增强文库的开放性和丰富性。

"中南财经政法大学'双一流'建设文库"的出版工作是一个系统工程，它的推进得到相关学院和出版单位的鼎力支持，学者们精益求精、数易其稿，付出极大辛劳。在此，我们向所有作者以及参与编纂工作的同志们致以诚挚的谢意！

因时间所囿，不妥之处还恳请广大读者和同行包涵、指正！

中南财经政法大学校长

目 录

第一章
导 论

第一节　研究背景、 问题的提出和研究思路

一、研究背景

　　自改革开放以来，中国经济在高速增长的同时也经历了较大幅度的波动。国内生产总值（GDP）增长速度有时高达15%（1984年、1992年），而有时却低至不足4%（1990年），极差超过11个百分点。从短期来看，中国目前正处经济发展的转型时期，工业化和城镇化进程逐渐加快，正是经济波动幅度加大的时期。面对中国的经济周期波动现象，一个自然而然的问题是，中国的经济周期波动现象是一种社会问题吗？如果是，那么这种问题严重吗？即它给社会带来的成本有多大？进一步，给定中国经济周期波动是一种社会问题，那么导致中国经济波动的原因到底是什么？对这两个问题的回答，是本书研究的主题。不过，在如此宽泛的问题面前，是无法进行深入的研究的。因此，下面我将具体阐述本书对上述两个问题的研究视角。

二、问题的提出和关键概念界定

1. 问题的提出

　　长期以来，宏观经济学家对经济波动的原因的认识存在分歧。传统的经济周期理论认为需求或者供给冲击是经济波动的原因，以实际经济周期模型（RBC模型）及其扩展模型为基础的现代经济周期理论则认为外生技术冲击是经济波动的主要原因。另外，越来越多以新凯恩斯模型为基础的周期理论则强调货币冲击解释经济波动的作用。虽然上述各种经济周期理论对经济波动的原因

的认识存在分歧，但是它们的一个共同点是均认为经济波动是由外生冲击造成的，而且这些冲击是不可预期的。

对冲击来源的不同看法背后隐藏着对经济波动机制的不同认识。因此，要更好地理解经济波动现象，对冲击的识别及分析是必要的第一步。科克伦（Cochrane，1994）利用向量自回归模型（VAR）详细估计了技术冲击、货币冲击、石油价格冲击和信贷冲击的作用。其结果表明，没有确切的证据证明上述外生冲击可以解释大部分的美国经济波动。因此，科克伦认为，长期以来，经济学家可能忽略了经济中还存在其他驱动经济波动的潜在冲击（如预期冲击）。

同样地，国内学者对中国经济波动的原因的认识也存在分歧（见本书文献回顾）。一个合理的疑问是，这些关于中国经济波动原因的研究是否也忽略了预期冲击对中国宏观经济波动的影响。本书认为，随着经济社会的进步，经济体（家庭、企业组织、政府）面临的不确定性和决策风险在不断增加，导致中国经济在短期内需求和供给波动的更深层的原因是经济体（家庭、企业组织、政府）对未来经济形势的预期（判断）①。如果这一前提假设成立，那么接下来的问题就是，预期冲击导致中国经济波动的机制是什么？以及预期冲击是驱动中国经济波动的主要力量吗？遗憾的是，至今少有国内学者尝试将预期冲击与中国经济结合起来研究，以探究中国经济周期波动的原因。本书将进行初步尝试。

2. 关键概念界定和前提假设

预期冲击（expectation shocks）指预期的外生变化，即人们对未来经济发展状态的预期发生了外生变化。

动态随机一般均衡（DSGE）模型通常可以考虑三种随机冲击：基本要素冲击（fundamental shocks）、信息冲击（news shocks）和太阳黑子冲击（sunspot shocks）。基本要素冲击刻画了技术和偏好的外生变化，例如，偏好的改变、生产效率的改变、政府支出的改变以及货币政策的变化等都属于基本要素冲击。当前的基本要素冲击和预期的未来基本要素冲击均可能出现在模型的均衡系统中。也就是说，当前的基本要素冲击和预期的未来基本要素冲击都可以直接影响经济的均衡配置。因此，预期的变化（即预期的未来基本要素冲击的变化），

---

① 这种观点与国内一些学者，如林毅夫（2007）以及林毅夫、巫和懋和邢亦青（2009）的观点类似。林毅夫（2007）首次提出了中国的宏观经济波动可能是由于经济主体对某些产业的前景的预期变化所引起的。遗憾的是，林毅夫（2007）并没有对其观点提供恰当的理论解释。

会改变经济的均衡配置，从而导致经济波动。

什么因素导致了预期的外生变化？现有研究表明，预期的外生变化可以由两种冲击引起：信息冲击和太阳黑子冲击。

信息冲击指今天获得的与未来经济发展状态相关的新信息。这些新信息有助于人们预测未来的经济发展状态，但是不影响当前和过去的经济状态。例如，关于未来生产率的变化、未来研发策略的公告、即将到来的政策改革或者中央银行改变政策目标的意图等信息，都可以被视为预期冲击。在一个充满不确定性的世界里，与未来相关的信息会改变人们对未来的预期，从而影响人们当前的决策。因此，预期冲击可以用来刻画预期的外生变化。

预期驱动的经济波动（Expectations – Driven Business Cycles，EDBC）指由于预期的变化引起的经济波动。这种经济波动具有共动性特征：消费、投资、就业和产出同方向波动。由于阿瑟·庇古（Arthur Pigou）最早对预期驱动的经济波动进行定性描述，一些经济学家把预期驱动的经济波动称为 Pigou—cycles。另外，由于预期的外生变化往往是由预期冲击引起的，因此也有一些经济学家把预期驱动的经济波动称为 NDBC（News – Driven Business Cycles）。

假设 1：随着经济社会的发展，经济主体（家庭、企业组织、政府）面临的不确定性和决策风险在不断增加，导致中国宏观经济在短期内发生大幅波动的重要原因是经济主体（家庭、企业组织、政府）对未来经济形势的预期发生了变化。

假设 2：在本书的研究中，我们仅考察由信息冲击引起的预期变化如何影响宏观经济波动，因此在后文的阐述中出现的预期冲击即指信息冲击。假设 2 基于以下理由：太阳黑子冲击引起的预期变化与经济现实无关。太阳黑子冲击是指由于外在的不确定性（如太阳黑子、动物精神和莫名其妙的情绪波动）导致的预期的外生变化。虽然太阳黑子冲击也可以用来刻画预期的外生变化，但是这种预期变化是由那些本身与经济毫不相干的外在不确定性引起的。

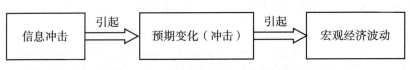

图 1 – 1　关键概念之间的逻辑关系

总结：通过梳理关键概念之间的逻辑关系，我们认识到，要从预期冲击的视角研究中国经济波动问题，必须解决如下问题：怎样在宏观经济模型中刻画这种逻辑关系，即如何将预期冲击引入动态宏观经济模型？预期冲击驱动经济波动的机制是什么？以及预期冲击是驱动中国宏观经济波动的重要力量吗？对这一问题的研究正是本书理论和数量分析的主要内容。

三、本书的研究思路

本书的研究思路是这样的：首先，本书第二章回顾了相关文献，定义了预期冲击驱动的经济周期波动（我们把这种经济周期简称为 NDBC）。这种经济周期具有以下特征：面对预期的变化，消费、投资、就业和产出同方向波动。接下来，我们需要构造一个结构模型，使得在这个结构模型中，预期冲击能够导致 NDBC。

鉴于 RBC 模型已成为研究经济周期问题的基准模型（Benchmark），本书第三章在标准的 RBC 模型中引入预期冲击，建立一个扩展的 RBC 模型，旨在分析预期冲击导致经济波动的机制和效应。作为第三章模型的一个副产品，本章利用这个扩展的 RBC 模型模拟中国 1981～2008 年的经济数据，以考察其解释中国经济周期波动的能力。第三章的分析是初步的，主要目的是探讨如何将预期冲击纳入经济周期理论模型，并考察预期冲击导致经济波动的机制和效应。第三章的分析表明预期冲击在 RBC 模型中不能导致经济总量的共动性特征，这是第三章模型的一个主要的缺陷。

在充分认识第三章模型缺陷的基础上，本书第四章从两方面入手延续本书第三章的研究：一是，建立一个区别于标准 RBC 模型的 DSGE 模型，说明在此模型中预期冲击能够导致经济总量间波动的共动特征，并且详细讨论预期冲击导致经济总量间共动性的机制和条件。二是，在此模型的基础上，考察各种冲击对中国经济周期波动的解释力，并且阐明预期冲击是改革开放以来中国经济周期波动背后的主要驱动力量。

鉴于已有文献（主要是国外的文献）在度量预期冲击驱动宏观经济波动重要性方面存在争议，在实际经济周期模型中预期冲击的作用往往比较大

（Schmitt & Uribe，2012；本书第四章），而在新凯恩斯模型中预期冲击的作用可能重要（Fujiwara et al.，2011）也可能不重要（Khan & Tsoukalas，2012），因此本书第五章将在一个经典新凯恩斯 DSGE 模型中从数量上测度预期冲击驱动中国宏观经济波动的作用，以讨论这些争议在中国的情况。

以上对预期冲击重要性的讨论仅限于技术［全要素生产率（TFP）或者投资专有技术（IST）］的预期冲击，但是从前面关键概念界定可知，预期的变化（预期冲击）也可以是政府政策改革或者中央银行改变政策目标的意图等信息导致的，因此政策的预期冲击是否如技术预期冲击一样是驱动经济波动的重要力量？为了回答这一问题，本书第六章在新凯恩斯 DSGE 模型中引入预期与未预期货币政策冲击，结合不同货币政策规则（数量型和价格型）设定，考察货币政策调控中国宏观经济波动的效果，强调预期货币政策冲击的重要作用。

在初步探讨了中国经济周期波动的原因之后，本书将目光转向中国经济周期波动的福利成本问题。对中国经济周期福利成本的研究是我们研究中国经济波动问题的一种自然延伸。如果经济波动不足以成为一种社会问题，那么经济学家就没有必要研究经济波动的原因。因此，为保证全文结构在逻辑上的完整性，本书第七章考察了中国经济周期波动的福利成本。与国内众多学者认为中国经济周期波动的福利成本极小的观点不同，本书第七章的分析表明中国经济周期波动的福利成本很大。原因是，国内学者几乎都是运用卢卡斯模型及其扩展模型研究中国经济周期波动的福利成本。而本书第七章的模型则沿着巴罗（Barro，2007；2006）和萨莱尔（Salyer，2007）的思路，假设现实中的消费者不仅面临通常意义上的经济波动（描述这种波动程度的指标为：消费的二阶矩）而且面临小概率"灾难性"事件（如，大萧条、金融危机等）的冲击。

第二节　本书的主要创新及意义

由于本书强调从预期冲击的视角研究经济波动的原因。因此，本书系统地梳理了关于预期冲击与经济波动相关的文献。这一文献自博德里和波蒂尔

（Beaudry and Portier，2004）的文章公开发表之后才开始受到宏观经济学家的注意。虽然经济学家（如阿瑟·庇古）早在 1927 年就认识到了预期在解释经济波动方面的重要性，但是早期的经济学家仅对预期如何影响经济波动进行了定性描述。博德里和波蒂尔（2004）是第一篇从理论上给出了预期冲击如何引入宏观经济模型、并从数量上分析了预期如何解释经济波动的文章。

　　另外，本书首次尝试将预期冲击与中国经济波动结合起来研究，并且从数量上说明了预期冲击是驱动中国经济周期波动的重要因素。近年来，国内越来越多的学者运用现代经济周期理论和方法研究中国的经济周期波动问题。国内学者关于中国经济周期波动原因的研究基本可以分为两种观点。第一种观点认为中国经济周期波动与其他发达经济体的经济波动一样，都是由外生随机冲击（如技术、货币和政府支出冲击等）引起的。第二种观点认为，中国现实经济的某些特征（如金融发展水平低下、国有企业预算约束硬化和稀缺资源配置优化等）是中国经济周期波动形成的主要原因。因此，本书的研究扩展了研究中国经济周期波动问题的视角。

　　本书在数量分析上使用了当前最前沿的基于动态随机一般均衡模型的数量分析方法，并通过计算机编程加以实现。国外学术界越来越多的学者应用贝叶斯方法来估计随机动态一般均衡模型，以便进行理论与经验相结合的研究。目前国内学者多采用校准方法估计宏观经济模型中的结构参数，应用贝叶斯方法来估计 DSGE 模型尚属起步阶段。

　　最后，与国内众多学者认为中国经济周期波动的福利成本极小的观点不同，本书第七章的分析表明中国经济周期波动的福利成本很大。这一结论具有重要的理论和现实意义。首先，对于中国经济而言，旨在防止"严重衰退"状态发生的宏观稳定政策的福利收益相当大，这一结论为中国当前实施的宏观稳定政策提供了理论依据。其次，宏观稳定政策的收益主要来源于降低"严重衰退"状态的发生概率，而不是减少通常意义上的经济波动，这一结论为各国政府制定的各种预防经济进入"严重衰退"状态的稳定政策（如美国及欧洲政府对金融市场的救援计划和中国政府的经济刺激计划）提供了证据支持。

第三节　本书结构安排

一、关于本书整体研究构架的说明

本书主要包括两部分内容：经济波动的原因和经济波动的福利成本。本书第一部分主要是考察驱动中国经济波动的主要因素是什么，以及这些因素引起经济波动的机制是什么。虽然传统理论认为短期经济波动的原因不外乎两种：需求因素和供给因素。但是本书认为，随着经济社会的进步，经济体（家庭、企业组织、政府）面临的不确定性和决策风险在不断增加，导致经济在短期内需求和供给波动的更深层的原因是经济体（家庭、企业组织、政府）对未来经济形势的预期（判断）。如果这一前提假设成立，那么预期冲击将成为影响经济波动的传统因素之外的另一种重要的冲击。这一前提假设将引申出以下三个问题：（1）预期是如何形成的；（2）预期冲击影响经济波动的机制是什么；（3）预期冲击能够在多大程度上解释中国的经济波动（即预期冲击的重要性）。第一个问题是关乎现代宏观经济学本质的问题，这个问题自卢卡斯提出著名的"卢卡斯批判"开始获得经济学界的关注。但是这一问题至今仍未得到很好的解决，这个问题也是本人今后的一个重要研究方向。第二和第三个问题是本书尝试解决的问题，也是本书第三章至第六章的主要内容。

本书的第二部分内容是关于经济波动福利成本的研究。确切地说，本书的两部分内容在理论模型上没有重要的相关性。我之所以把经济波动的福利成本也纳入本书的研究范围，是出于以下考量：在研究导致经济波动的原因和机制之前，我已经想当然地认为经济波动是不利于经济组织生产和生活的一种经济现象。但是，思考者自然而然地会拷问，我的这种"想当然"是否正确？事实又会是怎样的呢？出于这种考量，我把前人对于经济波动的福利成本的度量和经济波动的福利成本大小的争议，以及我对经济波动福利成本的度量及其大小的研究纳入本书的第二部分。我认为，虽然这两部分内容在理论模型上不存在一致性，但是在逻辑上却保持了高度的一致性。

二、结构安排

本书剩下的部分包括 7 章。第二章是相关文献的回顾。第三章在标准的 RBC 模型中引入预期冲击，建立一个扩展的 RBC 模型。本章主要目的是探讨如何将预期冲击纳入经济周期理论模型，并考察预期冲击导致经济波动的机制和效应。第四章进一步完善第三章的模型，建立一个区别于标准 RBC 模型的实际经济周期模型，并且阐明预期冲击是驱动中国经济周期波动背后的重要力量。第五章在新凯恩斯模型中讨论预期冲击的重要性，以回应关于预期冲击重要性的一些争议。第六章转向政策预期冲击的讨论，重点讨论预期货币政策冲击的重要作用。第七章讨论中国经济周期波动的福利成本。最后，第八章是本书的结论。

第二章
文献回顾

本书以中国经济周期波动为研究主题。重点研究两个问题：一是中国经济周期波动的原因是什么？二是经济波动究竟给人们带来多少成本？因此文献梳理也涉及这两方面的内容。首先，我们在第一节回顾了关于经济波动的原因的相关文献。由于本书强调从预期冲击的视角研究经济波动的原因，所以在第一节我们仅梳理了与预期冲击相关的文献。其次，我们在第二节回顾了关于经济波动福利成本研究的国内外进展情况。最后，第三节是本章小结。

第一节　关于经济波动的原因的相关文献回顾

经济波动一直是经济学研究的重要对象。经济学家一直在试图寻找经济波动背后的原因。传统宏观经济学家认为供给和需求冲击（如石油价格冲击、货币冲击和财政冲击等）是总量经济波动背后的驱动力量。现代经济周期理论（这一理论往往被称为"实际经济周期"理论，简称 RBC）认为技术冲击是造成经济波动的主要原因。虽然各种经济周期理论在经济波动的具体原因是什么这一问题上存在分歧，但是它们的一个共同点是均认为经济波动是由外生冲击造成的，而且这些冲击是不可预期的。

对冲击来源的不同看法背后隐藏着对经济波动机制的不同认识。因此，要更好地理解经济波动现象，对冲击的识别及分析是必要的第一步。科克伦（1994）利用 VAR 技术详细估计了技术冲击、货币冲击、石油价格冲击和信贷冲击的作用。其结果表明，没有确切的证据证明上述外生冲击可以解释大部分的美国经济波动。因此，长期以来，我们可能忽略了经济中还存在其他驱动经济波动的潜在冲击（例如预期冲击）。

需要说明的是，由于本书主要是从预期冲击这一视角研究中国经济波动的原因，所以在本节的文献回顾部分我们主要按照与预期冲击相关的主题展开讨论，而并没有按照经济周期理论的发展历程展开讨论。因为现有文献中有很多关于经济周期理论发展的综述文献，如美国的经济文献杂志（*journal of economic literature*）和经济展望杂志（*journal of economic perspectives*）有大量关于经济周期理论的综述文章，另外库勒（Cooley，1995）对经济周期理论的发展有精彩的描述。

一、关于预期冲击驱动经济周期波动的描述性事实和经验证据

（一）描述性事实

经济学家在很早以前就认识到了预期在解释经济波动方面的重要性。例如，早在1927年，英国著名经济学家阿瑟·庇古就指出："商人们的预期变化——此外再没有别的东西，构成了产业波动的直接原因或者前导。"按照庇古（1927）的论述，当人们获得关于未来的好信息（即对未来乐观预期）时，他们将开始积累资本以应对未来总需求的增加，经济在当前将经历一段繁荣时期。但是，如果这些好信息最后被证实是错误的（即，预期未实现），人们将削减投资，经济将经历一段衰退时期。因此，预期冲击影响经济的上述效应可能是导致经济周期波动的重要原因之一。早期研究商业周期的文献还包括贝弗里奇（Beveridge，1901）和克拉克（Clark，1934）的工作。他们的工作均强调了预期冲击在驱动商业周期波动方面的重要性。他们认为，关于未来的信息改变经济人的预期，从而影响人们的投资、消费和工作决策。由关于未来的信息引起的当前经济的繁荣—衰退的更替被称为预期驱动的经济周期（以后我们把这种经济周期简称为NDBC），这种经济周期具有以下特征——面对预期的变化，消费、投资、就业和产出同方向波动。

当前的经济发展和人们对未来经济发展的认识（即，预期的变化）都是驱动宏观经济波动的力量。这种观点在经济观察家之间已经成为一种共识。事实上，对于大多数商业经济学家来说，这是一种无可争辩的事实。美国经济在1999年至2001年期间出现的繁荣—衰退的周期波动现象（也被称为"互联网泡沫"）成为支持上述观点的一个恰当的例子。对于大多数人来说，经济主体对未来的乐观预期导致了美国经济在1999年至2000年期间的高增长。新技术（互联网技术）的美好前景导致人们对未来收入增长的高预期。未来收入增长的高预期导致当前高的社会投资水平，从而经济进入繁荣阶段。但是后来由于新技术

未能继续维持人们对收入增长的预期，投资开始下降，因此经济衰退接踵而来。20 世纪 90 年代末东南亚经济出现的繁荣—衰退的周期波动现象（也被称为"东南亚金融危机"）可以用同样的逻辑来解释（Beaudry and Portier，2004；2007、Jaimovich and Rebelo，2009）。

值得注意的是，国内学者（林毅夫，2007；林毅夫、巫和懋和邢亦青，2009）对宏观经济波动的认识与上述观点相似，但是表达方式不同。例如，林毅夫（2007）指出，"在极少数的情况下，发达的市场经济国家众多企业也有可能同时看好某一个相同的产业，例如 20 世纪 90 年代的信息产业和互联网。此时，企业的投资会出现'潮涌现象'，像浪潮般地涌向这个产业。在投资前，每个企业都确信这个投资项目是个获利极高的好项目，金融市场也会出现行为金融学所研究的'羊群行为'，大量的资金投向这些项目，结果导致整个社会的过度投资，出现'非理性繁荣'。等这些投资项目都完成以后，产能出现严重过剩，价格大幅下跌，投资回报远低于当初的预期，导致大量企业破产，甚至引发经济萧条，严重者则伴随着金融危机"。又如，林毅夫、巫和懋、邢亦青（2009）指出，"在发展中国家，由对产业良好前景的社会共识引起投资大量涌入、导致产能过剩的'潮涌现象'十分突出。以我国为例，从 1998 年开始的五年多时间，全社会对于钢铁、水泥等几个行业的良好外部环境存在很强的共识：包括影响水泥、电力等行业的国内基础建设持续增加，使钢铁、电解铝等行业受益的国际大宗商品价格持续走高或原材料成本降低，还有如汽车等行业明确处于产业升级的前进方向上。在这样的良好社会共识下，大量社会投资涌入几个主要行业，带来了史无前例的工业扩张。"另外，林毅夫、巫和懋、邢亦青（2009）试图给出过度投资（即"潮涌现象"）形成的微观机制。

（二）经验证据

1. 科克伦的证据

经济波动到底是由哪些冲击引起的？尽管两百多年以前经济学家就已经观察到了经济活动的周期波动现象，但是直到现在我们仍然不知其缘由（Cochrane，1994）。

在 1993 年美国经济协会的会议上，宏观经济学家的一个议题是"美国经济在 1990 年衰退的原因是什么？"。著名经济学家如布兰查德（Blanchard）、霍尔

（Hall）、汉森（Hansen）和普雷斯科特（Prescott）等给出了一系列因素，如要素价格（特别是石油价格）、货币政策、政府支出、税收增加、技术冲击、银行管制、国际因素以及部门转移等（Blanchard，1993；Hall，1993；Hansen 和 Prescott，1993）。但是他们依然没有给出确切的答案。汉森和普雷斯科特认为技术冲击是美国经济在 1990 年衰退的原因，但是他们所谓的技术冲击包括了上述所有因素，甚至还包括了下面将提到的"消费冲击"。布兰查德和霍尔则认为消费冲击是导致美国经济在 1990 年衰退的原因。消费是内生变量，因此关于上述任何因素的未来值的信息（news about future values of any of the above factors）都将成为驱动经济波动的最终源泉，但是预期冲击如何驱动经济波动以及关于未来哪些事件的信息驱动经济波动，对我们来说仍然是一个谜。

利用 VAR 技术详细估计了技术冲击、货币冲击、石油价格冲击和信贷冲击的作用后，科克伦（1994）认为，没有确切的证据表明上述外生冲击可以解释大部分的美国经济波动。既然可观测的外生冲击解释经济波动的能力有限，那么不可观测的冲击如预期冲击是否可以解释美国的经济波动？这种观点（认为预期冲击可以解释经济波动的观点）非常具有吸引力，因为它至少让我们明白，长期以来，我们忽略了经济中还存在其他驱动经济波动的潜在冲击。

确切地说，经济主体比经济学家拥有更多信息。假如经济主体获得关于未来的坏消息，那么消费将下降，经济可能陷入衰退，每个人都拥有自己对未来经济的展望的私人信息。这些信息是异质的，而且这些异质冲击与未来的 GDP 相关。由于总消费是所有私人信息的加总，因此总消费蕴含着关于未来总量经济活动的信息。基于这样的思路，科克伦（1994）从实际数据出发，试图证明预期冲击是驱动美国经济波动的重要因素。按照诺特博格（Rotemberg，1994）的说法，科克伦是首位从理论上将技术过程与预期冲击结合起来进行研究的学者。科克伦在标准 RBC 模型中引入关于未来技术冲击的信息，以这个模型的模拟数据为基础估计了一个消费—产出 VAR，以便拟合实际数据的脉冲反应函数。科克伦（1994）的分析表明模型的脉冲反应函数以及方差分解结果与实际数据的 VAR 及方差分解结果相似。因此，科克伦（1994）的分析从更为广泛的角度（不仅仅限于实证角度）为哪些冲击是驱动经济波动的力量提供了证据，并且在某种程度上强调了预期冲击在解释经济波动方面的潜在重要性。

进一步，科克伦（1994）在文中指出，改变预期冲击的数量、预期冲击的动态设置方式以及理论模型的结构和参数化，可能能够使模型更好地拟合现实数据。"人们渴望有这样一个理论——但是我不知道如何证明或反驳它——对于任何一个特定的随机增长模型，人们总是能够构造一个包含技术冲击的信息的模型，然后利用这个模型生成任何消费—产出 VAR 吗？如果上述理论可行，需要遵循什么原则？如果不可行，人们可以设想如何改变模型的结构以便使包含预期冲击的模型更容易地生成典型的经济周期动态。"（Cochrane，1994）

2. 博德里和波蒂尔的证据

正如雷贝洛（2005）所说，科克伦（1994）仅仅探讨了预期冲击成为驱动经济波动的重要力量的可能性。遗憾的是，科克伦（1994）并没有告诉我们应该如何构建模型来解释美国经济在 1999 年至 2001 年期间出现的繁荣—衰退的周期波动现象（这一周期波动现象被认为是由关于未来技术变化的信息驱动的）。

对于上述问题，博德里和波蒂尔（2004）跨出了重要的一步。在认识到标准 RBC 模型中预期冲击不能导致经济变量之间的共动性后，他们构建了一个三部门模型：耐用品部门、非耐用品部门和最终消费品部门。其中，耐用品和非耐用品生产的投入要素为劳动和固定要素，最终消费品生产的投入要素为耐用品和非耐用品。在他们的模型中，关于非耐用品部门未来生产率变化的信息可以产生经济变量的共动性（即在他们的模型中预期冲击可以导致 NDBC）。但是，他们的模型要求耐用品和非耐用品之间具有很强的互补性，而且假设资本不再是投资品（耐用品）生产的投入要素。

雷贝洛（2005）指出，在博德里和波蒂尔（2004）模型基础上构建其他模型（在这些模型中预期冲击同样能够导致 NDBC）将是一个富有意义和挑战的未来研究方向。事实确实如此，博德里和波蒂尔（2004）的文章引起了大量的后续研究。这些后续研究从两个方面拓展了博德里和波蒂尔（2004）的研究。一方面，一些学者将预期冲击纳入现有的结构模型中（如新古典模型），探讨了这些结构模型是否能够，以及在什么条件下能够产生 NDBC（Beaudry 和 Portier，2007）。博德里和波蒂尔（2007）的研究引起了大量研究者的兴趣。这些研究者试图构建各种各样的结构模型（尤其是 RBC 模型及其各种扩展模型），旨在讨论在这些模型中预期冲击是否能够产生 NDBC（如 Jaimovich and Rebelo，2009；Denhaan and Kaltenbrunner，2007；Fujiwara，2007；Kobayashi、Nakajima and Inaba，2007；Karl Walentin，2007；Christiano、Ilut、Motto and Rostagno，2008；

Shen Guo，2008b；Lilia Karnizova，2008；Hammad Qureshi，2009；Gunn and Johri，2009）。对于这方面的文献，我将在下一节详细讨论。

另一方面，虽然博德里和波蒂尔（2004）成功构建了能够产生 NDBC 的理论模型。但是，正如前文所说，科克伦（1994）仅仅探讨了预期冲击成为驱动经济波动的重要力量的可能性，并没有给出预期冲击驱动经济波动的证据。因此，我们需要确凿的经验证据来证明预期冲击确实引起了经济周期波动，而且是驱动经济周期波动的主要力量。博德里和波蒂尔（2006）的研究正好弥补了这一空白。他们首次正式地给出了关于未来生产率变化的信息（TFP 预期冲击）导致了经济周期波动的经验证据。

长期以来，大量的研究金融市场的文献表明股票价格的波动反映了市场对未来经济发展的预期。例如，法玛（Fama，1990）的研究表明，在 1953 年至 1987 年期间，美国月度、季度和年度的股票回报率与未来生产的增长率高度相关。施沃特（Schwert，1990）把样本扩展至 1889～1988 年，其研究结果进一步支持了法玛（1990）的结论。同样地，长期以来，传统宏观经济学强调预期的变化可能是驱动经济波动的重要因素。但是，令人惊讶的是，实证宏观经济学文献（尤其是基于 VAR 的文献）很少利用股票价格的波动来帮助我们理解经济周期波动中预期的作用。基于上述考虑，博德里和波蒂尔（2006）首次尝试将股票价格的波动和 TFP 的波动结合起来研究，并且表明这种研究可以帮助我们了解驱动经济周期波动的主要力量。

博德里和波蒂尔（2006）采用两种不同的正交化方法来识别实际数据的特性，然后利用这些数据的特性评价经济周期理论。他们首先对正交化的实际数据的移动平均表达式序贯地（而不是同时地）施加冲击识别限制（impact restrictions）或者长期识别限制（long—run restrictions）。他们使用的数据是股票市场价格指数和全要素生产率的测量值。之所以选择股票价格指数，是因为他们认为股票价格能够较好地反映人们关于未来经济状况的预期的变化。利用这两种不同的正交化方法，他们分离出两个扰动项。第一个扰动项代表股票价格的冲击，这种冲击与 TFP 的冲击正交。第二个扰动驱动 TFP 的长期变化。在单独使用识别限制并且没有施加正交性的条件下，他们的一个重要发现是，这两个扰动项几乎完全共线性而且具有相同的动态特征。这种共线性表明，股票市场的繁荣预示着随后 TFP 的长期增长。也就是说，当前的股票价格蕴含着未来生产率变化的信息。另外，他们的分析表明，这两个共线性的冲击序列能够产生标准的经济周期共动性特征（即导致消费和投资共同增加），而且能够解释大部分的经济周期波动。接下来，博德里和波蒂尔给出两个简单的经济周期理论模型，以便解释实证分析得到的结果。第一个周期模型是新凯恩斯模型，模型中的冲击包括生产率的突然变化和暂时扰动（这里指货币冲击）。他们的分析结果表明，第一个周期模型预测的结果与实际数据的特性[①]不一致。第二个周期模型类似于卢卡斯树模型，与第一个模型不同的是第二个模型中技术冲击对生产率的影响具有滞后效应。也就是说，经济个体事前拥有关于未来技术机会的信息。结果表明，这个模型能够很好地拟合实际数据的特性。因此，博德里和波蒂尔（2006）的经验分析表明，经济周期波动在很大程度上是由预期的变化所驱动的，周期波动的特征体现为所谓的 NDBC（即预期冲击导致消费和投资同方向变化）。而且这种预期变化的基础是经济个体对未来生产率变化的预期。

博德里和波蒂尔（2006）的研究引起后续许多研究者对识别预期冲击（不局限于 TFP 预期冲击）进行更为细致和深入的研究，并寻找新的经验证据来支持预期冲击（不局限于 TFP 预期冲击）是驱动经济周期波动的重要因素。例如巴斯基和西蒙斯（Barsky and Sims，2011）利用新的更先进的方法（MFEV，Maximum Forecast Error Variance）来识别 TFP 预期冲击；本泽夫和卡恩（Ben Zeev and Khan，2015）同样应用 MFEV 方法来识别投资专有技术预期冲击（IST 预期冲击）是驱动美国经济波动的主要力量；本泽夫、冈恩和卡恩（Ben Zeev、Gunn and Khan，2015）应用 MFEV 方法识别货币政策预期冲击（Monetary news shock）的重要作用；弗尼和甘贝迪（Forni and Gambetti，2016）则应用开放经济 VAR 方法来识别财政政策预期冲击（fiscal news shock）。

最后，博德里和波蒂尔（2006）的研究也引起越来越多的学者开始寻找跨国证据来支持预期冲击是驱动经济周期波动的主要力量的观点。例如，博德里和波蒂尔（2005）研究指出，预期的未来生产率增长的变化可以解释日本经济波动的很大部分。另外，哈尔泰尔和卢克（Haertel and Lucke，2007）用德国的数据支持了博德里和波蒂尔（2006）的结论。

---

① 实际数据的特性是指：驱动 TFP 长期变化的冲击与股票价格的冲击高度正相关，且相关系数接近于 1。这两个共线性的冲击序列能够产生标准的经济周期共动性特征（即，导致消费和投资共同增加），而且能够解释大部分的经济周期波动。

二、关于预期冲击驱动经济周期波动的各种理论模型

博德里和波蒂尔（2006）的研究为那些认为某些经济周期现象（"互联网泡沫""东南亚金融危机"）是由预期冲击驱动的观点提供了证据支持。给定博德里和波蒂尔（2006）提供的证据的合理性，接下来的研究重点就是探讨如何构建能够产生 NDBC 的理论模型，以丰富我们对经济周期理论的研究。如前一节所述，大量的学者在这一领域作出了贡献（如 Jaimovich and Rebelo, 2009；Denhaan and Kaltenbrunner, 2007；Fujiwara, 2007；Kobayashi, Nakajima and Inaba, 2007；Kobayashi and Nutahara, 2008；Karl Walentin, 2007；Christiano, Ilut, Motto and Rostagno, 2008；Shen Guo, 2008b；Lilia Karnizova, 2008；Hammad Qureshi, 2009；Gunn and Johri, 2009 等等）。

需要说明的是，在以下的讨论中，我不打算逐个论述上述每一篇文章中所讨论的能够产生 NDBC 的具体机制。具体地，我将借鉴王（Wang, 2007）的方法，从劳动市场的角度，把上述文献区分为四类模型。其方法基于以下直觉，加总的资源约束表明产出等于消费和投资之和。因此，消费和投资的同方向运动意味着消费和产出以及投资和产出的同方向运动。另外，由于产出是由劳动生产，所以消费和投资的同方向运动也意味着消费和劳动以及投资和劳动的同方向运动。但是，反之则不成立。也就是说，消费和产出同方向运动（或者消费和劳动同方向运动）并不意味着消费和投资也同方向运动，因为消费的增加将挤出储蓄。如果假设消费和投资互补（Beaudry and Portier, 2004；2007），则经济周期的共动性可以得到保证。但是真正的挑战是，如何在消费和投资不是互补的前提下构建模型，以使模型经济的周期动态满足共动性特征。因此，我们唯一的选择是寻找这样一类模型，在那些模型中关于未来生产率变化的好信息（good news）能够导致消费和劳动同方向运动，而且这种运动方向是扩张性的。

按照上述思路，王（2007）首先用劳动市场供需图说明预期冲击在标准 RBC 模型中不能导致消费和劳动同方向变化[①]。然后，王（2007）给出四类劳动

[①] 巴罗和金（Barro and King, 1984）最早提出了这一问题，后来科克伦（1994）、丹亭、唐纳森和约翰逊（Danthine, Donaldson and Johnsen, 1998）、博德里和波蒂尔（2004）均对这一问题有过讨论。

市场供需图，这些图表明预期冲击能够导致消费和劳动同方向运动。在此基础上，我们可以把上述关于预期冲击驱动经济周期波动的各种理论模型归纳为四类。

图2-1给出了标准RBC模型中消费的增加对劳动市场的影响。关于未来生产率变化的好信息使得经济人感觉更富有，由于财富效应他们将增加消费和休闲（这里假设休闲是正常品）因而减少劳动供给，即表现为下图中的劳动供给曲线向上平移。另外，由于资本是前定的，因此劳动需求曲线不会移动。因此，如下图所示，在均衡时消费的增加总是伴随着劳动的减少。而均衡劳动的减少又导致产出的下降。另外，在资源约束下，产出下降和消费增加必然导致投资下降。因此，预期冲击在标准RBC模型中不能形成NDBC。

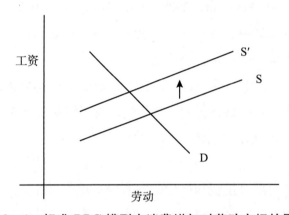

图2-1 标准RBC模型中消费增加对劳动市场的影响

图2-2给出了改变劳动力市场均衡结果的四种方式。在前两种方式中（a和b），劳动供求曲线有正常的斜率。在后两种方式中（c和d），劳动供给曲线（或者劳动需求曲线）有非正常斜率。在（a）图中，虽然预期冲击使得劳动供给曲线向上平移，但是劳动需求曲线也同时向上平移而且平移的幅度比劳动供给曲线平移的幅度大。结果，均衡的劳动上升了。在（b）图中，预期冲击没有导致劳动供给曲线向上平移反而使得劳动供给曲线向下平移。在劳动需求曲线基本不变的情况下，均衡的劳动量也增加了。在（c）图中，虽然预期冲击使得劳动供给曲线向上平移，但是由于劳动供给曲线向下倾斜，均衡的劳动量同样会上升。同样地，在（d）图中，由于劳动需求曲线向上倾斜，消费的增加使得劳动供给曲线向上平移，从而均衡的劳动量上升。

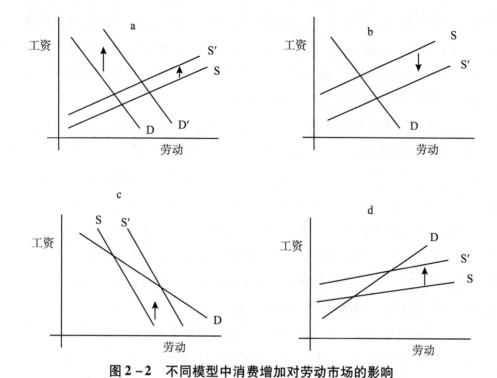

图2-2　不同模型中消费增加对劳动市场的影响

图2-2从直观上告诉我们解决问题的突破方向。下面我将结合图2-2详细讨论各种模型导致NDBC的具体机制。

1. 使得劳动需求曲线向上平移的模型

在标准RBC模型中，劳动需求曲线为 $w_t = (1-\alpha) K_{t-1}^{\alpha} N_t^{-\alpha}$。这里w是实际工资，K表示前定的资本存量，N是劳动需求。对数线性化的劳动需求曲线为 $\hat{w}_t = \alpha \hat{K}_{t-1} - \alpha \hat{N}_t$。在面临预期冲击时，有多种方法可以使得劳动供给曲线向上平移的同时劳动需求曲线也向上平移。

第一种方法是在生产技术中引入可变资本利用率，即假设生产技术为 $F = (u_t K_{t-1})^{\alpha} N_t^{1-\alpha}$。此时，对数线性化的劳动需求曲线变成 $\hat{w}_t = \alpha \hat{u}_t + \alpha \hat{K}_{t-1} - \alpha \hat{N}_t$。只要能够设计一种机制使得可变资本利用率取决于消费而且随着消费的增加而增加，那么在这种模型中预期冲击可能导致NDBC，杰莫维奇和雷贝洛（Jaimovich and Rebelo, 2009）的研究属于这类模型，他们在模型中引入了三个不同的要素：可变资本利用率、投资调整成本和一类新的偏好（这类偏好具有以下特征：短期劳动供给的财富效应非常弱）。关于未来生产率变化的好信息使得当前消费和未来投资增加。然而投资调整成本保证了可变资本利用率的变化正向地取决于消费的变化，所以消费的增加导致劳动需求曲线向上平移。虽然消费的增加同时导致劳动供给曲线向上平移，但是劳动供给的弱财富效应使得劳动需求曲线平移的幅度大于劳动供给曲线平移的幅度。因此，在杰莫维奇和雷贝洛（2009）的模型中，预期冲击可以导致 NDBC。

第二种方法是在生产技术中引入知识资本，并且假设企业通过边干边学（LBD）的方式积累知识资本。假设生产技术为 $F = n_t^\alpha k_{t-1}^\theta h_t^{1-\alpha-\theta}$，知识资本的积累方程为 $h_{t+1} = h_t^\gamma n_t^{1-\gamma}$。此时，对数线性化的劳动需求曲线变成 $\hat{w}_t = \alpha_1 \hat{q}_t + \alpha_2 \hat{h}_t + \alpha_3 \hat{k}_{t-1} - \alpha_4 \hat{n}_t$（$\alpha_i$；$i = 1，\cdots，4$ 为模型中参数的函数，且都为正）。这里 q_t 表示以当前的消费品度量的新增知识资本的边际价值。关于未来生产率变化的好信息导致未来知识资本的边际价值 q_t 上升，因此劳动需求曲线向上平移。因此在这类模型中预期冲击可能导致 NDBC（Gunn and Johri，2009 文中的第二个模型以及 Hammad Qureshi，2009 属于这类模型）。

第三种方法是在模型中引入不完全竞争。这样劳动需求曲线变成 $\hat{w}_t = \hat{\phi}_t + \alpha \hat{K}_{t-1} - \alpha \hat{N}_t$，这里 ϕ_t 表示边际成本。同样地，只要能够设计一种机制使得边际成本取决于消费且随着消费的增加而增加，那么在这种模型中预期冲击可能导致 NDBC（Kobayashi and Nutahara，2008 文中模型属于这类模型）。他们的模型是标准的新凯恩斯模型：MIU、中间品垄断竞争以及 Calvo 型价格黏性。

2. 使得劳动供给曲线向下平移的模型

在标准 RBC 模型中假设偏好关于消费和休闲可分 $U = \dfrac{C_t^{1-\gamma}}{1-\gamma} - B\dfrac{N_t^{1+\gamma_n}}{1+\gamma_n}$，则劳动供给曲线可以表示为：$\hat{w}_t = \hat{C}_t + \gamma_n \hat{N}_t$。在面临预期冲击时，劳动供给曲线向上平移。因此标准 RBC 模型不能产生 NDBC。如果能够找到一种机制使得使得劳动供给曲线在面临预期冲击时最终向下平移，那么在这种模型中预期冲击可能导致 NDBC。有多种方法可以使得劳动供给曲线在面临预期冲击时向下平移。

第一种方法是在模型中引入消费习惯形成，即假设偏好为 $U = \dfrac{(C_t - \eta C_{t-1})^{1-\gamma}}{1-\gamma} - B\dfrac{N_t^{1+\gamma_n}}{1+\gamma_n}$。这样，劳动供给曲线变成 $\hat{w}_t = \gamma_1 \hat{C}_t - \gamma_2 E_t \hat{C}_{t+1} - \gamma_3 \hat{C}_{t-1} + \gamma_n \hat{N}_t$（$\gamma_i$；$i = 1，\cdots，3$ 为模型中参数的函数，且都为正）。此时，关于未来生产率变化的好信息不仅使得当前消费的增加而且使得未来的消费也增加了。因此，消费习惯使得劳动供给曲线向下平移，从而均衡的劳动和产出增加（Christiano，Ilut，Motto and Rostagno，2008 属于这类模型）。

第二种方法是在模型中引入资本主义精神，即假设偏好为 $U = \dfrac{[V(C_t，X_t)]^{1-\gamma}}{1-\gamma} - B\dfrac{N_t^{1+\gamma_n}}{1+\gamma_n}$，这里 $V(C_t，X_t) = [(1-\omega)C_t^\theta + \omega X_t^\theta]^{\frac{1}{\theta}}$，X 表示社会地位。这样，劳动供给曲线变成 $\hat{w}_t = \gamma_1\hat{C}_t - \gamma_2\hat{X}_t + \gamma_n\hat{N}_t$（$\gamma_1$，$\gamma_2$ 为模型中参数的函数，且都为正）。因此，在合理的参数下，资本主义精神也能够使得劳动供给曲线向下平移，从而均衡的劳动和产出增加（Lilia Karnizova，2008 属于这类模型）。

第三种方法是在生产技术中引入知识资本，并且假设工人通过边干边学的方式积累知识资本。关于生产技术和知识资本的积累过程的假设与 1 中的第二种方法类似，二者的差别在于 1 中的第二种方法假设企业积累知识资本，而这里我们假设工人积累知识资本。此时，对数线性化的劳动供给曲线变成 $\hat{w}_t = \alpha_1\hat{c}_t - \alpha_2\hat{q}_t - \alpha_3\hat{h}_t + \alpha_4\hat{n}_t$（$\alpha_i$；$i = 1，\cdots，4$ 为模型中参数的函数，且都为正）。这里 q_t 表示以当前的消费品度量的新增知识资本的边际价值。关于未来生产率变化的好信息导致未来知识资本的边际价值 q_t 上升，因此劳动供给曲线向下平移。因此在这类模型中预期冲击可能导致 NDBC（Gunn and Johri，2009 文中的第一个模型以及 Hammad Qureshi，2009 属于这类模型）。

3. 使得劳动供给曲线向下倾斜的模型

标准 RBC 模型的供给曲线为 $\hat{w}_t = \hat{C}_t + \gamma_n\hat{N}_t$。为了使劳动供给曲线向下倾斜，我们可以在劳动供给曲线中增加一个变量，即 $\hat{w}_t = \hat{C}_t + \hat{X}(N_t) + \gamma_n\hat{N}_t$。这里假设这个变量是劳动的函数，而且与劳动负相关，且有 $\dfrac{d\log X}{d\log N} < -\gamma_n$。经过这种变换劳动供给曲线转化为 $\hat{w}_t = \hat{C}_t - \tilde{\gamma}_n\hat{N}_t$，$\tilde{\gamma}_n > 0$。此时，关于未来生产率变化的好信息使当前的消费增加，消费的增加使得劳动供给曲线向上平移。由于此时劳动供给曲线向下倾斜，由图 2-2(c) 所示，均衡的劳动和产出将增加（Beaudry and Portier，2007 属于这类模型）。博德里和波蒂尔（2007）在模型中假设消费和投资是互补的。

4. 使得劳动需求曲线向上倾斜的模型

为了使劳动需求曲线向下倾斜，我们可以在劳动需求曲线中增加一个变量，即 $\hat{w}_t = \hat{X}(N_t) + \alpha\hat{K}_{t-1} - \alpha\hat{N}_t$。这里假设这个变量是劳动的函数，而且与劳动正相关，且有$\frac{\mathrm{dlogX}}{\mathrm{dlogN}} > \alpha$。经过这种变换劳动需求曲线转化为 $\hat{w}_t = \alpha \hat{K}_t + \tilde{\alpha} \hat{N}_t$，$\tilde{\alpha} > 0$。此时，关于未来生产率变化的好信息使当前的消费增加，消费的增加使得劳动供给曲线向上平移。由于此时劳动需求曲线向上倾斜，由图 2 - 2（d）所示，均衡的劳动和产出将增加。在模型中引入不完全竞争或者金融市场摩擦可以使得劳动需求曲线向下倾斜（Kobayashi，Nakajima and Inaba，2007；Shen Guo，2008b 以及 Karl Walentin，2007 属于这类模型）。

最后，需要说明的是，还有一类文献可以导致 NDBC。这类文献是在模型中引入劳动市场匹配，如 Denhaan 和 Kaltenbrunner（2007）。登汉和卡尔腾布鲁纳（Denhaan and Kaltenbrunner，2007）认为，要使模型能够生成 NDBC，经济中必须存在闲置资源（idle resources）。如果预期未来生产率的上升可以减少经济中的闲置资源，则消费和投资将同时上升。基于这种思路，登汉和卡尔腾布鲁纳（2007）将劳动市场匹配引入模型，从而经济中存在闲置资源：失业群体。由于当前企业提供空缺职位的数量取决于企业对未来利润的预期。因此当企业获得关于未来生产率变化的好信息时企业的预期未来利润增加，从而企业将提供更多的工作岗位，这将导致就业上升。

三、关于预期冲击的数量分析：预期冲击解释经济周期波动的重要性

博德里和波蒂尔（2006）在 VAR 框架下从数量上强调了关于未来生产率变化的信息是驱动美国经济周期波动的主要因素。但是，博德里和波蒂尔（2006）只考察了一种预期冲击（即关于未来 TFP 变化的信息）的重要性。一个合理的疑问是，博德里和波蒂尔（2006）的分析忽略了经济中可能存在的其他种类的预期冲击。接下来的问题是，给定经济中还存在其他种类的预期冲击，如何评价这些预期冲击的重要性，以及如何在一个统一的框架内比较预期冲击与其他结构冲击对经济周期波动的贡献程度。幸运的是，以结构经济模型为基础的完全信息经济计量方法（贝叶斯方法）可以回答上述问题。随着贝叶斯方法在宏观经济研究中得到广泛应用，一些学者开始尝试利用这一方法来评价预期冲击

的重要性（如 Davis，2007；Fujiwara，Hirose and Shintani，2008；Shen Guo，2008a；Grohe and Uribe，2008；Khan and Tsoukalas，2009 等等）。

利用贝叶斯方法讨论预期冲击重要性的文献基本有两类。第一类文献是，在 RBC 模型基础上引入各种实际摩擦和预期冲击，然后利用贝叶斯方法估计这个结构模型。最后在模型估计的基础上分析预期冲击的重要性（如 Grohe and Uribe，2008；本书第四章）。这类文献的好处是可以与 RBC 文献进行直接比较。第二类文献是，在 RBC 模型基础上引入各种实际摩擦和名义摩擦，建立包含预期冲击的大型 DSGE 模型，然后在此基础上分析预期冲击的重要性（如 Fujiwara，Hirose and Shintani，2008；Shen Guo，2008a；Khan and Tsoukalas，2009）。虽然在模型设置方面存在差异，但是上述两类文献均从数量上证明了预期冲击是驱动经济周期波动的重要（或者不可忽视的）因素。

四、国内相关研究的进展情况

近年来，国内越来越多的学者以现代经济周期理论为基础，开始探讨中国经济周期波动的原因。卜永祥、靳炎（2002）分别利用 RBC 模型和货币经济周期模型对改革开放以来中国经济周期波动的主要原因进行分析。他们的结论是，技术冲击对我国经济周期波动的解释力较高，而货币冲击的解释力相对较小。陈昆亭、龚六堂和邹恒甫（2004）在 RBC 模型基础上引入内生资本利用和公共消费需求因素，建立一个包含太阳黑子冲击的周期波动模型，从供给和需求的角度探讨中国经济周期波动的成因。他们认为，太阳黑子冲击对经济波动的影响有限，而供给冲击对经济波动的解释力明显优于需求冲击。刘辉霞（2004）在 RBC 模型基础上引入价格粘性和现金先行约束（CIA）因素，建立一个货币经济周期模型，分析了改革开放以来中国经济周期波动的成因。他们认为，频繁的货币供应波动是中国经济波动的主要原因。黄赜琳（2005）在 RBC 模型基础上引入政府支出冲击，建立一个三部门经济周期波动模型考察改革开放以来中国经济周期波动的原因。他们认为，中国的经济周期波动是技术冲击、供给因素和需求因素共同作用的结果，而技术冲击和政府冲击是驱动中国经济波动的主要因素。郭庆旺和贾俊雪（2004c）在 VAR 框架下考察了改革开放以来需求因素（投资冲击）和供给因素（全要素生产率冲击）对中国经济周期波动的影响。他们的结论是，投资和全要素生产率波动对于解释我国经济周期波动的成因都非常重要。

上述文献均从理论或者实证上强调了现代经济周期理论的传统冲击因素（如技术、货币和政府支出冲击等）是驱动中国经济波动的主要因素。近来，国内一些学者将中国现实经济的某些特征纳入经济周期模型，考察中国经济周期波动形成的原因。沈坤荣和孙文杰（2004）从金融发展视角出发，考察改革开放以来中国经济周期波动的主要原因，他们认为金融发展水平低下是引发中国经济周期波动的一个重要原因。瞿国余和蓝一（2005）认为，以国有企业预算约束硬化和稀缺资源在国有和非国有部门之间的优化配置为主要内容的微观经济主体的市场化进程，导致改革开放以来中国经济周期波动的微观基础发生了重大转变，这种转变在削弱转轨经济波动特征的同时使成熟市场经济的波动特征逐步显现出来。

通过对上述研究中国经济周期波动的文献梳理可以看出，国内学者关于中国经济波动的原因有两种观点。第一种观点认为中国经济周期波动与其他发达经济体的经济波动一样，都是由外生随机冲击（如技术、货币和政府支出冲击等）引起的。第二种观点认为，中国现实经济的某些特征（如金融发展水平低下、国有企业预算约束硬化和稀缺资源配置优化等）是中国经济周期波动形成的主要原因。

国内有关预期冲击对中国经济波动影响的研究则起步较晚，总体来说可以分为三个大类。第一类是关于预期冲击对于中国经济波动影响的重要性方面的研究，这类文献在着重于比较预期冲击与非预期冲击对于我国宏观经济变量波动的解释力（如庄子罐等，2012）。第二类是研究政策性预期冲击对于我国经济波动的影响（如吴化斌等，2011；王曦等，2016）。第三类则集中于研究预期冲击对于房地产市场波动的影响（如杨柳等，2016；王频和侯成琪，2017）。

遗憾的是，目前鲜有国内学者尝试系统地将预期冲击与中国经济结合起来研究的著作，以探究中国经济周期波动的原因，本书将进行这一尝试。虽然本书将预期与中国经济波动结合起来研究是尝试性的，但是我们认为这种尝试具有重要意义。一方面，由于预期会对个体行为以及政策效果产生实际影响，今天的经济政策制定者已经越来越重视预期管理。另一方面，随着中国经济的发展和外部环境的变化，潜在的经济波动逐渐增加，正确把握和引导人们对未来经济形势的预期必将逐渐成为我国宏观经济管理的一项重要任务。

第二节　关于经济波动福利成本的相关文献回顾

经济周期波动现象间歇性发生，它与每个人息息相关。宏观经济的大幅波动给消费者带来极大的福利损失。宏观经济政策的目标之一就是通过消除这种经济波动，平滑消费者在不同时期的消费，提高消费者的福利水平。然而，经济波动是一种社会问题吗，即经济波动给消费者带来福利损失吗？如果是，这种福利损失有多大？实际上，经济学家对经济波动的社会成本大小的看法存在分歧。因此，下面我们将从这种分歧出发梳理相关文献。

一、国外研究现状

卢卡斯（1987）的文章是研究经济波动福利成本问题的一篇开创性文章。卢卡斯从定量分析的角度出发，建立一个简单的经济周期福利成本模型并运用美国的实际人均季度消费数据，计算了美国经济波动和经济增长的福利成本。卢卡斯发现，美国经济波动的福利成本大约为 0.05%，即消除所有消费波动性为消费者带来的福利增加，大约仅仅相当于将消费水平提高 0.05 个百分点，而美国经济增长率永久性下降 1% 的福利损失却为消费波动福利成本的几百倍。因此，卢卡斯认为美国的经济波动是微不足道的，政府的主要目标应该是保持经济持续稳定的增长。

卢卡斯的结论大大出乎许多经济学家的意料，这一结论也暗示了政府的宏观经济稳定政策实施效果的有限性。卢卡斯（1987）的结论无疑向从事宏观稳定政策分析的经济学家提出了挑战，由此引发了大量的后续研究。这些研究大多数是对经济波动极小福利成本的质疑。卢卡斯（1987）的结论依赖于其模型中的两个关键前提假设：传统的 CRRA 效用函数和平滑的美国消费数据。因此，后续的研究经济波动福利成本的文献主要针对这两个假设对卢卡斯模型进行修正。一些学者通过修改卢卡斯模型的偏好，得到了经济波动的较大福利成本（如 Dolmas，1998；Tallarini，2000；Epaulard and Pommeret，2003）在卢卡斯模型基础上引入递归偏好，发现经济周期的福利成本显著大于卢卡斯模型估计的水平；温库普（Wincoop，1994）则在卢卡斯模型基础上引入消费习惯因素，同样发现经济周期的福利成本远远大于卢卡斯模型估计的水平。另一些学者通过修改卢卡斯模型中对消费流生成过程的假设，同样得到了经济波动的较大福利成本。如奥布斯菲尔德（Obstfeld，1994）假设实际消费时间序列为一个具有单位根的随机过程，结果显示经济波动的福利成本比卢卡斯模型估计的结果大 5 至 8 倍。最后，一些学者尝试运用卢卡斯模型及其改进模型来揭示经济欠发达国家和地区的经济周期的福利成本。这些研究发现，在这些国家和地区，同类型福利成本要比卢卡斯估计的美国数据高很多。例如伊姆罗霍罗格鲁和伊姆罗霍罗格鲁（Imrohoroglu and Imrohoroglu，1997）使用卢卡斯模型估计了土耳其的经济周期福利成本，他们发现土耳其的经济周期福利成本是美国的 22 倍。帕拉奇和罗伯（Pallage and Robe，2001）估计了南非等 11 个非洲国家的经济周期福利成本，同样发现这 11 个国家的平均经济周期福利成本比美国的高 25 倍。

值得注意的是，最近有一类文献对研究经济周期福利成本问题提供了另一种视角。这类文献指出，宏观稳定政策的收益主要来源于降低"严重衰退"状态的发生概率，而不是减少通常意义上的经济波动（消费的二阶矩），这类模型与旨在解释股票溢价之谜的资产定价模型联系紧密。例如卢卡斯（2003）曾经指出，经济周期福利成本的估算与股票溢价之谜之间存在着密不可分的联系，因为二者都取决于消费者边际效用的波动率。因此，那些有助于解释股票溢价之谜的各种拓展模型（如非期望效用模型）同样适合于研究经济周期的福利成本问题。然而，在卢卡斯（2003）给出的解释股票溢价之谜的各种拓展模型之中，一个模型显然被忽略了，那就是里兹（Rietz，1988）提出来的存在小概率"严重衰退"状态的模型。里兹（1988）证明了存在小概率"严重衰退"状态的模型可以很好地解释股票溢价之谜。最近，巴罗（2006）拓展了里兹（1988）模型，并给出了估计"严重衰退"状态的实证方法，为股票溢价之谜以及与之相关的一些谜团（如低无风险利率之谜和股票回报波动性之谜）提供了合理的解释。既然里兹（1988）模型及其拓展模型（Barro，2006）可以为资产定价问题提供合理的解释，那么按照卢卡斯（2003）的论断，它也同样适合于研究经济周期的福利成本问题。后续的研究在某种程度上支持了这种论断。萨莱尔（2007）应用存在小概率"严重衰退"状态模型估算的美国经济周期的福利成本远远高于卢卡斯（2003）模型的估算结果。他进一步指出，宏观稳定政策的收益主要来源于降低"严重衰退"状态的发生概率，而不是减少通常意义上的经济波动（消费的二阶矩）。同样地，巴罗（2007）利用其拓展模型（Barro，2006）估算了美国经济周期的福利成本，指出美国社会甚至愿意每年放弃实际GDP 的 20% 以消除所有的"灾难性"风险。因此，降低那些导致经济大幅波动的"灾难性"风险的发生概率对于改善社会福利具有重要的意义。

二、国内研究现状

近来，国内一些学者开始运用卢卡斯模型及其扩展模型研究中国经济周期波动是福利成本问题。陈彦斌和周业安（2006）运用 2001 年 1 季度到 2003 年 4 季度中国数据，估计了中国经济周期的福利成本，结果显示，与美国经济相比中国经济周期波动的福利成本将增加几倍，但仍然不到 1 个百分点。陈太明（2007）运用卢卡斯的模型，计算了改革开放之后中国经济周期的福利成本，其结果表明：在风险规避系数合理取值范围内，经济周期的福利成本也不到 1 个百分点。饶晓辉、廖进球（2008）运用中国 1978~2004 年度数据计算了两种福利成本，其结果表明，对于合理的偏好参数，中国经济波动的福利成本与经济增长的福利收益两者数值相对比较接近。以上学者利用卢卡斯模型或其扩展形式估算的中国经济周期的福利成本均比较小，一般不超过 1 个百分点。

上述国内学者的研究从理论上暗示了中国政府的宏观经济稳定政策实施效果的有限性。但是事实是这样的吗？经济史告诉我们，现实中的消费者不仅面临通常意义上的经济波动（描述这种波动程度的指标为消费的二阶矩），也面临小概率"灾难性"事件的冲击。这些"灾难性"事件包括：经济事件（大萧条、金融危机）、战争（世界大战、核冲突）、自然灾害（海啸、飓风、地震）以及传染病（黑死病、禽流感）。在前面的文献回顾中我们曾经指出，国外一些学者如萨莱尔（2007）和巴罗（2007）认为降低那些导致经济大幅波动的"灾难性"风险的发生概率对于改善社会福利具有重要的意义。例如巴罗（2007）指出美国社会甚至愿意每年放弃实际 GDP 的 20% 以消除所有的"灾难性"风险。沿着这一思路，一个合理的疑问是，国内大多数学者之所以认为中国经济周期波动的福利成本很小的原因可能是他们在估计中国经济波动的福利成本时忽略了小概率"灾难性"事件对消费者的福利的影响。给定这一前提，庄子罐、崔小勇和龚六堂（2009）沿着巴罗（2007）和萨莱尔（2007）的研究思路，重新估算中国经济周期的福利成本，结论是中国经济波动的福利成本远远高于卢卡斯模型估算的结果。

第三节　本 章 小 结

对于经济学家和决策者来说，经济周期波动是一个反复出现的问题。面对经济周期波动现象，经济学家需要回答两个问题。一是，经济周期波动的原因是什么？二是，经济波动是一种社会问题吗？第一个问题的回答必须建立在对第二个问题的研究基础上。如果经济波动不足以成为一种社会问题，那么经济学家就没有必要研究经济波动的原因。不幸的是，经济学家对第二个问题的研究目前仍然存在分歧。以卢卡斯模型为基础的研究倾向于认为经济波动的福利成本较小。这一结论适用于美国和其他国家，包括中国。以萨莱尔（1988）和巴罗（2006；2007）模型为基础的研究倾向于认为经济波动的福利成本很大，这一结论适用于美国也适用于中国（见本书第五章）。因此，从理论上来说，经济学家对第一个问题的研究就是必要的。更不幸的是，经济学家对第一个问题的研究存在的分歧更大。传统的经济周期理论认为需求或者供给冲击是经济波动的原因，以 RBC 模型及其扩展模型为基础的现代经济周期理论则认为外生技术冲击是经济波动的主要原因。另外，越来越多以新凯恩斯模型为基础的周期理论则强调货币冲击解释经济波动的作用。但是，考虑到经济系统的复杂性，越来越多的经济学家开始意识到以前的研究可能忽略了引起经济波动的某些重要的因素，如预期冲击。以前的研究强调冲击的传导机制，对冲击本身没有太多考虑，往往假设为外生的。这种假设显然忽略了微观个体的主观能动性。事实上，总量经济活动是微观个体行为的加总。因此，个体对未来总量经济活动的预期会引起当前总量经济的波动。

因此，不论是从理论还是从现实的角度出发，本章对上述两方面文献的梳理均显得极其必要。

第三章
预期与经济波动：一个扩展的
RBC模型模拟中国经济的试验

第一节 引 言

关于未来的信息既具有价值又具有不确定性。在古时候,为了确保自己的决策的正确性,君主、官员、甚至是商人均借助于巫师的预言来推断未来。在今天,中国政府根据自己对未来经济发展形势的预测来编制下一年的政府预算;企业家根据经济先行指标(如消费者信心指数、订单数等)调整自己的投资决策。另外,值得注意的是,越来越多的官方或非官方研究机构定期推出自己对未来经济形势的预测,如国家统计局中国经济景气监测中心(中国经济景气月报)、国家信息中心经济预测部、中国社会科学院数量经济与技术经济研究所(1991年率先推出《中国经济蓝皮书》)、北京大学中国经济研究中心(自2005年7月起"CCER中国经济观察"开始实施"朗润预测"项目)和中国人民大学经济学院经济研究所(人民大学近年推出的"三大发布"之一"中国宏观经济预测")等。这些机构发布预测的目的,一是促进各方的交流,二是为政府、企业和家庭的生产和生活决策提供决策依据。但是,即使在预测方式更为先进和透明的今天,人类面临的主要挑战依然没有改变,那就是人们在日常生活中仍然面临着不确定性。因此,在一个充满不确定性的世界里,与未来相关的信息会改变人们的信念(预期),从而影响人们的行为。

经济学家很早以前就开始系统地思考和研究不确定性如何影响经济人的行为,例如,在宏观经济学模型中广为使用的理性预期假设就是这种研究的重要成果之一。通常,理性预期模型可以用来分析三种类型的随机扰动:基本要素冲击、信息冲击和太阳黑子冲击。基本要素冲击刻画技术和偏好的外生随机变化。例如,偏好的改变、生产效率的改变、政府支出的改变以及货币政策的变化等都属于基本要素冲击。当前的基本要素冲击和预期的未来基本要素冲击均可能出现在理性预期模型的均衡系统中。也就是说,当前的基本要素冲击和预期的未来基本要素冲击都可以直接影响经济的均衡配置。与此相反,预期冲击不会直接出现在理性预期模型的均衡系统中。预期冲击通过改变经济人的信念

（预期）来影响经济的内生变量，从而改变经济的均衡配置。在理性预期模型中，信念（预期）的外生变化可以体现为两种不同冲击的后果：信息冲击和太阳黑子冲击。

　　太阳黑子冲击指那些所谓的"动物精神"或者那些难以解释的乐观和悲观情绪的波动。最早由学者（Cass and Shell，1983；Shell，1977）提出的太阳黑子均衡被定义为：经济中代表性个体依赖相同的状态，如偏好、禀赋、技术，但由于有不同的纯外生信念而获得不同的配置。这种纯外生的信念本身可能与经济毫不相关，如太阳黑子。近年来，越来越多的经济学家开始把太阳黑子冲击引入到他们对经济周期动态的研究中（有代表性的研究工作见 Farmer and Guo，1994；1995；Benhabib and Farmer，1994；1996；1999；Harrison，1996；Weder，1996；Banhabib and Nishimura，1998）。

　　预期冲击①指那些经济人今天获得的与未来经济发展状态相关的新信息。这些信息有助于人们预测未来的经济状态的变化，但是不影响现在和过去的经济状态。例如，关于未来研发策略的公告、即将到来的政策改革或者中央银行改变政策目标的意图，都可以被视为预期冲击。预期冲击刻画了人们关于未来经济状态的预期（信念）的外生变化。这也意味着人们可以通过学习事先获悉未来经济状态如何变化（即人们可以通过学习来获得未来的基本要素冲击的值）。

　　另外，在经验方面，经济学家也是在很早以前就认识到了预期在解释经济波动方面的重要性。例如，早在 1927 年，英国著名经济学家阿瑟·庇古就指出："商人们的预期变化——此外再没有别的东西，构成了产业波动的直接原因或者前导。"按照庇古（1927）的论述，当人们获得关于未来的好信息（即对未来乐观预期）时，他们将开始积累资本以应对未来总需求的增加，经济在当前将经历一段繁荣时期。但是，如果这些好信息最后被证实是错误的（即预期未实现），人们将削减投资，经济将经历一段衰退时期。因此，预期冲击影响经济的上述效应可能是导致经济周期波动的重要原因之一。早期研究商业周期的文献还包括 Beveridge（1901）和 Clark（1934）的工作。他们的工作均强调了预期冲

---

① 我们必须小心地区分太阳黑子冲击和预期冲击。太阳黑子冲击和预期冲击都会导致经济人的信念发生外生变化。太阳黑子冲击反映了消费者和投资者的情绪波动或者他们对当前经济状态的认识的变化对经济人信念的影响。太阳黑子冲击体现了自实现预期（Self—fulfilling prophecy）的思想。自实现预期是这样一类预期，它能够诱导出使预期得以实现的行为。例如，如果许多人预期房地产价格要上涨而提前争相购房，房价就真的上涨；如果有足够的储户相信他们的银行要倒闭，一起到银行挤兑，银行就真的会倒闭。因此，太阳黑子模型无法考察预期没有实现的情形。

击在驱动商业周期波动方面的重要性。他们认为，预期冲击改变经济人对未来的预期，从而影响人们当前的投资、消费和工作决策。由关于未来的好信息引起的当前的经济繁荣被称为信息驱动的经济周期，这种经济周期具有以下特征：消费、投资、就业和产出同时且同方向波动。

当经济人的决策方式为前瞻式（forward looking）时，他们对关于未来经济的基本要素如何变动的信息（news about future fundamental shocks）作出反应，即使这些变化还没有实现。给定上述假设，我们的问题是，由预期冲击导致的模型经济动态能否反映现实经济的波动特征（如共动性（comovement））？

众所周知，自基德兰德和普雷斯科特（Kydland and Prescott，1982）和朗和普罗索（Long and Plosser，1983）建立 RBC 理论以来，很多经济学家认为 RBC 模型能很好地解释现实中的经济周期。这些理论家们相信，即便是一个简单的 RBC 模型（标准 RBC 模型），它所产生的时间序列也能较好地反映经验数据的波动特征。正如普罗索（Plosser，1989）所指出的，"这样一个如此简单的模型——没有政府，没有任何形式的市场失灵、理性预期和没有调整成本——却可以把实际情况模拟得如此之好，真是让人不可思议。"但是，人们对 RBC 理论的质疑和批判也非常多。RBC 模型的问题主要来自经验检验以及缺乏有力的传导机制，例如，标准 RBC 模型中无弹性劳动供给的假设将意味着实际工资有强亲周期性，但是这一现象在现实数据中却得不到体现。另外，标准 RBC 模型得出的关于实际工资、利率以及资本回报率数据难以拟合现实中的实际工资、利率和资本回报率数据的统计特征。而且，标准 RBC 模型不能得出消费与休闲之间存在负相关关系这一结论。一般而言，标准 RBC 模型中的冲击的内在传导机制比较弱。然而，对 RBC 理论更深层的质疑来自 RBC 模型赖以合理存在的一些基本假设，如完全竞争和市场出清。

遗憾的是，经济学家很少将预期冲击与 RBC 模型结合起来分析经济周期问题。究其原因可能是，长期以来，那些旨在解释经济波动的模型认为经济周期主要是由经济的供给面的波动所导致的，然而一旦在那些模型中引入预期冲击后，模型所生成的经济周期波动从表面上看起来仿佛是由需求诱致的波动所导致的。

基于上述考虑，我们在本章中将预期冲击引入标准的 RBC 模型，建立一个扩展的 RBC 模型。首先，我们详细地分析了预期冲击导致经济波动的机制和效应，并且回答了前面提出的问题——由预期冲击导致的模型经济动态能否反映现实经济的波动特征？我们的分析表明，在标准 RBC 模型中，预期冲击难以形成经济波动的共动特征。与此相反的是，关于未来技术冲击的信息导致模型经济变量（消费、投资、就业和产出）的波动特征出现了与现实相悖的一面。因为关于未来生产率的好信息使得经济人感觉更富有，由于财富效应他们将增加消费和休闲（这里假设休闲是正常品）因而减少劳动供给，而劳动供给的减少又导致产出的下降。另外，在资源约束下，产出下降和消费增加必然导致投资下降。因此，关于未来的好信息却导致了今天的经济衰退！接下来，我们应用极大似然方法估计模型中的部分结构参数。最后，我们讨论了这个扩展的 RBC 模型在解释中国经济波动方面的能力。一方面，我们利用这个扩展的 RBC 模型模拟中国 1981～2008 年的经济数据，并比较模型经济与实际经济各变量之间矩的一致性。我们发现：（1）模型各经济变量的波动性与实际数据的波动性基本接近；（2）模型各变量与产出之间的共动性远远高于实际中各变量与产出之间的共动性；（3）扩展模型中领先一期的消费与产出的相关系数远远高于实际数据中领先一期的消费与产出的相关系数；（4）利用学者（Prescott，1986）的方差估算法估计扩展模型大约能够解释产出波动的 35%，这一数值偏低。另一方面，我们使用方差分解方法详细地分析了扩展模型中不同的冲击对实际经济波动的解释力。对于技术冲击，我们的结论是：（1）技术冲击在解释短期（1 年）经济波动上表现良好；（2）技术冲击对中长期（4 年以上）的经济波动缺乏解释力，技术冲击大约能够解释总产出的 45% 的无条件方差；（3）技术冲击在解释就业的无条件方差方面比标准 RBC 模型有了很大的改进。对于预期冲击我们的结论是：（1）预期冲击对短期经济波动缺乏解释力；（2）相反的是，预期冲击在解释中长期经济波动上的表现比技术冲击好，预期冲击可以解释 50% 以上的中长期经济波动。

本章模型的构建（即如何将预期冲击引入 RBC 模型）借鉴了海拉特、朗戈和波蒂尔（Hairault，Langot and Portier，1997）（以后简称为 HLP，1997）的方法。HLP（1997）是最早尝试将预期冲击引入标准 RBC 模型的一篇文献。但是他们构建模型的主要目的并不是解释经济周期问题，而是研究信息对消费领先性的影响（这里消费的领先性是相对于产出而言）。在模型中，他们假设家庭事先获得关于全要素生产率的未来新息（future innovation）的信息，但是这种信息对于家庭而言是不完全的。这些新的信息改变了家庭对未来 TFP 的预期，从而家庭的决策做出相应的调整。其调整机制如下：由于未来新息影响未来的技术，因此今天的好信息使得家庭预期未来的收入将增加，从而家庭将增加消费。同时，这种财富效应使得当期的工作时间和产出出现小幅下降（因为当期只有财富效应没有替代效应）。在这种调整过程中，相对于家庭的其他决策变量而言，消费在表面上看起来就像自动发生了变化，这种变化往往被计量经济学家视为消费冲击。确实，预期冲击的引入使得未来的技术冲击表现为今天的需求冲击。虽然当前的产出水平接近其稳态水平（即产出几乎没有发生变化），但是由于预期冲击的影响消费已经增加了，预期冲击的引入将使得消费相对于产出的领先性增强。

在现有文献中，采用与 HLP（1997）类似的方法将预期冲击引入模型的文献还有博德里和波蒂尔（2004）以及杰莫维奇和雷贝洛（2006）的文章。这两篇文章所构建模型的目的均是讨论 NDBC。博德里和波蒂尔（2004）构建了一个三部门模型，三个部门分别为：最终消费品部门、非耐用品部门和耐用品部门。在他们的模型中，消费和投资不再是相互替代而是互补。因此这个三部门模型可以导致 NDBC，然后他们利用这个三部门模型来模拟美国经济的周期特征，尤其是美国经济的衰退特征。他们认为，这个三部门模型能够很好地拟合美国经济周期的特征（见其文章中的表 4 和表 6）。另外，即使在排除技术倒退的情况下，这个三部门模型也能够很好地拟合美国经济的衰退特征（见其文章中的表 3 和表 5）。与博德里和波蒂尔（2004）不同，杰莫维奇和雷贝洛（2006）沿袭了单部门最优增长模型的框架，但是他们在模型中引入了三个不同的要素：可变资本利用率、投资调整成本和一类新的偏好（这类偏好具有以下特征——短期劳动供给的财富效应非常弱）。同样地，他们的模型也能够导致 NDBC。

本章与上述文献在两方面存在不同之处：（1）上述三篇文献均使用模拟矩估计法（SMM）估计其模型中的参数，本章使用极大似然估计法（ML）估计参数。前者是有限信息方法，后者属于完全信息方法。（2）在如何将信息引入模型方面本章与上述文献相似，但是 HLP（1997）的目的是研究信息对消费领先性的影响，博德里和波蒂尔（2004）的目的是构造模型以便在排除技术倒退的情况下其模型也可以解释美国经济的衰退，杰莫维奇和雷贝洛（2006）的主要目的则是构造可以导致 NDBC 的模型以及这种模型需要满足的条件。而本章的目的是考察引入预期冲击的 RBC 模型能否很好地拟合中国经济，即考察预期冲击是不是导致中国经济周期波动的主要因素。本章将预期与中国经济波动结合起来研究是尝试性的，我们认为这种尝试具有重要意义。一方面，由于预期会对个体行为以及政策效果产生实际影响，今天的经济政策制定者已经越来越重视预期管理。另一方面，随着中国经济的发展，潜在的经济波动逐渐增加，正确把握和引导人们对未来经济形势的预期必将逐渐成为我国宏观经济管理的一项重要任务。

本章余下的内容安排如下：第二节在标准 RBC 模型中引入预期冲击，建立理论模型；第三节简单介绍模型的数值解法；第四节对模型的部分参数进行校准和估计；第五节详细分析预期冲击导致经济波动的机制和效应；第六节是结论及进一步的研究方向。

第二节 理 论 框 架

一、模型设置

1. 家庭

我们在一个竞争均衡的标准 RBC 模型[①]中引入信息冲击，这里我们沿用库勒和普雷斯特（1995）的模型。假设经济由 N_t 个同质的且具有无限生命的家庭构成，由于家庭是同质的，所以每个家庭具有相同的偏好。家庭通过消费产品获得满足，但是因不得不付出劳动而遭受痛苦。因此，消费和休闲（劳动的反面即休闲）都会给家庭带来效用。家庭的效用可表示如下：

---

① 标准 RBC 模型是指在现代经济周期理论中被视为基准模型的某一类 RBC 模型。这些模型通常具有下列特征：效用关于时间和自变量是可分的、Cobb—Douglas 生产技术而且不考虑政府部门的单部门模型。例如，Hansen（1985）和 Cooley & Prescott（1995）就是这类 RBC 模型。

$$U(\cdot) = E_0 \sum_{t=0}^{\infty} \beta^t u(C_t, L_t) \quad 0 < \beta < 1 \tag{3.1}$$

这里，$0 < \beta < 1$ 为贴现因子，C_t 和 L_t 分别为家庭的消费和闲暇，$u(C_t, L_t) = \dfrac{(C_t^{1-\theta} L_t^{\theta})^{1-\sigma} - 1}{1-\sigma}$ 是即期效用函数，且具有标准的 CRRA 函数性质。即期效用函数 $u(C_t, L_t)$ 是连续可微、递增和严格凹的函数，且满足 $\lim_{x \to 0} u_x = \infty$；（$x = C, L$）。

具体地，假设家庭的偏好不仅关于时间可加可分，而且关于消费和休闲也是可分的。因此，家庭的偏好可进一步表示为：

$$U(\cdot) = E_0 \sum_{t=0}^{\infty} \beta^t \{(1 - \theta)\log(C_t) + \theta\log(L_t)\} \tag{3.2}$$

这里我们假设 $\sigma = 1$。

家庭拥有时间禀赋。为分析方便，我们假设每个家庭每期拥有 1 单位时间。假设家庭把其中的 H_t 单位时间用于工作，把剩下的 $1 - H_t$ 单位时间用于休闲。另外，假设家庭拥有经济中的初始资本存量。家庭每期把资本租给企业，并且通过投资来扩大自己的资本存量。因此，社会总资本的积累方程为：

$$K_t = (1 + \delta)K_{t-1} + I_t \tag{3.3}$$

这里 I_t 是社会总投资，$0 < \delta < 1$ 为折旧率。

2. 企业

假设经济中的企业是竞争和同质的，企业雇佣劳动和资本并生产产品，每个企业有相同的生产技术。假设企业面临的 C—D 加总生产函数为：

$$Y_t = e^{z_t} K_{t-1}^{\alpha} (X_t H_t)^{1-\alpha}, \ 0 < \alpha < 1 \tag{3.4}$$

这里 H_t 为劳动，z_t 表示经济中全要素生产率的参数。z_t 是一个随机变量，且服从一个给定的稳定过程。X_t 代表一种确定的劳动扩大型技术进步，这种技术进步包括人口增长和体现为有效劳动增长的技术进步，且这种技术进步以指数增长：

$$X_t = (1 + \gamma)X_{t-1} \tag{3.5}$$

这里 $0 < \gamma < 1$ 为外生的技术进步率。

由于企业是竞争和同质的，生产部门的长期决策等同于单个企业的单期利润最大化问题。企业的竞争行为使得劳动和资本的边际生产率刚好等于各自的市场价格。

3. 信息结构：将预期冲击引入标准 RBC 模型

在标准 RBC 模型中，我们通常假设全要素生产率服从如下过程：

$$z_t = \rho z_{t-1} + \varepsilon_t \tag{3.6}$$

这里 $0 < \rho < 1$ 表示 TFP 过程的自回归系数，$\varepsilon_t \sim iidN(0, \sigma_\varepsilon^2)$ 代表技术创新。从上式可以看出，技术创新被立即应用于生产过程。也就是说，技术创新从发明到转化为社会生产力不需要任何时间和成本。

与标准 RBC 模型的假设不同，在本章中，我们沿用 HLP（1997）关于技术创新的假设，即假设：（1）在每期，经济中将产生一定数量的发明 S_t；（2）这些发明转化为可应用于生产的技术创新需要时间；（3）某些发明不能成功地转化为技术创新。按照上述假设，我们可以把全要素生产率（TFP）过程重新表述为：

$$z_{t+n} = \rho z_{t+n-1} + \varepsilon_t^n \tag{3.7}$$
$$S_t^{(t+n)} = \varepsilon_t^n + \nu_t^n \tag{3.8}$$

这里，n 表示发明转化为技术创新所需时间。ε_t^n 表示第 t 期的发明在 n 期以后成功转化为技术创新的部分，ν_t^n 表示第 t 期的发明在 n 期以后未成功转化为技术创新的部分。ε 是独立同分布的随机变量，且服从期望为 0 方差为 σ_ε^2 的正态分布。ν 也是独立同分布的随机变量并服从期望为 0 方差为 σ_ν^2 的正态分布，而且 ε 和 ν 相互独立。

在任何时期，例如第 t(t = 0，1，2，…) 期，家庭确切地知道经济中产生的发明需要 n 期才能转化为技术创新，而且观察到经济中产生的发明为 S_t。但是，家庭并不能确定有多少比例的发明能够成功地转化为技术创新，因为这一比例只有到 n 期以后才能被观察到。也就是说，家庭每期都会观察到一个信息 $S_t^{(t+n)}$(t = 0，1，2，…)，但是却不能区分这些信息。

家庭如何利用事前信息 $S_t^{(t+n)}$ 对未来技术创新 ε_t^n 做出预测？在这种新的信息结构下，家庭事前拥有关于全要素生产率 z_{t+n} 的新息（innovations）ε_t^n 的信息 $S_t^{(t+n)}$。这里，信息 $S_t^{(t+n)}$（ t = 0，1，2，…）被称为 News。从统计意义上来说，ε_t^n 的最佳预测值是它的无条件期望值。但是，在观察到信号 $S_t^{(t+n)}$ 后，家庭可以通过解如下信号萃取问题对全要素生产率的新息 ε_t^n 做出最佳预测：

$$E[\varepsilon_t^n \mid S_t^{(t+n)}] = \chi S_t^{(t+n)}; \quad \chi = \frac{\sigma_\varepsilon^2}{\sigma_\varepsilon^2 + \sigma_\nu^2} \tag{3.9}$$

在这个信号萃取问题中，ε_t^n 是信号 ν_t^n 是噪声。换句话说，在观察到信号 $S_t^{(t+n)}$ 后，家庭认为平均有 $\chi\%$ 的发明将在 n 期以后被转化为技术创新。显然，χ 是一个随机变量，χ 的值取决于噪声 ν_t^n 的实现值。为什么 χ 是随机的？一方面，研发（R&D）活动所固有的不确定性导致了技术创新的不确定性；另一方面，正如 Hansen 和 Prescott（1993）所说，这种不确定性可能是由一国的制度变迁所引起的（因为制度的变迁可能对技术进步造成正面的影响也可能对技术进步造成负面影响）。

事实上，家庭在每期都会观察到 n 个信号（$\Theta_t = [S_{t-n+1}^{(t+1)}, \cdots, S_t^{(t+n)}]$；t = 0，1，2，…）。但是，在本章中，我们假设第 t 期的信息 $S_t^{(t+n)}$ 只与第 t + n 期 TFP 的新息 ε_t^n 有关。这一假设简化了家庭对未来 TFP 的预测。因此，家庭对未来 TFP 的预测值可表示为：

$$E[z_{t+n} | \Theta_t] = \rho^n z_t + \sum_{j=0}^{n-1} \rho^j \chi S_{t-j}^{(t+n-j)} \tag{3.10}$$

因为，由（3.7）式可以得出 $z_{t+n} = \rho^n z_t + \sum_{j=0}^{n-1} \rho^j \varepsilon_{t-j}^n$。而且，由于我们假设信息 $S_t^{(t+n)}$ 只与第 t + n 期 TFP 的新息 ε_t^n 相关，所以对 z_{t+n} 求条件期望便得到（3.10）式。

二、模型求解

由于上述经济中不存在（信息）外部性，根据福利经济学第一定理，分散经济的均衡配置是帕累托有效配置。另外，由于经济中只有唯一的帕累托有效配置，根据福利经济学第二定理，中央计划者问题的解（帕累托有效配置）可以被竞争均衡所支撑。因此，我们可以通过求解中央计划者问题得到经济的竞争均衡。

中央计划者的目标是在受到资源约束的条件下最大化代表性家庭的效用。因此，中央计划者问题可表示为（我们考虑 n = 1 的情形）：

$$\max E_0 \sum_{t=0}^{\infty} \beta^t \{(1 - \theta)\log C_t + \theta\log(1 - H_t)\}$$

$$\text{s. t.} \quad C_t + I_t = Y_t$$

$$K_t = (1 - \delta)K_{t-1} + I_t$$

$$Y_t = e^{z_t} K_{t-1}^{\alpha} (X_t H_t)^{1-\alpha}$$

$$z_{t+1} = \rho z_t + \varepsilon_t^1$$

$$S_t^{t+1} = \varepsilon_t^1 + \nu_t^1 \tag{3.11}$$

为了求解中央计划者问题，我们定义中央计划者最优化问题的拉格朗日函数如下：

$$L(C_t，K_t，H_t，\mu_t) = E_0 \sum_{t=0}^{\infty} \beta^t \{ ((1-\theta)\log(C_t) + \theta\log(1-H_t))$$
$$+ \mu_t (e^{z_t} K_{t-1}^{\alpha} (X_t H_t)^{1-\alpha} - C_t - K_t + (1-\delta)K_{t-1}) \} \quad (3.12)$$

因此，中央计划者问题的一阶条件（FOCs）为：

$$\frac{\partial L}{\partial C_t} = 0：\mu_t = (1-\theta)C_t^{-1} \quad (3.13)$$

$$\frac{\partial L}{\partial H_t} = 0：\frac{\theta}{1-H_t} = (1-\alpha)\mu_t e^{z_t} K_{t-1}^{\alpha} (X_t H_t)^{-\alpha} X_t \quad (3.14)$$

$$\frac{\partial L}{\partial K_t} = 0：\mu_t = \beta E_t [\mu_{t+1}(\alpha e^{z_{t+1}} K_t^{\alpha-1} (X_{t+1} H_{t+1})^{1-\alpha} + 1 - \delta)] \quad (3.15)$$

我们重新把一阶条件记为：

$$(1-\alpha)\frac{Y_t}{C_t} = \frac{\theta}{1-\theta}\frac{H_t}{1-H_t} \quad (3.16)$$

$$\frac{1}{C_t} = \beta E_t \left[\frac{1}{C_{t+1}} \left(\alpha \frac{Y_{t+1}}{K_t} + 1 - \delta \right) \right] \quad (3.17)$$

因此，经济的均衡条件由以下方程组成：

$$Y_t = e^{z_t} K_{t-1}^{\alpha} (X_t H_t)^{1-\alpha}$$

$$z_{t+1} = \rho z_t + \varepsilon_t^1$$

$$Y_t = C_t + I_t$$

$$K_t = I_t + (1-\delta)K_{t-1}$$

$$\frac{\theta}{1-\theta}\frac{H_t}{1-H_t} = (1-\alpha)\frac{Y_t}{C_t}$$

$$\frac{1}{C_t} = \beta E_t \left[\frac{1}{C_{t+1}} \left(\alpha \frac{Y_{t+1}}{K_t} + 1 - \delta \right) \right]$$

三、系统转换（稳定化系统）

在本章中，经济系统的不稳定来自以指数增长的技术进步。显然，当不存在外生随机冲击时，上述经济系统中的实际变量 Y_t、C_t、K_t 和 I_t（除了劳动 H_t，因为我们假设没有人口增长，所以 H_t 是稳定的）的增长率均与 X_t 一致。因此，消除趋势后，这些变量将是稳定的。我们用小写字母表示稳定变量：$y_t = Y_t/X_t$、$c_t = C_t/X_t$、$k_t = K_t/X_t$、$i_t = I_t/X_t$、$h_t = H_t$。因此，稳定化的经济系统可以表示如下：

$$y_t = (1 + \gamma)^{-\alpha} e^{z_t} k_{t-1}^{\alpha} h_t^{1-\alpha}$$

$$z_{t+1} = \rho z_t + \varepsilon_t^1$$

$$y_t = c_t + i_t$$

$$(1 + \gamma) k_t = i_t + (1 - \delta) k_{t-1}$$

$$\frac{\theta}{1-\theta} \frac{h_t}{1-h_t} = (1 - \alpha) \frac{y_t}{c_t}$$

$$\frac{1+\gamma}{c_t} = \beta E_t \left[\frac{1}{c_{t+1}} \left(\alpha (1 + \gamma) \frac{y_{t+1}}{k_t} + 1 - \delta \right) \right]$$

四、稳定状态

当不存在外生冲击时，上述经济系统趋于稳定状态。在经济处于稳态时，$y_t = \bar{y}$、$c_t = \bar{c}$、$k_t = \bar{k}$、$i_t = \bar{i}$、$h_t = \bar{h}$ 以及 $z_t = \bar{z}$。经济的稳定状态由以下方程给出：

$$\bar{y} = (1 + \gamma)^{-\alpha} e^{\bar{z}} \bar{k}^{\alpha} \bar{h}^{1-\alpha}$$

$$\bar{z} = \rho \bar{z}$$

$$\bar{y} = \bar{c} + \bar{i}$$

$$(1 + \gamma) \bar{k} = \bar{i} + (1 - \delta) \bar{k}$$

$$\frac{\theta}{1-\theta} \frac{\bar{h}}{1-\bar{h}} = (1 - \alpha) \frac{\bar{y}}{\bar{c}}$$

$$\frac{1+\gamma}{\bar{c}} = \beta \left[\frac{1}{\bar{c}} \left(\alpha (1 + \gamma) \frac{\bar{y}}{\bar{k}} + 1 - \delta \right) \right]$$

首先，由生产率冲击方程，我们得出 $\bar{z} = 0$。接下来，由欧拉方程，我们得出 $\bar{k} = \frac{\alpha\beta(1+\gamma)}{(1+\gamma) - \beta(1-\delta)} \bar{y}$；由资本运动方程得出 $\bar{i} = (\gamma - \delta) \bar{k} = \frac{(\gamma - \delta)\alpha\beta(1+\gamma)}{(1+\gamma) - \beta(1-\delta)} \bar{y}$；由资源约束方程得出 $\bar{c} = \left[1 - \frac{(\gamma - \delta)\alpha\beta(1+\gamma)}{(1+\gamma) - \beta(1-\delta)} \right] \bar{y}$。最后，由劳动的一阶

条件和生产函数分别得出 $\bar{h} = \dfrac{(1-\alpha)}{\theta/(1-\theta)}\left[1 - \dfrac{(\gamma-\delta)\alpha\beta(1+\gamma)}{(1+\gamma)-\beta(1-\delta)}\right]^{-1}\Big/\Big\{1+$

$\dfrac{(1-\alpha)}{\theta/(1-\theta)}\left[1 - \dfrac{(\gamma-\delta)\alpha\beta(1+\gamma)}{(1+\gamma)-\beta(1-\delta)}\right]^{-1}\Big\}$ 和 $\bar{y} = (1+\gamma)^{\frac{\alpha}{\alpha-1}}\left[\dfrac{\alpha\beta(1+\gamma)}{(1+\gamma)-\beta(1-\delta)}\right]^{\frac{\alpha}{1-\alpha}}$

$\dfrac{\dfrac{(1-\alpha)}{\theta/(1-\theta)}\left[1 - \dfrac{(\gamma-\delta)\alpha\beta(1+\gamma)}{(1+\gamma)-\beta(1-\delta)}\right]^{-1}}{1 + \dfrac{(1-\alpha)}{\theta/(1-\theta)}\left[1 - \dfrac{(\gamma-\delta)\alpha\beta(1+\gamma)}{(1+\gamma)-\beta(1-\delta)}\right]^{-1}}$。

　　上述等式表明，稳态的产出、消费、资本、投资和劳动均取决于模型的偏好参数（β 和 θ）以及模型的技术参数（α、γ 和 δ）。但是，描述生产率冲击的参数（ρ 和 σ_ε）均不影响实际变量的稳态值。

五、线性化

　　接下来，与标准 RBC 模型一样，我们对稳定化的经济系统进行对数线性化。对数线性化后的系统如下（我们定义 $\hat{x}_t = \log x_t - \log \bar{x}$；$x = y, c, k, i, h, z$）：

$$0 = z_t + \alpha\hat{k}_{t-1} + (1-\alpha)\hat{h}_t - \hat{y}_t \tag{3.18}$$

$$z_{t+1} = \rho z_t + \varepsilon_t^1 \tag{3.19}$$

$$0 = \bar{c}\hat{c}_t + \bar{i}\hat{i}_t - \bar{y}\hat{y}_t \tag{3.20}$$

$$0 = \bar{i}\hat{i}_t + (1-\delta)\bar{k}\hat{k}_{t-1} - (1+\gamma)\bar{k}\hat{k}_t \tag{3.21}$$

$$0 = -\hat{c}_t + \hat{y}_t - \dfrac{1}{1-\bar{h}}\hat{h}_t \tag{3.22}$$

$$0 = E_t\left[\hat{c}_t - \hat{c}_{t+1} + \alpha\beta\dfrac{\bar{y}}{k}(\hat{y}_{t+1} - \hat{k}_t)\right] \tag{3.23}$$

　　上述线性化系统表明，模型的动态取决于参数 α，β，γ，δ 以及 ρ。但是，参数 θ 和 σ_ε 不影响模型的动态；参数 θ 仅影响各实际变量的稳态值；参数 σ_ε 决定技术冲击的大小，但是对脉冲反应函数的形状没有影响。

　　从表面上看，存在信息冲击的对数线性化系统与标准 RBC 模型的对数线性化系统完全一致。但是，当存在信息不完全[1]时，对未来 TFP（z_{t+n}）的预测可

---

① 也就是说，虽然家庭每期都会观察到一个信息 $S_t^{(t+n)}$（$t = 0, 1, 2, \cdots$），但是却不能区分这个信息中的信号 ε_t^n 和噪声 ν_t^n。

以减少人们关于未来经济发展的不确定性。因此，信息冲击的影响将在欧拉方程（3.23）式中得到体现，因为欧拉方程是人们权衡当前决策和未来决策的最优方式。因此欧拉方程（3.23）式可以重新表示为：

$$0 = E_t \left[\hat{c}_t + \alpha_1 \hat{k}_t + \alpha_2 \hat{h}_{t+1} + \alpha_3 z_{t+1} \mid \Theta_t \right] \qquad (3.24)$$

这里，$\Phi = \alpha\beta\bar{y}/\bar{k}$、$\alpha_1 = \alpha(\Phi-1) - \Phi$、$\alpha_2 = (1-\alpha)(\Phi-1) + 1/(1-\bar{h})$、$\alpha_3 = \Phi - 1$。把（3.18）式和（3.22）式代入（3.23）式，替换掉 $\hat{y}_{t+1}$ 和 $\hat{c}_{t+1}$ 后，便得到上式。由于 $n=1$，所以 $\Theta_t = S_t^{(t+1)}$。因此，在上式中只有变量 z_{t+1} 的条件期望和非条件期望不同。把（3.10）式代入（3.24）式得到如下无条件欧拉方程式[①]：

$$0 = E_t \left[\hat{c}_t + \alpha_1 \hat{k}_t + \alpha_2 \hat{h}_{t+1} + \alpha_3 \rho z_t + \alpha_3 \chi S_t^{(t+1)} \right] \qquad (3.25)$$

第三节 数 值 方 法

显然，上述存在信息冲击的标准 RBC 模型可以理解成一个随机动态优化问题。一般情况下，我们无法求得该问题的解析解，通常人们所使用的解法是数值解法。按照 Uhlig（1995）的方法，随机动态优化问题的求解一般遵循如下程序：

（1）求解刻画上述模型（上节公式 3.11）的必要条件。这一步骤我们已完成，即上节公式（3.13）、（3.14）和（3.15）。

（2）求解模型的稳定状态（steady state），这一步骤我们也已完成。

（3）对必要条件（公式 3.13、3.14 和 3.15）进行对数线性化。对数线性化后的系统由公式（3.18）至（3.22）和公式（3.25）组成。

（4）使用待定参数法（method of undetermined coefficients）求解对数线性化后的线性系统的递归均衡法则（recursive equilibrium law of motion），这正是本节的任务。

---

① 对于 $n > 1$ 时欧拉方程的推导，见附录 A。

（5）通过脉冲反应分析和二阶矩的性质对模型的解作出详细分析（这一任务将在下面几节展开）。

一、n＝0 的情形

当 n＝0 时，上述存在预期冲击的 RBC 模型退化为标准的 RBC 模型。求解标准 RBC 模型的方法有很多，（比如，Blanchard & Kahn（1980）的方法、Sims（2001）的方法、Klein（2000）的方法以及 Uhlig（1999）和 Christiano（2002）的方法）。在以下的分析中，我们采用乌利希（Uhlig，1999）的方法，这种方法通常被称为待定参数法。

按照乌利希的方法，我们可以把线性系统（3.18 至 3.23 式）表示成如下矩阵形式：

$$0 = Ax_t + Bx_{t-1} + Cy_t + Dz_t$$
$$0 = E_t\left[Fx_{t+1} + Gx_t + Hx_{t-1} + Jy_{t+1} + Ky_t + Lz_{t+1} + Mz_t \right]$$
$$z_{t+1} = Nz_t + \varepsilon_{t+1}; \ E_t[\varepsilon_{t+1}] = 0$$

这里，x_t 表示内生状态变量（在本章中代表变量 $\hat{k}_t$），y_t 表示内生控制变量（在本章中代表向量（$\hat{y}_t$，$\hat{c}_t$，$\hat{i}_t$，$\hat{h}_t$）），z_t 表示外生状态变量（在本章中代表变量 z_t）。A、B、C、D、F、G、H、J、K、L、M 和 N 为各变量的系数矩阵。按照待定参数法求解上述线性系统后，我们得到如下递归均衡法则[①]：

$$x_t = P \cdot x_{t-1} + Q \cdot z_t$$
$$y_t = R \cdot x_{t-1} + S \cdot z_t$$

二、n＝1 的情形[②]

当 n＝1 时，标准的 RBC 模型扩展为存在预期冲击的 RBC 模型。n＝1 表示

[①] 这里，我们没有给出详细的计算过程。原因是，这些方法在动态宏观（尤其是 RBC 模型）领域应用广泛且已经成为标准方法。而且，在作者的主页有现成的 Matlab Code。感兴趣的读者请参见：http://www.wiwi.hu－berlin.de/wpol/html/tookit.htm。
[②] 对于 n＝2、n＝3 以及 n＝4 的情形，见本章附录 B。

信息冲击在一期之后实现，也就是说，经济个体在第 t 期得到信息 S_t，然后根据这一信息对 t+1 期的生产效率作出预测。求解存在预期冲击的 RBC 模型的方法与求解标准 RBC 模型的方法相似。同样地，在以下的分析中，我们采用乌利希（1999）的方法。

按照乌利希的方法，我们可以把线性系统（3.18 至 3.22 式以及 3.25 式）表示成如下矩阵形式：

$$0 = A_1 x_t + B_1 x_{t-1} + C_1 y_t + D_1 z_t$$

$$0 = E_t \left[F_1 x_{t+1} + G_1 x_t + H_1 x_{t-1} + J_1 y_{t+1} + K_1 y_t + L_1 z_{t+1} + M_1 z_t \right]$$

$$z_{t+1} = N_1 z_t + \varepsilon_{t+1}; \quad E_t \left[\varepsilon_{t+1} \right] = 0$$

这里，x_t 表示内生状态变量（在 n = 1 时代表变量 $\hat{k}_t$），y_t 表示内生控制变量（在 n = 1 时代表向量 $[\hat{y}_t, \hat{c}_t, \hat{i}_t, \hat{h}_t]'$），$z_t$ 表示外生状态变量（在 n = 1 时代表向量 $[z_t, S_t^{(t+1)}]'$）。A_1、B_1、C_1、D_1、F_1、G_1、H_1、J_1、K_1、L_1、M_1 和 N_1 为各变量的系数矩阵。同样地，按照待定参数法求解上述线性系统后，我们得到如下递归均衡法则：

$$x_t = P_1 \cdot x_{t-1} + Q_1 \cdot z_t$$

$$y_t = R_1 \cdot x_{t-1} + S_1 \cdot z_t$$

第四节　参数校准与参数估计

一、数据处理及参数估计的初步结果

在本章的分析中，我们使用的数据包括：支出法 GDP、家庭消费、私人投资和劳动力提供。由于上述部分序列仅有年度数据可用，我们在估计参数时使用的是 1981~2008 年各时间序列数据。上述数据均可在国家统计局网站找到。但是，国家统计局公布的是现价数值。为了获得真实值，我们利用统计局公布的 GDP 真实增长率数据以及名义 GDP 数据，计算了 GDP 缩减因子。然后，利用计算得到的 GDP 缩减因子将所有的名义变量转换成了以 2000 年不变价格计算的真实变量，这里所有的 GDP 名义数据和真实增长率数据均来自国家统计局网站。最后，我们将这些实际变量除以总劳动力便得到各人均实际变量。在估计参数时，我们仅使用两个时间序列数据：家庭消费和私人投资。我们没有使用劳动时间的原因是，我国从未有官方公布的劳动时间数据。另外，我们也没有使用 GDP 数据，因为由预算约束方程可知，使用了消费和投资数据后，GDP 数据便是多余的了。

本章的模型设置意味着，经济中的各主要变量（产出、消费和投资）在稳态时将以一个不变的比率增长，这个比率为劳动扩大型技术进步的增长率。因此，参数估计所用数据应该去除共同的趋势。

模型的结构参数总共有八个：资本份额 α、折旧率 δ、贴现因子 β、体现技术冲击持续性大小的参数 ρ、劳动扩大型技术进步率 γ、休闲带来的效用比率 θ、预期冲击的标准差 σ_ε、噪声冲击的标准差 σ_υ 以及信号中信息的比率 χ。我们首先尝试用极大似然估计法估计模型的所有参数，估计结果见表 3 – 1。

表 3 – 1　　　　　　　　所有参数估计结果及其标准误差

参数	估计结果	标准误差
α	0.00000169234444	2.62409634120878
δ	0.17857071871214	0.08700284759650
β	0.99948260561206	0.00049475153417
ρ	0.99561006368768	0.00010251910750
γ	0.00021580683947	0.00011521247507
θ	0.60065973560407	0.00010000099619
σ_ε^2	0.00446734894737	0.32092245986845
$\sigma_s^\gamma = \sigma_\varepsilon^2 + \sigma_\nu^2$	0.00191077415643	0.50854785054345

从上述估计结果初步可以看出，资本份额 α、折旧率 δ、贴现因子 β 以及劳动扩大型技术进步率 γ 的极大似然估计值不合理。与已有研究中国经济波动的文献相比，资本份额和劳动扩大型技术进步率的极大似然估计值都太低，而折旧率和贴现因子的极大似然估计值又太高了。另外，对于预期冲击的标准差和

噪声冲击的标准差的极大似然估计值也不合理。从理论上来说，信号的标准差一定大于预期冲击的标准差，因为我们假设每一个信息包含预期冲击和噪声冲击两种冲击，而且我们假设这两种冲击是相互独立的。根据上述估计结果，我们可以得到 χ 的值为 2.34。按照定义，$\chi = \sigma_\varepsilon^2 / \sigma_s^2 = \sigma_\varepsilon^2 / (\sigma_\varepsilon^2 + \sigma_\upsilon^2)$，表示人们预期的信号中信息所占的比例。显然，按照定义 χ 的值应该大于 0 小于 1。

为了检验估计结果的稳定性，我们使用另一种去除趋势的方法处理数据后对各参数进行极大似然估计，估计结果如表 3 - 2 所示：

表 3 - 2　　　　所有参数估计结果及其标准误差（HP 滤波，$\lambda = 100$）

参数	估计结果	标准误差
α	0.00164820621658	0.08865398828080
δ	0.34678674804001	0.00020632054123
β	0.96009348951302	0.00011626371487
ρ	0.98001769683353	0.00010361679090
γ	0.02336697215460	0.00011875336639
θ	0.59999996833595	0.00010000000000
σ_ε^2	0.00349331043387	0.27608001911542
$\sigma_s^2 = \sigma_\varepsilon^2 + \sigma_\upsilon^2$	0.00069058909987	0.37021897531437

从表 3 - 2 可以看出，资本份额 α 和折旧率 δ 的极大似然估计值依然不合理。与已有文献相比，资本份额太低，而折旧率太高。另外，对于预期冲击的标准差和噪声冲击的标准差的极大似然估计值同样是不合理的。根据上述估计结果，我们可以得到 χ 的值为 5.06。因此，使用两种数据都可能得到部分参数的估计值不合理。所以，我们接下来的做法是，利用我国经济的增长特征对上述部分不合理的参数进行校准。然后再使用极大似然估计法对剩下的参数进行估计。

二、参数校准

根据上面给出的各时间序列数据，我们计算出消费与产出的比率以及投资与产出的比率。在参数校准时，我们把这些比率的平均值视为模型在稳态时各变量的取值。我们在表 3 - 3 中归纳了我国经济的增长特征。

表 3 - 3　　　　　　　　中国经济的增长特征（1981 ~ 2008）

c/y	k/y	i/y	γ	θ	h
0. 58	3. 4	0. 42	0. 08	0. 6	0. 33

需要说明的是，对于资本产出比，我们参照的是张军和邹至庄的数据。这个数据在两个人的数据中比较接近，我们取 k/y = 3. 4。γ 的取值为劳动扩大型技术进步的增长率，国外对 γ 的通用估计值为 0. 004（例如 King & Rebelo，1999）。由于本章模型意味着各主要经济变量（产出、消费和投资）在稳态时以一个不变的比率 γ 增长，所以我们以这些变量的共同趋势的增长率的平均值代表 γ 的取值。另外，由于在对所有参数进行初步极大似然估计的试验中 θ 的估计值非常稳健，我们取 θ 的值为极大似然估计值。最后，对于稳态的劳动投入值，我们借鉴了已有文献的通常做法，取稳态的劳动时间为总时间禀赋的三分之一。

接下来，根据上述中国经济的增长特征，我们对剩余参数（α、β 和 δ）进行校准。校准的方法是选择参数（α、β 和 δ）使得模型的平衡增长路径拟合中国经济的增长特征。我们无法使用校准方法估计描述技术冲击的参数 ρ、σ_ε 和 σ_ν，因为这些变量均不影响实际变量的稳态值。我们在前一节已经求解了经济系统的稳定状态。根据系统的稳定状态，我们得到参数 α、β 和 δ 的表达式分别为：$\delta = \dfrac{i/y}{k/y} - \gamma$；$\beta = \dfrac{(1+\gamma)}{\theta y/k + 1 - \delta}$；$\dfrac{\alpha}{1-\alpha} = (1-\theta)\dfrac{y}{c}\dfrac{1-h}{h}$。

然后，根据表 3 - 3，我们得到参数 α、β 和 δ 的校准值（见表 3 - 4）。

表 3 - 4　　　　　　　　　　参数校准值

α	β	δ
0. 5834	0. 9532	0. 0435

三、参数估计：极大似然估计（ML）

至此，我们可以利用参数 α、β 和 δ 的校准值来估计模型中的其余参数。同样地，我们采用极大似然估计方法对这些参数进行估计，估计结果见表 3 – 5：

表 3 – 5 　　　　　　　　参数的极大似然估计结果及其标准误差

参数	估计结果	标准误差
σ_ε^2	0. 103224103732288	0. 27879361623259
σ_s^2	0. 15676617481821	0. 26779742486768
ρ	0. 99806130738252	1. 33041734223152
χ	0. 89773400844350	0. 00010820303443

从上表可以看出，各参数的极大似然估计值都比较合理。σ_ε^2 表示随机技术冲击的方差，其估计值为 0. 1032，因此技术冲击的标准差（σ_ε）的估计值为 3. 21%，这一数值与国内其他学者（如黄赜琳，2005）的估计结果基本近似。σ_s^2 表示信号（signal）的方差，其估计值为 0. 1568。由于每个信号既包含信息又包含噪声，另外我们假设这二者独立同分布且相互独立，所以通过计算 $\chi = \sigma_e^2/\sigma_s^2 = \sigma_e^2/(\sigma_e^2 + \sigma_v^2)$，我们得到预期冲击和噪声冲击的标准差分别为 3. 75% 和 1. 26%，这里预期冲击表示预期的下一期技术冲击的实现值，因此预期冲击的标准差与随机技术冲击的标准差应该比较接近。从上述结果我们可以看出，事实也确实如此（3. 75% 与 3. 21%）。接下来，χ 表示人们预期的信号中信息所占的比率，其估计值为 89. 77%。与国外学者（见 Hairault，Langot and Portier，1997）利用美国数据所得的估计结果（72%）相比，本章利用中国的数据所得的估计结果略显偏高。这一结果表明，在中国经济中，关于未来经济状态的信号中的信息含量比较高。出现这一结果的原因可能是，在中国经济中关于未来经济状态的信号多数与政府的政策相关，而中国的政治体制又决定了中国政府具有很强的承诺能力。最后，ρ 表示技术冲击的一阶自相关系数，其估计值为 0. 9981。这表明技术冲击的粘滞性非常高。出现这一结果的原因是，

在本章的经济环境下，经济人在决策时不仅要考虑当前的冲击而且还要预期未来的经济冲击。

第五节　预期冲击导致经济波动的机制和效应

在获得参数的估计值后，我们将对引入预期冲击后的标准 RBC 模型进行详细的分析。首先，我们讨论面对不同的冲击，模型经济的动态调整特征。其次，我们运用这个扩展的 RBC 模型模拟中国的经济数据，得出了模拟经济的周期波动特征，并与现实中国经济周期波动特征进行比较。最后，我们考察了这个扩展的 RBC 模型对中国经济周期波动的解释力。

一、动态调整

图 3 – 1 和图 3 – 2 分别给出了模型中主要经济变量对预期冲击的脉冲响应。经济在第 t 期获得一个信号 S_t^1，根据这个信号人们预期未来的技术冲击为 χS_t^1。正如图 3 – 1 所示，预期的未来技术冲击为正的实现值（即 t + 1 期的冲击为预期冲击）使得信号 S_t^1 从 t 期开始影响经济，而且这种好的预期引起未来（t + 1 期及以后各期）的经济繁荣但是却导致了今天（第 t 期）的经济衰退。

关于未来技术冲击的预期对现期经济的影响与预期未来财富的增加所导致的效应是一致的。当人们预期的未来财富增加时，人们将调整其当前的行为。因为在给定确定性等价情况下，一部分预期的未来财富的增加值可以被确定地视为在当前已经实现。在本章偏好的假设下，现期收入增加的财富效应占优于替代效应。因此，消费者将增加当前的消费和休闲（休闲是正常品）。另外，现期的产出将下降，因为消费者提供的劳动时间减少了（因为休闲增加了）。最后，因为消费的增加，现期的投资也将下降（因为在资源约束下产出为消费和投资的加总，现在产出下降了而消费又增加了，所以投资必然下降）。因此，关于未来的好信息却导致了今天的经济衰退！这一结论不免让人疑惑，从直觉上来说，当面临关于未来技术冲击的好信息时，人们对此的反应应该是增加当前的消费和投资。人们增加当前的消费是因为正的财富效应的结果；人们增加当前的投资是因为他们必须积累资本以应对未来总需求的增加。法玛（1992）分析了消费、产出和投资之间的共动性。他的结论是，在控制某些领先和滞后项后，消费和投资的增长率之间存在显著的正相关性。因此，他的结论在一定程度上支持了上述经济直觉。

然后，到了第 t + 1 期，人们可以观察到实际的技术冲击的实现值，并发现技术冲击的实现值符合他们之前的预期。因此，在第 t + 1 期之后，经济进入一段繁荣时期。值得注意的是，各经济变量在 t + 1 期以后的反应与其在标准 RBC 模型中的反应在本质上是相似的。当人们发现技术冲击在 t + 1 期的实现值为正时，人们将增加劳动供给，因为此时替代效应占优于财富效应。对于给定的资本存量，劳动时间的增加使得产出增加。另外，由于生产率的增长，人们将迅速增加投资以应对未来总需求的增加。投资的增加导致资本存量的增加，资本的增加进一步促进了产出的增长。由于产出的增长率高于投资的增长率，所以最后消费也将增加。而且，从图形上来看，扩展的 RBC 模型中各经济变量在 t + 1 期以后的反应与其在标准 RBC 模型中的反应也非常相似（见图 3 − 1 与图 3 − 3 之间的比较），二者有两点细微的差别：一是，扩展的 RBC 模型中各经济变量在 t + 1 期的增加幅度比其在标准 RBC 模型中的增加幅度小，因为在前者的脉冲响应实验中冲击的大小等于 $\chi\varepsilon_{t+1}$ 而后者的为 ε_{t+1}。二是，在前者的脉冲响应实验中，当冲击到达时，各经济变量的起点不再是稳定状态，而后者是。

图 3 − 4 和图 3 − 5 分别给出了模型中主要经济变量对噪声冲击的脉冲响应。同样地，经济在第 t 期获得一个信号 S_t^1，根据这个信号人们预期未来的技术冲击为 χS_t^1。正如图 3 − 4 所示，关于未来技术冲击的预期使得信号 S_t^1 从 t 期开始影响经济。显然，不论事后经济面临的是预期冲击还是噪声冲击，人们在第 t 期的反应都是一样的，因为人们在第 t 期无法区分信号 S_t^1 中的信息和噪声。但是，到了第 t + 1 期，此时人们可以观察到实际的技术冲击的实现值，而且发现技术冲击的实现值不符合他们之前的预期，也就是说信号 S_t^1 中只包含噪声。因此，人们在 t + 1 期将迅速削减消费和休闲，以弥补他们在第 t 期对二者的过度消费。同时，其他经济变量（如投资、资本和产出）也在此后逐渐回复到稳定状态的水平。

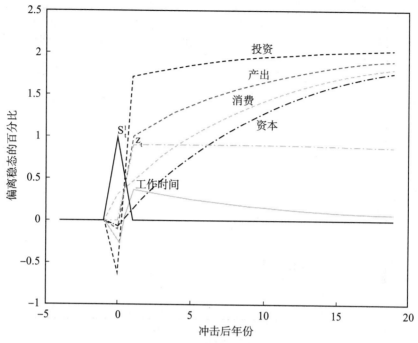

图 3 - 1　主要经济变量对预期冲击的脉冲响应

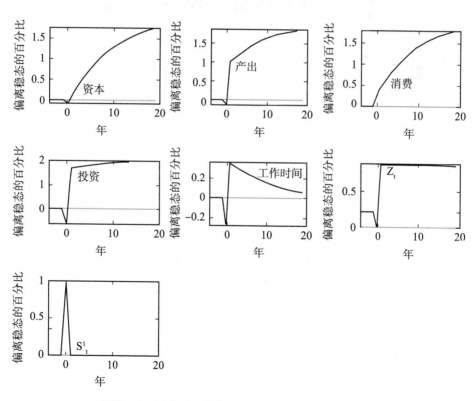

图 3 - 2　主要经济变量对预期冲击的脉冲响应

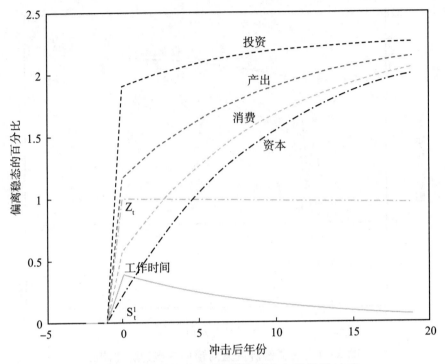

图 3-3　主要经济变量对技术冲击的脉冲响应

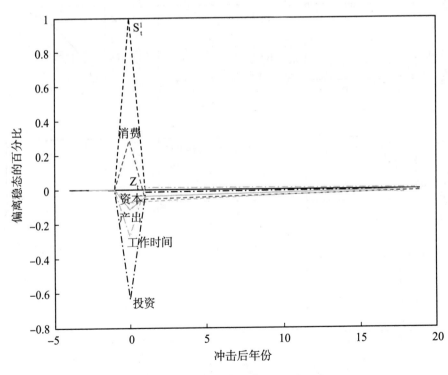

图 3-4　噪声冲击的脉冲响应函数

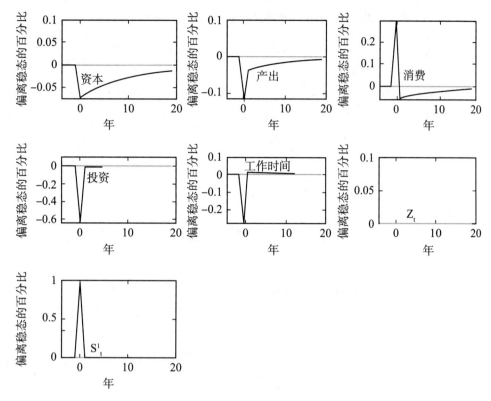

图 3 – 5 主要经济变量对噪声冲击的脉冲响应函数

二、模拟经济的波动特征

表 3 – 6 和表 3 – 7 分别给出了 χ 等于 0. 8977 和 χ 等于 0 时模型各主要经济变量的波动特征(标准差以及各变量与产出的交叉相关系数)。χ 等于 0. 8977 表示人们预期的信号中信息所占的比率为 89. 77%。χ 等于 0 表示人们预期的信号中信息所占的比率为 0,也就是说经济此时只受到随机技术的冲击,因此扩展的 RBC 模型回归到标准 RBC 模型。

通过比较表 3 – 6 和表 3 – 7,我们可以看出,扩展的 RBC 模型模拟的经济数据的特征与标准 RBC 模型模拟的经济数据的特征有很多差异之处。首先,扩展的 RBC 模型模拟中各经济数据的波动性明显高于标准 RBC 模型,这体现在表 3 – 6 中各经济变量的标准差高于表 3 – 7 中各经济变量的标准差。这一点很容易理解,因为在扩展模型中经济系统不仅受到随机的技术冲击还受到预期冲击,而标准模

表 3 - 6　　　模型中国经济周期波动特征（χ = 0. 8977；noisy signal）

变量	标准差（%）	同产出的交叉相关系数 corr(v(t+j)，GNP(t))										
		-5	-4	-3	-2	-1	0	1	2	3	4	5
资本	2.60	-0.33	-0.40	-0.42	-0.36	-0.09	0.55	0.70	0.59	0.39	0.17	-0.03
产出	7.23	-0.28	-0.26	-0.15	0.03	0.41	1.00	0.41	0.03	-0.15	-0.26	-0.28
消费	3.13	-0.40	-0.39	-0.28	0.02	0.52	0.89	0.54	0.26	0.04	-0.13	-0.23
投资	12.98	-0.23	-0.20	-0.11	0.04	0.36	0.99	0.35	-0.04	-0.21	-0.29	-0.29
劳动	3.12	-0.17	-0.14	-0.05	0.05	0.29	0.95	0.27	-0.13	-0.27	-0.32	-0.29
技术	6.15	-0.23	-0.19	-0.07	0.13	0.50	0.98	0.29	-0.11	-0.27	-0.33	-0.31
signal	3.57	0.05	0.12	0.19	0.34	0.44	-0.61	-0.37	-0.15	-0.06	0.02	0.06

表 3 - 7　　　模型中国经济周期波动特征（χ = 0；no signal）

变量	标准差（%）	同产出的交叉相关 corr(v(t+j)，GNP(t))										
		-5	-4	-3	-2	-1	0	1	2	3	4	5
资本	1.26	-0.34	-0.40	-0.39	-0.30	-0.01	0.59	0.68	0.55	0.37	0.18	-0.01
产出	3.61	-0.27	-0.22	-0.13	0.03	0.39	1.00	0.39	0.03	-0.13	-0.22	-0.27
消费	1.93	-0.34	-0.32	-0.25	-0.10	0.28	0.95	0.55	0.24	0.06	-0.08	-0.19
投资	5.93	-0.24	-0.18	-0.07	0.09	0.43	0.99	0.31	-0.05	-0.20	-0.28	-0.30
劳动	1.27	-0.17	-0.10	0.01	0.16	0.46	0.94	0.18	-0.19	-0.31	-0.35	-0.33
技术	3.12	-0.22	-0.16	-0.05	0.10	0.44	0.98	0.29	-0.08	-0.23	-0.29	-0.31

型中经济系统仅受到随机技术的冲击。其次，与标准模型相比，扩展模型中产出的粘滞性更高，这体现在表 3 - 6 中产出的一阶自相关系数高于表 3 - 7 中产出的一阶自相关系数。另外，值得注意的是，与标准模型相比，扩展模型中领先一期的消费与产出的相关系数有很大的提高（从 0.28 上升到 0.52）。这一点也很容易理解，因为在扩展的模型中，在第 t 期（信号到达，此时生产率并没有改变，改变的是人们对未来生产率的预期）时财富效应占优于替代效应，因此消费上升；在第 t + 1 期（信号实现，生产率受到冲击）替代效应占优于财富效应，因此产出上升。所以，正是噪声信号（noisy signal）这种不完全信息所导致的预期冲击使得消费更像是产出的领先指标（相对于标准 RBC 模型而言）。最后，在两个模型中，领先一期的投资和就业与产出的相关系数均高于其滞后一期与

产出的相关系数，但是扩展模型中领先一期的相关系数比标准 RBC 模型中的低。

接下来，我们分析扩展的 RBC 模型模拟的经济数据的特征与实际中国经济数据的特征之间的比较。通过比较表 3 - 7 和表 3 - 8，我们可以发现，模型各经济变量的波动性与实际数据的波动性基本接近。差异之处有：（1）模型产出和就业的波动性大于实际数据的波动性；（2）模型各变量与产出之间的共动性远远高于实际中各变量与产出之间的共动性；（3）扩展模型中产出的粘滞性（一阶自相关系数）低于实际产出的粘滞性；（4）扩展模型中领先一期的消费与产出的相关系数远远高于实际数据中领先一期的消费与产出的相关系数。最后，我们利用普雷斯科特（Prescott，1986）的方差估算法来估计扩展模型对实际经济波动的解释力，尽管这种方法受到很多批评。按照这种方法，扩展模型大约能够解释产出波动的35%，这一数值偏低。我们下面将使用方差分解方法详细地分析扩展模型对实际经济波动的解释力。

表 3 - 8　　　　实际中国经济数据周期波动特征（1978 ~ 2006）

（HP filter；lambda = 100）

变量	标准差（%）	同产出的交叉相关 corr(v(t+j)，GNP(t))				
		−2	−1	0	1	2
总产出	3.16	0.10	0.70	1.00	0.70	0.10
总消费	3.14	−0.17	0.28	0.61	0.55	0.22
私人消费	3.66	−0.26	0.20	0.62	0.65	0.40
政府消费	4.38	0.24	0.31	0.13	−0.13	−0.46
总资本形成	7.94	0.29	0.70	0.85	0.47	−0.22
固定资产投资	8.72	0.40	0.83	0.81	0.25	−0.36
存货增加	28.77	0.07	0.13	0.33	0.40	0.11
劳动力提供	0.63	−0.21	0.21	−0.10	0.01	0.20

注：本表数据来源于徐高（2008）表 3.1。

三、扩展模型的解释力：方差分解

扩展的 RBC 模型可以在多大程度上解释改革开放以来中国经济的总产出波

动？为了回答这个问题，我们对主要经济变量（产出、消费、投资和就业）超前 k 步的预测误差的方差（k—step—ahead forecast error variances）进行分解。这些变量的预测误差的方差可以分解为两部分：一部分归因于随机技术冲击，另一部分归因于信息冲击。

表 3 - 9 给出了各主要经济变量超前 k 步的预测误差的方差分解，这里 k 的取值分别为 1 年、4 年、8 年、12 年、20 年、40 年以及无穷远。从表 3 - 9 我们可以看出，技术冲击在解释短期经济波动上表现良好。例如，技术冲击可以解释各主要经济变量（产出、消费、投资和就业）超前 1 年的预测误差的方差分别为 98%、71%、85% 和 57%。但是，技术冲击对中长期（4 年以上）的经济波动缺乏解释力，因为技术冲击可以解释的各主要经济变量超前 k（k≥4）年的预测误差的方差均不超过 50%。而且，随着 k 的增加，技术冲击解释经济波动的能力呈逐渐下降的趋势。技术冲击大约能够解释总产出的 45% 的无条件方差（k 趋于无穷时），这与我们前面使用方差估算法得到的结果（35%）比较接近。这也从某种程度上说明了在扩展的 RBC 模型中技术冲击难以解释总产出的波动。另外，值得注意的是，技术冲击在解释就业的无条件方差方面比标准 RBC 模型有了很大的改进。例如，爱尔兰（Ireland，2004）认为标准 RBC 模型只能解释战后美国就业波动的 2% 左右，而本章中扩展的 RBC 模型可以解释改革开放后中国就业波动的 40% 左右。

接下来，我们来看信息冲击在解释经济波动方面的作用。与技术冲击的表现相反的是，信息冲击对短期（k = 1 年）经济波动缺乏解释力。例如，信息冲击可以解释的各主要经济变量（产出、消费、投资和就业）超前 1 年的预测误差的方差分别为 1%、28%、14% 和 42%（见表 3 - 9）。相反的是，信息冲击在解释中长期经济波动上的表现比技术冲击好。例如，信息冲击解释的各主要经济变量（产出、消费、投资和就业）超前 k（k≥4）年的预测误差的方差几乎都超过了 50%。并且，随着 k 的增加，信息冲击解释经济波动的能力呈逐渐上升的趋势。这一点也非常符合中国的经济事实，随着市场经济改革的深入和经济的发展，各经济部门（企业、政府和私人）之间的相互作用越来越紧密，经济系统变得越来越复杂，因此为了应对不断变化的复杂环境，各经济主体的决策工作越来越依赖关于未来的信息。也就是说，经济系统受到的冲击更多的是来自信息的冲击。

表 3 – 9　　　　　　　　　主要经济变量的预测误差的方差分解

提前的年数	技术冲击导致的预测误差的比例	信息冲击导致的预测误差的比例
产出		
1	98. 57063441761396	1. 42936558238603
4	55. 45507854166927	44. 54492145833072
8	50. 64699361206905	49. 35300638793095
12	48. 84582631250581	51. 15417368749418
20	47. 23492540304732	52. 76507459695269
40	45. 95356946101123	54. 04643053898877
∞	44. 98116833905893	55. 01883166094106
消费		
1	71. 64609425906832	28. 35390574093168
4	58. 98464493098508	41. 01535506901490
8	52. 86294316775558	47. 13705683224443
12	50. 18662469886630	49. 81337530113371
20	47. 83845881354845	52. 16154118645154
40	46. 11748093219989	53. 88251906780008
∞	44. 98513859422273	55. 01486140577728
投资		
1	85. 80189368524086	14. 19810631475914
4	51. 91864347335133	48. 08135652664866
8	48. 50613503504577	51. 49386496495423
12	47. 36994343119388	52. 63005656880608
20	46. 41048701767300	53. 58951298232700
40	45. 64029321086803	54. 35970678913200
∞	44. 96027217123935	55. 03972782876064
就业		
1	57. 86941451798746	42. 13058548201254
4	43. 37731416708353	56. 62268583291647
8	41. 76480286247490	58. 23519713752508
12	41. 33478835669113	58. 66521164330890
20	41. 09893129101109	58. 90106870898900
40	41. 03967092953435	58. 96032907046605
∞	41. 06826280402309	58. 93173719597697

第六节　本章小结

卢卡斯（1977）把经济周期现象描述为：产出沿趋势的反复震荡及其与其他经济总量时间序列的共动性。实证结果也显示，宏观总量间存在很强的共动性。因此，总量宏观经济变量（产出、消费、投资和就业）之间的共动性是经济波动的一个重要特征。所以，能否拟合总量之间的共动性是检验经济周期理论模型好坏的一个重要指标。

本章在标准的 RBC 模型中引入预期冲击，详细地分析了预期冲击导致经济波动的机制和效应。我们的分析表明，在标准 RBC 模型中，预期冲击难以形成经济波动的共动性特征（或者说，标准 RBC 模型不能产生 NDBC）。与此相反，关于未来的好信息却导致了今天的经济衰退！这正是本章模型的一个最主要的缺陷，正是这种缺陷促使我们下一步的研究：什么样的模型设置才能产生 NDBC？

另外，我们详细分析了这个扩展的 RBC 模型在解释中国经济波动方面的能力。一方面，我们利用这个扩展的 RBC 模型模拟中国 1981~2008 年的经济数据，并比较模型经济与实际经济各变量之间矩的一致性。我们发现：（1）模型各经济变量的波动性与实际数据的波动性基本接近；（2）模型各变量与产出之间的共动性远远高于实际中各变量与产出之间的共动性；（3）扩展模型中领先一期的消费与产出的相关系数远远高于实际数据中领先一期的消费与产出的相关系数；（4）利用普雷斯科特（1986）的方差估算法估计扩展模型大约能够解释产出波动的 35%，这一数值偏低。另一方面，我们使用方差分解方法详细地分析了扩展模型中不同的冲击对实际经济波动的解释力。对于技术冲击，我们的结论是，技术冲击在解释短期（1 年）经济波动上表现良好，但是对中长期（4 年以上）的经济波动缺乏解释力，技术冲击大约能够解释总产出的无条件方差的 45%。对于信息冲击，我们的结论是，信息冲击对短期经济波动缺乏解释力，但是在解释中长期经济波动时的表现比技术冲击好，信息冲击可以解释 50% 以上的中长期经济波动。模型经济对中国经济波动的解释力不够理想是本章模型的另一个缺陷，我们认为原因可能有以下几点：一是，本章模型是标准的 RBC 模型，没有考虑任何市场不完全和各种摩擦；二是，本章模型仅考虑了技术冲击这一种实际冲击，如果引入更多的冲击（如货币冲击和其他实际冲击）结果可能会更令人满意；三是，本章中的预期冲击只是关于技术冲击的信息，如果在引入更多的冲击时也同时引入预期冲击，情况又会怎么样？以上三点也是我们下一步的研究方向。

附录：　欧拉方程的推导和数值解法

附录 A：n > 1 时，欧拉方程的推导

当 n > 1 时，线性化系统可以表示如下：

$$0 = z_t + \alpha \hat{k}_{t-1} + (1-\alpha) \hat{h}_t - \hat{y}_t$$

$$z_t = \rho z_{t-1} + \varepsilon_{t-n}^n$$

$$0 = \bar{c} \hat{c}_t + \bar{i} \hat{i}_t - \bar{y} \hat{y}_t$$

$$0 = \bar{i} \hat{i}_t + (1-\delta) \bar{k} \hat{k}_{t-1} - (1+\gamma) \bar{k} \hat{k}_t$$

$$0 = -\hat{c}_t + \hat{y}_t - \frac{1}{1-\bar{h}} \hat{h}_t$$

$$0 = E_t [\hat{c}_t - \hat{c}_{t+1} + \Phi(\hat{y}_{t+1} - \hat{k}_t)]$$

对于 n > 1 的情形，我们可以得到类似于式（3.25）的欧拉方程。具体方法是：首先，由欧拉方程（3.23）向前递推 n 期，得到如下 n 个方程：

$$0 = E_t [\hat{c}_t - \hat{c}_{t+1} + \Phi(\hat{y}_{t+1} - \hat{k}_t)]$$

$$0 = E_{t+1} [\hat{c}_{t+1} - \hat{c}_{t+2} + \Phi(\hat{y}_{t+2} - \hat{k}_{t+1})]$$

$$\vdots$$

$$0 = E_{t+j} [\hat{c}_{t+j} - \hat{c}_{t+j+1} + \Phi(\hat{y}_{t+j+1} - \hat{k}_{t+j})]$$

$$\vdots$$

$$0 = E_{t+n-1}[\hat{c}_{t+n-1} - \hat{c}_{t+n} + \Phi(\hat{y}_{t+n} - \hat{k}_{t+n-1})]$$

接下来，由上述方程的第 2 至第 n 个方程，我们得出 $\hat{c}_{t+1}$，$\hat{c}_{t+2}$，…，$\hat{c}_{t+n-1}$。把这 n－1 个变量代入第一个方程，我们得到：

$$0 = E_t[\hat{c}_t - \hat{c}_{t+n} + \Phi \sum_{j=1}^{n}(\hat{y}_{t+j} - \hat{k}_{t+j-1})]$$

$$= E_t[\hat{c}_t + \alpha_1 \hat{k}_{t+n-1} + (\alpha - 1)\Phi \sum_{j=1}^{n-1}\hat{k}_{t+j-1}$$

$$+ \alpha_2 \hat{h}_{t+n} + (1 - \alpha)\Phi \sum_{j=1}^{n-1}\hat{h}_{t+j}$$

$$+ \alpha_3(z_{t+n}|\Theta_t) + \Phi \sum_{j=1}^{n-1}(z_{t+j}|\Theta_t)]$$

上式第二个等号根据式（3.18）和式（3.22）得出。

例 1：n = 2

当 n = 2 时，线性化后的欧拉方程为：

$$0 = E_t[\hat{c}_t - \hat{c}_{t+2} + \Phi \sum_{j=1}^{2}(\hat{y}_{t+j} - \hat{k}_{t+j-1})]$$

$$= E_t[\hat{c}_t + \alpha_1 \hat{k}_{t+1} + (\alpha - 1)\Phi\hat{k}_t$$

$$+ \alpha_2 \hat{h}_{t+2} + (1 - \alpha)\Phi\hat{h}_{t+1}$$

$$+ \alpha_3(z_{t+2}|\Theta_t) + \Phi(z_{t+1}|\Theta_t)]$$

这里，信息集 $\Theta_t = (S_{t-1}^{(t+1)}, S_t^{(t+2)})$。

然后，把式（3.10）代入上式便得到如下无条件欧拉方程式：

$$0 = E_t[\hat{c}_t + \alpha_1 \hat{k}_{t+1} + (\alpha - 1)\Phi\hat{k}_t$$

$$+ \alpha_2 \hat{h}_{t+2} + (1 - \alpha)\Phi\hat{h}_{t+1}$$

$$+ \alpha_3(\rho^2 z_t + \rho\chi S_{t-1}^{(t+1)} + \chi S_t^{(t+2)})$$

$$+ \Phi(\rho z_t + \chi S_{t-1}^{(t+1)})] \tag{3.26}$$

例 2：n = 3

当 n = 3 时，线性化后的欧拉方程为：

$$0 = E_t[\hat{c}_t - \hat{c}_{t+3} + \Phi \sum_{j=1}^{3}(\hat{y}_{t+j} - \hat{k}_{t+j-1})]$$

$$= E_t[\hat{c}_t + \alpha_1 \hat{k}_{t+2} + (\alpha - 1)\Phi\hat{k}_{t+1} + (\alpha - 1)\Phi\hat{k}_t$$

$$+ \alpha_2 \hat{h}_{t+3} + (1 - \alpha)\Phi\hat{h}_{t+2} + (1 - \alpha)\Phi\hat{h}_{t+1}$$

$$+ \alpha_3(z_{t+3}|\Theta_t) + \Phi(z_{t+2}|\Theta_t) + \Phi(z_{t+1}|\Theta_t)]$$

这里，信息集 $\Theta_t = (S_{t-2}^{(t+1)},\ S_{t-1}^{(t+2)},\ S_t^{(t+3)})$。

然后，同样把式（3.10）代入上式便得到如下无条件欧拉方程式：

$$0 = E_t[\,\hat{c}_t + \alpha_1\hat{k}_{t+2} + (\alpha-1)\Phi\hat{k}_{t+1} + (\alpha-1)\Phi\hat{k}_t$$
$$+ \alpha_2\hat{h}_{t+3} + (1-\alpha)\Phi\hat{h}_{t+2} + (1-\alpha)\Phi\hat{h}_{t+1}$$
$$+ \alpha_3(\rho^3 z_t + \rho^2\chi S_{t-2}^{(t+1)} + \rho\chi S_{t-1}^{(t+2)} + \chi S_t^{(t+3)})$$
$$+ \Phi(\rho^2 z_t + \rho\chi S_{t-2}^{(t+1)} + \chi S_{t-1}^{(t+2)})$$
$$+ \Phi(\rho z_t + \chi S_{t-2}^{(t+1)})\,] \tag{3.27}$$

例3：n = 4

当 n = 4 时，线性化后的欧拉方程为：

$$0 = E_t[\,\hat{c}_t - \hat{c}_{t+4} + \Phi\sum_{j=1}^{4}(\hat{y}_{t+j} - \hat{k}_{t+j-1})]$$
$$= E_t[\,\hat{c}_t + \alpha_1\hat{k}_{t+3} + (\alpha-1)\Phi\hat{k}_{t+2} + (\alpha-1)\Phi\hat{k}_{t+1} + (\alpha-1)\Phi\hat{k}_t$$
$$+ \alpha_2\hat{h}_{t+4} + (1-\alpha)\Phi\hat{h}_{t+3} + (1-\alpha)\Phi\hat{h}_{t+2} + (1-\alpha)\Phi\hat{h}_{t+1}$$
$$+ \alpha_3(z_{t+4}|\Theta_t) + \Phi(z_{t+3}|\Theta_t) + \Phi(z_{t+2}|\Theta_t) + \Phi(z_{t+1}|\Theta_t)\,]$$

这里，信息集 $\Theta_t = (S_{t-3}^{(t+1)},\ S_{t-2}^{(t+2)},\ S_{t-1}^{(t+3)},\ S_t^{(t+4)})$。

然后，把式（3.10）代入上式便得到如下无条件欧拉方程式：

$$0 = E_t[\,\hat{c}_t + \alpha_1\hat{k}_{t+3} + (\alpha-1)\Phi\hat{k}_{t+2} + (\alpha-1)\Phi\hat{k}_{t+1} + (\alpha-1)\Phi\hat{k}_t$$
$$+ \alpha_2\hat{h}_{t+4} + (1-\alpha)\Phi\hat{h}_{t+3} + (1-\alpha)\Phi\hat{h}_{t+2} + (1-\alpha)\Phi\hat{h}_{t+1}$$
$$+ \alpha_3(\rho^4 z_t + \rho^3\chi S_{t-3}^{(t+1)} + \rho^2\chi S_{t-2}^{(t+2)} + \rho\chi S_{t-1}^{(t+3)} + \chi S_t^{(t+4)})$$
$$+ \Phi(\rho^3 z_t + \rho^2\chi S_{t-3}^{(t+1)} + \rho\chi S_{t-2}^{(t+2)} + \chi S_{t-1}^{(t+3)})$$
$$+ \Phi(\rho^2 z_t + \rho\chi S_{t-3}^{(t+1)} + \chi S_{t-2}^{(t+2)})$$
$$+ \Phi(\rho z_t + \chi S_{t-3}^{(t+1)})\,] \tag{3.28}$$

附录 B：n = 2、n = 3 以及 n = 4 的情形

当 n = 2 时，信息冲击在两期之后实现。也就是说，经济个体在第 t 期得到信息 S_t，然后根据这一信息对 t + 2 期的生产效率做出预测。值得注意的是，n = 1 的情形与 n = 2 的情形之间存在细微差别。在 n = 2 时，影响人们对 t + 2 期的生产率的预期的因素不仅有 S_t 而且包括 S_{t-1}。同样地，按照 Uhlig 的方法，我们可

以把线性系统（式 3.18 ~ 式 3.22 以及式 3.26）表示成如下矩阵形式：

$$0 = A_2 x_t + B_2 x_{t-1} + C_2 y_t + D_2 z_t$$

$$0 = E_t \left[F_2 x_{t+1} + G_2 x_t + H_2 x_{t-1} + J_2 y_{t+1} + K_2 y_t + L_2 z_{t+1} + M_2 z_t \right]$$

$$0 = E_t \left[A_{t+1} - B_t \right]$$

$$z_{t+1} = N_2 z_t + \varepsilon_{t+1} ; \ E_t \left[\varepsilon_{t+1} \right] = 0$$

这里，x_t 表示内生状态变量（在 $n = 2$ 时代表向量 $[\hat{k}_t , \ \hat{h}_t^{(1)}]'$），$y_t$ 表示内生控制变量（在 $n = 2$ 时代表向量 $[\hat{y}_t , \ \hat{c}_t , \ \hat{i}_t , \ \hat{h}_t]'$），$z_t$ 表示外生状态变量（在 $n = 2$ 时代表向量 $[z_t , \ S_t^{(t+2)} , \ S_{t-1}^{(t+1)}]'$），$A_{t+1} = \hat{h}_{t+1}$，$B_t = \hat{h}_t^{(1)}$。$A_2$、$B_2$、$C_2$、$D_2$、$F_2$、$G_2$、$H_2$、$J_2$、$K_2$、$L_2$、$M_2$ 和 N_2 为各变量的系数矩阵。同样地，按照待定参数法求解上述线性系统后，我们得到如下递归均衡法则：

$$x_t = P_2 \cdot x_{t-1} + Q_2 \cdot z_t$$

$$y_t = R_2 \cdot x_{t-1} + S_2 \cdot z_t$$

当 $n = 3$ 时，信息冲击在三期之后实现。经济个体在第 t 期得到信息 S_t，然后根据这一信息对 $t + 3$ 期的生产效率作出预测。同样地，$n = 3$ 的情形与 $n = 2$ 的情形之间存在细微差别。在 $n = 3$ 时，影响人们对 $t + 3$ 期的生产率的预期的因素不仅有 S_t 而且包括 S_{t-1} 和 S_{t-2}。同样地，按照 Uhlig 的方法，我们可以把线性系统（式 3.18 ~ 式 3.22 以及式 3.27）表示成如下矩阵形式：

$$0 = A_3 x_t + B_3 x_{t-1} + C_3 y_t + D_3 z_t$$

$$0 = E_t \left[F_3 x_{t+1} + G_3 x_t + H_3 x_{t-1} + J_3 y_{t+1} + K_3 y_t + L_3 z_{t+1} + M_3 z_t \right]$$

$$0 = E_t \left[A_{t+1} - B_t \right]$$

$$z_{t+1} = N_3 z_t + \varepsilon_{t+1} ; \ E_t \left[\varepsilon_{t+1} \right] = 0$$

这里，x_t 表示内生状态变量（在 $n = 3$ 时代表向量 $[\hat{k}_t , \ \hat{k}_t^{(1)} , \ \hat{h}_t^{(1)} , \ \hat{h}_t^{(2)}]'$），$y_t$ 表示内生控制变量（在 $n = 3$ 时代表向量 $[\hat{y}_t , \ \hat{c}_t , \ \hat{i}_t , \ \hat{h}_t]'$），$z_t$ 表示外生状态变量（在 $n = 3$ 时代表向量 $[z_t , \ S_t^{(t+3)} , \ S_{t-1}^{(t+2)} , \ S_{t-2}^{(t+1)}]'$），$A_{t+1} = [\hat{k}_{t+1} , \ \hat{h}_{t+1} , \ \hat{h}_{t+1}^{(1)}]'$，$B_t = [\hat{k}_t^{(1)} , \ \hat{h}_t^{(1)} , \ \hat{h}_t^{(2)}]'$。$A_3$、$B_3$、$C_3$、$D_3$、$F_3$、$G_3$、$H_3$、$J_3$、$K_3$、$L_3$、$M_3$ 和 N_3 为各变量的系数矩阵。同样地，按照待定参数法求解上述线性系统后，我们得到如下递归均衡法则：

$$x_t = P_3 \cdot x_{t-1} + Q_3 \cdot z_t$$

$$y_t = R_3 \cdot x_{t-1} + S_3 \cdot z_t$$

当 $n = 4$ 时，信息冲击在四期之后实现。经济个体在第 t 期得到信息 S_t，然后根据这一信息对 t + 4 期的生产效率作出预测。同样地, n = 4 的情形与 n = 3 的情形之间存在细微差别。在 n = 4 时, 影响人们对 t + 4 期的生产率的预期的因素不仅有 S_t 而且包括 S_{t-1}、S_{t-2} 和 S_{t-3}。同样地, 按照 Uhlig 的方法, 我们可以把线性系统 (式 3.18 ~ 式 3.22 以及式 3.28) 表示成如下矩阵形式:

$$0 = A_4 x_t + B_4 x_{t-1} + C_4 y_t + D_4 z_t$$

$$0 = E_t \left[F_4 x_{t+1} + G_4 x_t + H_4 x_{t-1} + J_4 y_{t+1} + K_4 y_t + L_4 z_{t+1} + M_4 z_t \right]$$

$$0 = E_t \left[A_{t+1} - B_t \right]$$

$$z_{t+1} = N_4 z_t + \varepsilon_{t+1}; \quad E_t \left[\varepsilon_{t+1} \right] = 0$$

这里, x_t 表示内生状态变量 (在 n = 4 时代表向量 $[\hat{k}_t, \hat{k}_t^{(1)}, \hat{k}_t^{(2)}, \hat{h}_t^{(1)}, \hat{h}_t^{(2)}, \hat{h}_t^{(3)}]'$), y_t 表示内生控制变量 (在 n = 4 时代表向量 $[\hat{y}_t, \hat{c}_t, \hat{i}_t, \hat{h}_t]'$), z_t 表示外生状态变量 (在 n = 4 时代表向量 $[z_t, S_t^{(t+4)}, S_{t-1}^{(t+3)}, S_{t-2}^{(t+2)}, S_{t-3}^{(t+1)}]'$), $A_{t+1} = [\hat{k}_{t+1}, \hat{k}_{t+1}^{(1)}, \hat{h}_{t+1}, \hat{h}_{t+1}^{(1)}, \hat{h}_{t+1}^{(2)}]'$, $B_t = [\hat{k}_t^{(1)}, \hat{k}_t^{(2)}, \hat{h}_t^{(1)}, \hat{h}_t^{(2)}, \hat{h}_t^{(3)}]'$。$A_4$、$B_4$、$C_4$、$D_4$、$F_4$、$G_4$、$H_4$、$J_4$、$K_4$、$L_4$、$M_4$ 和 N_4 为各变量的系数矩阵。同样地, 按照待定参数法求解上述线性系统后, 我们得到如下递归均衡法则:

$$x_t = P_4 \cdot x_{t-1} + Q_4 \cdot z_t$$

$$y_t = R_4 \cdot x_{t-1} + S_4 \cdot z_t$$

第四章
预期与经济波动：预期冲击是驱动中国经济周期波动的主要力量吗？

第一节 引 言

本书第三章指出，在标准 RBC 模型中，TFP 预期冲击难以形成经济总量间波动的共动特征。与此相反的是，关于未来技术冲击的信息导致模型经济变量（消费、投资、就业和产出）的波动特征出现了与现实相悖的一面。因为关于未来生产率的好信息使得经济人感觉更富有，由于财富效应他们将增加消费和休闲（这里假设休闲是正常品）因而减少劳动供给，而劳动供给的减少又导致产出的下降。另外在资源约束下，产出下降和消费增加必然导致投资下降。因此，关于未来的好信息却导致了今天的经济衰退，这正是本书第三章的一个最主要的缺陷。正是这种缺陷促使我们本章的研究：什么样的模型设置才能产生 NDBC?

同时，在第三章中，我们使用方差分解方法详细地分析了模型中不同的冲击对中国经济波动的解释力。技术冲击在解释短期（1 年）经济波动上表现良好，但是对中长期（4 年以上）的经济波动缺乏解释力，技术冲击大约能够解释总产出的无条件方差的 45%。预期冲击对短期经济波动缺乏解释力，但是在解释中长期经济波动上的表现比技术冲击好，预期冲击可以解释 50% 以上的中长期经济波动。因此，模型经济对中国经济波动的解释力不够理想是本书第三章的另一个缺陷。正如第三章的结论所言，原因可能有以下几点：第一，文中模型是标准的 RBC 模型，没有考虑任何市场不完全；第二，文中模型仅考虑了技术冲击这一种实际冲击，如果在引入更多冲击的同时也引入预期冲击，结果可能会更令人满意。

基于上述考虑，本章从两方面入手延续本书第三章的研究：一是，建立一个区别于标准 RBC 模型的 DSGE 模型，说明在此模型中预期冲击能够导致经济总量间波动的共动特征，并详细讨论预期冲击导致经济总量间共动性的机制和条件。二是，在此模型的基础上，考察各种冲击对中国经济周期波动的解释力，并阐明预期冲击是改革开放以来中国经济周期波动背后的主要驱动力。

首先，我们建立一个包含预期冲击的简单 DSGE 模型。我们试图利用这个模型来模拟中国的现实经济。对于中国经济而言，我们并不了解如何将预期冲击引入模型是最优的方式。因此在模型估计阶段，我们有意地把模型设置的范围扩大，以便寻求适合中国经济现实的模型，我们总共估计了七个模型（M_1、M_2、M_3、M_4、M_5、M_6、M_7）。在模型估计阶段我们得出两个重要的结论：（1）我们应该将预期冲击引入描述中国经济的 DSGE 模型中，因为包含预期冲击的模型可以提高模型拟合现实数据的能力。（2）在将预期冲击引入模型的基础上，我们找到了最优的模型设置方式（即模型 M_5）。然后，在模型 M_5 基础上我们详细地讨论了预期冲击导致经济总量间共动性的机制和条件。我们的分析表明，消费习惯和投资调整成本是预期冲击导致经济总量间共动性的重要因素。消费习惯保证了经济系统在受到预期冲击的作用下消费和就业能够同方向变动。习惯因素是保证消费和就业同方向变动的必要条件。投资调整成本保证了经济系统在受到预期冲击的作用下产出、投资和就业与消费能够同方向变动。最后，在对主要经济变量的无条件方差进行分解的基础上，我们发现，预期冲击是中国经济周期波动的最主要的驱动力。预期冲击可以解释超过 70% 的产出、消费、投资以及资本存量的波动，而且能够解释约 55% 的就业波动。最后，在简单模型的基础上，我们构建了一个不包含名义摩擦的大型 DSGE 模型，以便考察简单模型的结论是否稳健。我们的分析表明，简单模型的结论是稳健的。即使在允许更多冲击相互竞争的情况下，预期冲击可以导致经济总量间的共动性，并且预期冲击仍然是中国经济周期波动的最主要的驱动力。

本章余下的部分安排如下：第二节建立一个包含预期冲击的简单 DSGE 模型。第三节求解模型并简单介绍模型的数值解法。第四节对模型参数进行校准和估计。第五节对估计结果详细分析。第六节是对简单模型的扩展。第七节是本章小结。

第二节 一个简单的 DSGE 模型

本节在一个简单的单部门新古典增长模型中引入消费习惯和投资调整成本，

我们的目的是考察预期冲击导致 NDBC 的机制。

一、模型设置

我们在一个标准 RBC 模型①中引入消费习惯和投资调整成本。与标准 RBC 模型一样，我们假设经济系统只受到一种外生冲击（中性的生产率冲击）的影响，而且我们假设这种冲击包含两部分：可预期的部分和不可预期的部分。

1. 家庭

假设经济由 N_t 个同质的且具有无限生命的家庭构成。由于家庭是同质的，所以每个家庭具有相同的偏好。家庭通过消费产品获得满足，但是因不得不付出劳动而遭受痛苦。因此，消费和休闲（劳动的反面即休闲）都会给家庭带来效用。家庭的效用可表示如下：

$$U(\cdot) = E_0 \sum_{t=0}^{\infty} \beta^t \left[u(C_t, H_t) - \psi_L \frac{L_t^{1+\sigma_L}}{1+\sigma_L} \right] \quad 0 < \beta < 1 \quad (4.1)$$

这里，C_t 表示家庭的消费、H_t 表示习惯存量、L_t 表示家庭的劳动供给、$u(C_t, H_t)$ 是即期效用函数。假设即期效用函数 $u(C_t, H_t)$ 是连续可微、递增和严格凹的函数，且满足 $\lim_{x \to 0} u_x = \infty$（$x = C, H$）。

对偏好的说明：习惯形成可以区分为内在的和外在的。当习惯存量 H_t 取决于家庭自身的消费水平时，我们说习惯形成是内在的。当习惯存量 H_t 取决于社会平均的消费水平时，我们说习惯形成是外在的。不管习惯形成是内在的还是外在的，习惯形成模型因效用函数形式的不同而不同。但是迄今为止，我们通常假设习惯变量以乘积或者可加的方式进入效用函数。因此，我们通常有两类习惯形成模型。第一类是习惯存量以乘积形式进入即期效用函数（假设即期效用函数是等弹性的）：$u(C_t, H_t) = \frac{(C_t/H_t)^{1-\sigma}}{1-\sigma}$，$\sigma > 1$。这里沿着亚伯（Abel，1990）的思路，我们将习惯存量定义为 $H_t = (C_{t-1}^D \bar{C}_{t-1}^{1-D})^\gamma$，$\gamma \in [0, 1)$，$D \in \{0, 1\}$。当 $D = 1$ 时，习惯形成是内在的；当 $D = 0$ 时，习惯形成是外在的。第二类是习

---

① 标准 RBC 模型是指在现代经济周期理论中被视为基准模型的某一类 RBC 模型。这些模型通常具有下列特征：效用关于时间和自变量是可分的、Cobb—Douglas 生产技术而且不考虑政府部门的单部门模型。例如，Hansen（1985），Cooley and Prescott（1995）就是这类 RBC 模型。

惯存量以可加方式进入即期效用函数: $u(C_t, H_t) = \dfrac{(C_t - H_t)^{1-\sigma}}{1-\sigma}$, $\sigma > 0$。习惯存量定义为 $H_t = \eta(C_{t-1}^D \bar{C}_{t-1}^{1-D})$, $\eta \in [0, 1)$。同样地,当 $D = 1$ 时,习惯形成是内在的;当 $D = 0$ 时,习惯形成是外在的。需要说明的是,不论习惯形成是内在的还是外在的,第一类习惯形成模型和第二类习惯形成模型的结果极其相似。特别地,第二类习惯形成模型的结果往往包含了第一类习惯形成模型的结果(见 Dennis,2009)。另一点需要说明的是,内在的习惯形成可以导致 NDBC,而外在的习惯形成不能导致 NDBC(见 Kengo,2009)。因此,本章在以下的分析中将采用第二类习惯形成模型,而且假设习惯形成是内在的。具体地,假设家庭的效用函数为:

$$U(\cdot) = E_0 \sum_{t=0}^{\infty} \beta^t \left\{ \log(C_t - \eta C_{t-1}) - \psi_L \frac{L_t^{1+\sigma_L}}{1+\sigma_L} \right\} \tag{4.2}$$

这里我们假设 $\sigma = 1$。

家庭拥有时间禀赋。为分析方便,我们假设每个家庭每期拥有 1 单位时间。假设家庭把其中的 L_t 单位时间用于工作,把剩下的 $1 - L_t$ 单位时间用于休闲。另外,假设家庭拥有经济中的初始资本存量。家庭每期把资本租给企业,并且通过投资来扩大自己的资本存量。因此,社会总资本的积累方程为:

$$K_t = (1-\delta)K_{t-1} + I_t[1 - S(I_t/I_{t-1})] \tag{4.3}$$

这里 I_t 是社会总投资。

这里,我们假设投资的调整会给投资者带来成本。我们用函数 $S(\cdot)$ 表示投资的调整成本。假设投资调整成本函数有如下性质: $S(1) = 0$, $S'(1) = 0$, $S''(1) > 0$。具体地,假设投资调整成本函数的形式如下:

$$S(I_t/I_{t-1}) = \frac{\kappa}{2}(I_t/I_{t-1} - \mu^i)^2 \tag{4.4}$$

这里 $\kappa > 0$, μ^i 表示稳态时投资的增长率。

2. 企业

假设经济中的企业是竞争和同质的,企业雇佣劳动和资本并生产产品,每个企业有相同的生产技术。假设企业面临的加总生产函数为:

$$Y_t = Z_t K_{t-1}^{\alpha} (X_t H_t)^{1-\alpha}, \quad 0 < \alpha < 1 \tag{4.5}$$

这里 Z_t 表示中性技术进步,即全要素生产率。Z_t 是一个随机变量,且服从一个给定的稳定过程。我们将在后面给出随机变量 Z_t 的具体过程。X_t 代表一种确定的劳动扩大型技术进步，这种技术进步包括人口增长和体现为有效劳动增长的技术进步，且这种技术进步以指数增长：

$$X_t = X_{t-1} \exp(\mu^x) \tag{4.6}$$

由于企业是竞争和同质的，生产部门的长期决策等同于单个企业的单期利润最大化问题。企业的竞争行为使得劳动和资本的边际生产率刚好等于各自的市场价格。

3. 资源约束

经济的资源约束为：

$$C_t + I_t = Y_t \tag{4.7}$$

二、引入预期冲击

现有文献中存在两种方式将预期冲击引入模型。第一种方式外生地假设经济中存在信号 S_t，这些信号具有以下特征：（1）与经济的基本要素（fundamental）的新息（ε_t）的当前和过去的实现值无关；（2）但是与基本要素的新息的未来 n 期的值相关。因此，经济体根据观察到的信号来预测经济的基本要素的未来水平。家庭可以通过解信号萃取问题对基本要素的未来新息做出预测。信号萃取问题的解为向量 $\xi_t^e = [\xi_t^1, \cdots, \xi_t^n]$，其中元素 $\xi_t^i \equiv E_t[\varepsilon_{t+i}] = E[\varepsilon_{t+i} | S_t, \cdots, S_{t-n}]$，$i = 1, \cdots, n$。Hairault、Langot 和 Portier（1997），Beaudry 和 Portier（2004）以及 Jaimovich 和 Rebelo（2006）的文章均采用这种方法将 news 引入模型。第二种方式认为，经济个体关心的并不是信号本身而是信号中所含的信息。在理性预期的假设下，经济中基本要素的新息可以表示如下：

$$\mu_t = \varepsilon_t^0 + \varepsilon_{t-1}^1 + \cdots + \varepsilon_{t-n}^n \tag{4.8}$$

其中，$\varepsilon_t^i \equiv E_t \mu_{t+i} - E_{t-1} \mu_{t+i}$，$i = 1, \cdots, n$。这里变量 ε_t^i 表示 μ_{t+i} 的预期值从 $t-1$ 期到 t 期的更新。向量 ε_t^0 表示经济中基本要素的新息的不可预期部分。向量 ε_t^i（$i = 1, \cdots, n$）表示经济中基本要素的新息的可预期部分，这里 ε_t^i 往往被解释为预期冲击，这些预期冲击影响未来基本要素的新息（Evans，1992；King and Plosser，1984；Christiano，Ilut，Motto and Rostagno，2007；Grohe and Uribe，2008 的文章均采用这种方法将 news 引入模型）。

在本章中，我们采用第二种方式将预期冲击引入模型。因此，对于任何一个外生的随机变量 x_t，我们假设其服从如下过程：$x_t = \rho_x x_{t-1} + \mu_t$，这里 $\mu_t = \varepsilon_{x,t}^0 + \varepsilon_{x,t}^1 + \cdots + \varepsilon_{x,t}^n$。$\varepsilon_{x,t}^j (j = 0, 1, \cdots, n)$ 表示在 t 期来看，j 期以后变量 x_t 的变化量中可预期的部分。例如，$\varepsilon_{x,t-2}^2$ 是关于变量 x 在 t 期的水平的新息，这种新息到第 t 期才会实现，但是经济人在第 t-2 期就已经知道了这种情况。因此，$\varepsilon_{x,t-2}^2$ 属于经济人第 t-2 期的信息集，但是这种信息直到第 t 期才会对变量 x 的水平产生实际的影响。所以，我们把 $\varepsilon_{x,t-2}^2$ 称为变量 x_t 的两期可预期的冲击（这里预期冲击有 n 类：$\varepsilon^1, \cdots, \varepsilon^n$），$\varepsilon_{x,t-2}^2$ 也被称为预期冲击。我们假设冲击 $\varepsilon_{x,t}^j$ 的期望为零，标准差为 σ_x^j，并且在时间上和各种预期期限之间是相互独立的。即 $E\varepsilon_{x,t}^j \varepsilon_{x,t-m}^k = 0(k, j = 0, 1, \cdots, n; m > 0)$，$E\varepsilon_{x,t}^j \varepsilon_{x,t}^k = 0(\forall k \neq j)$。这些假设意味着 μ_t 的无条件期望为零而且是序列不相关的，即 $E(\mu_t) = 0$，$E(\mu_t \mu_{t-m}) = 0(m > 0)$。

引入预期冲击的 DSGE 模型与标准的 RBC 模型的主要差别在于：与标准 RBC 模型相比，经济人的信息集变得更大了。在标准 RBC 模型中，经济人的信息集仅包含变量 μ_t 的当前和过去时期的实现值。但是在本章模型的假设下，经济人的信息集不仅包含变量 μ_t 的当前和过去时期的实现值，而且经济人可以观察到各种冲击 [未预期到的冲击 $\varepsilon_{x,t}^0$ 和预期冲击 $\varepsilon_{x,t}^1$，$\varepsilon_{x,t}^2$，$\varepsilon_{x,t}^3$（为了方便表达，这里我们假设只有三类预期冲击）] 当前和过去时期的实现值。因此，经济人可以对变量 μ_t 的未来值作出如下预测：

$$E_t \mu_{t+1} = \varepsilon_{x,t}^1 + \varepsilon_{x,t-1}^2 + \varepsilon_{x,t-2}^3 \tag{4.9}$$

$$E_t \mu_{t+2} = \varepsilon_{x,t}^2 + \varepsilon_{x,t-1}^3 \tag{4.10}$$

$$E_t \mu_{t+3} = \varepsilon_{x,t}^3 \tag{4.11}$$

$$E_t \mu_{t+m} = 0; \quad m \geq 4 \tag{4.12}$$

由于经济人是向前看的，因此他们在选择消费、休闲和投资决策时会充分利用自己的信息。正是经济人这种向前看的行为使得经济计量学家可以识别预期冲击导致的经济波动，尽管经济计量学家自己本身并不能直接观察到这些冲击。

本章模型所刻画的经济系统只受到一个外生的随机冲击：平稳的生产率冲击 z_t。而且，我们假这种冲击包含两部分：可预期的部分和不可预期的部分。因此，按照第二种引入预期冲击的方式，我们假设生产率冲击服从的随机过程如下：

$$\ln z_t = \rho_z \ln z_{t-1} + \varepsilon_{z,t}^0 + \sum_{j=1}^{n} \varepsilon_{z,t-j}^j \tag{4.13}$$

这里 $\varepsilon_{z,t}^j \sim iidN(0, (\sigma_z^j)^2)$，$j = 0$，$1$，$\cdots$，$n$。$\varepsilon_{z,t}^0$ 是关于 z_t 的不可预期的冲击。这种冲击与标准 RBC 模型中关于冲击的假设一致。其他各种冲击（$\varepsilon_{z,t}^j$；$j = 1$，$\cdots$，n）是关于 z_t 的冲击中可预期的部分，上标 j 表示这种预期冲击在 j 期以后才会实现。值得注意的是，$\varepsilon_{z,t}^1$，$\cdots$，$\varepsilon_{z,t}^n$ 并没有进入上述关于 z_t 的表达式中，但是它们在经济人第 t 期的信息集中，影响未来 z_t 的水平。

第三节　模型求解和数值解法

一、模型求解

由于上述经济中不存在（信息）外部性和市场扭曲，竞争均衡配置与中央计划者问题的解一致。因此，我们可以通过求解中央计划者问题得到经济的竞争均衡配置。中央计划者的目标是在资源约束、给定初始状态 K_{-1} 和给定 z_t 外生过程的条件下选择 C_t，L_t，K_t，I_t 最大化代表性家庭的效用。我们分别用 $\Lambda_t Q_t$ 和 Λ_t 表示资本积累方程和资源约束方程的拉格朗日乘子，中央计划者问题的一阶条件可以表示如下：

$$C_t: (C_t - \eta C_{t-1})^{-1} - \eta\beta E_t[(C_{t+1} - \eta C_t)^{-1}] = \Lambda_t \tag{4.14}$$

$$L_t: \psi_L L_t^{\sigma_L} = \Lambda_t(1 - \alpha) z_t (K_{t-1})^{\alpha} (X_t L_t)^{-\alpha} X_t \tag{4.15}$$

$$K_t: \Lambda_t Q_t = \beta E_t \Lambda_{t+1}[\alpha z_{t+1}(K_t)^{\alpha-1}(X_{t+1}L_{t+1})^{1-\alpha} + Q_{t+1}(1-\delta)] \tag{4.16}$$

$$I_t: \Lambda_t = \Lambda_t Q_t[1 - S(I_t/I_{t-1}) - I_t S'_{I_t}(I_t/I_{t-1})]$$
$$- \beta E_t[\Lambda_{t+1} Q_{t+1} I_{t+1} S'_{I_t}(I_{t+1}/I_t)] \tag{4.17}$$

这里 Q_t 表示在第 t 期已经安装好且可用于 $t + 1$ 期生产的资本的相对价格，这种相对价格以第 t 期的消费品计价，这种相对价格也被称为边际托宾 Q。

因此，经济的均衡系统由以下方程组成：

$$Y_t = z_t K_{t-1}^{\alpha} (X_t L_t)^{1-\alpha}$$

$$C_t + I_t = Y_t$$

$$K_t = (1-\delta) K_{t-1} + I_t \left[1 - \frac{\kappa}{2} (I_t/I_{t-1} - \mu^i)^2 \right]$$

$$(C_t - \eta C_{t-1})^{-1} - \eta \beta E_t \left[(C_{t+1} - \eta C_t)^{-1} \right] = \Lambda_t$$

$$\psi_L L_t^{\sigma_L} = \Lambda_t (1-\alpha) z_t (K_{t-1})^{\alpha} (X_t L_t)^{-\alpha} X_t$$

$$\Lambda_t Q_t = \beta E_t \Lambda_{t+1} \left[\alpha z_{t+1} (K_t)^{\alpha-1} (X_{t+1} L_{t+1})^{1-\alpha} + Q_{t+1} (1-\delta) \right]$$

$$\Lambda_t = \Lambda_t Q_t \left[1 - \frac{\kappa}{2} (I_t/I_{t-1} - \mu^i)^2 - \kappa \frac{I_t}{I_{t-1}} (I_t/I_{t-1} - \mu^i) \right]$$

$$+ \beta E_t \left[\Lambda_{t+1} Q_{t+1} \kappa (I_{t+1}/I_t)^2 (I_t/I_{t-1} - \mu^i) \right]$$

$$\ln z_t = \rho_z \ln z_{t-1} + \varepsilon_{z,t}^0 + \sum_{j=1}^{n} \varepsilon_{z,t-j}^j$$

二、系统转换（稳定化系统）

在本章中，经济系统的不稳定来自以指数增长的劳动扩大型技术进步。显然，当不存在外生随机冲击时，上述经济系统中的实际变量 Y_t、C_t、K_t 和 I_t（除了劳动 L_t，因为我们假设没有人口增长，所以 L_t 是稳定的）的增长率均与 X_t 一致。因此，消除趋势后，这些变量将是稳定的。我们用小写字母表示稳定变量：$y_t = Y_t/X_t$、$c_t = C_t/X_t$、$k_t = K_t/X_t$、$i_t = I_t/X_t$、$\lambda_t = \Lambda_t/(X_t)^{-1}$、$q_t = Q_t$、$l_t = L_t$。因此，稳定化系统可以表示如下：

$$y_t = z_t k_{t-1}^{\alpha} l_t^{1-\alpha}$$

$$c_t + i_t = y_t$$

$$k_t = \frac{(1-\delta)}{\exp(\mu^x)} k_{t-1} + i_t \left\{ 1 - \frac{\kappa}{2} \left[\frac{i_t}{i_{t-1}} \exp(\mu^x) - \mu^i \right]^2 \right\}$$

$$\left[c_t - \eta c_{t-1} \exp(-\mu^x) \right]^{-1} - \eta \beta E_t \left[(c_{t+1} \exp(\mu^x) - \eta c_t)^{-1} \right] = \lambda_t$$

$$\psi_L l_t^{\sigma_L} = (1-\alpha) \lambda_t \frac{y_t}{l_t} \exp(-\alpha \mu^x)$$

$$\lambda_t q_t = \beta \exp(-\mu^x) E_t \lambda_{t+1} \left[\alpha \frac{y_{t+1}}{k_t} \exp((1-\alpha)\mu^x) + q_{t+1}(1-\delta) \right]$$

$$\lambda_t = \lambda_t q_t \left\{ 1 - \frac{\kappa}{2} \left[\frac{i_t}{i_{t-1}} \exp(\mu^x) - \mu^i \right]^2 - \kappa \frac{i_t}{i_{t-1}} \exp(\mu^x) \left[\frac{i_t}{i_{t-1}} \exp(\mu^x) - \mu^i \right] \right\}$$

$$+ \beta \exp(-\mu^x) E_t \left\{ \lambda_{t+1} q_{t+1} \kappa \left[\frac{i_t}{i_{t-1}} \exp(\mu^x) \right]^2 \left[\frac{i_t}{i_{t-1}} \exp(\mu^x) - \mu^i \right] \right\}$$

$$\ln z_t = \rho_z \ln z_{t-1} + \varepsilon_{z,t}^0 + \sum_{j=1}^{n} \varepsilon_{z,t-j}^j$$

三、稳定状态

当不存在外生冲击时，上述经济系统趋于稳定状态。在经济处于稳态时，$y_t = \bar{y}$，$c_t = \bar{c}$，$i_t = \bar{i}$，$l_t = \bar{l}$，$q_t = \bar{q}$，$\lambda_t = \bar{\lambda}$，$k_t = \bar{k}$ 以及 $z_t = \bar{z}$。

首先，由生产率冲击方程，我们得出 $\bar{z} = 1$。接下来，由投资的一阶条件得出 $\bar{q} = 1$，由欧拉方程得出 $\bar{k} = \alpha\beta\exp(-\alpha\mu^x)[1 - \beta(1-\delta)\exp(-\mu^x)]^{-1} \bar{y}$，由资本运动方程得出 $\bar{i} = [1 - (1-\delta)\exp(-\mu^x)] \bar{k} = [1 - (1-\delta)\exp(-\mu^x)]$
$\dfrac{\alpha\beta\exp(-\alpha\mu^x)}{[1 - \beta(1-\delta)\exp(-\mu^x)]} \bar{y}$，由资源约束方程得出 $\bar{c} = \left\{ 1 - [1 - (1-\delta)\exp(-\mu^x)] \dfrac{\alpha\beta\exp(-\alpha\mu^x)}{[1 - \beta(1-\delta)\exp(-\mu^x)]} \right\} \bar{y}$，由关于消费的一阶条件得出：$\bar{\lambda} = [\bar{c} - \eta\bar{c}\exp(-\mu^x)]^{-1} - \eta\beta[(\bar{c}\exp(\mu^x) - \eta\bar{c})^{-1}]$，由关于劳动的一阶条件得出：

$$\bar{l} = \left[\frac{(1-\alpha)}{\psi_L} \right]^{\frac{1}{1+\sigma_L}} \left\{ 1 - \frac{[1 - (1-\delta)\exp(-\mu^x)]\alpha\beta\exp(-\alpha\mu^x)}{[1 - \beta(1-\delta)\exp(-\mu^x)]} \right\}^{-\frac{1}{1+\sigma_L}}$$

$$\left\{ \left[1 - \frac{\eta}{\exp(\mu^x)} \right]^{-1} - \eta\beta[\exp(\mu^x) - \eta]^{-1} \right\}^{\frac{1}{1+\sigma_L}} [\exp(-\alpha\mu^x)]^{\frac{1}{1+\sigma_L}}$$

最后，由生产函数得出 $\bar{y} = \left\{ \dfrac{\alpha\beta\exp(-\alpha\mu^x)}{[1 - \beta(1-\delta)]} \right\}^{\frac{\alpha}{1-\alpha}} \bar{l}$。

上述等式表明，稳态的产出、消费、资本、投资和劳动均取决于模型的偏好参数（β、η、ψ_L 和 σ_L）以及模型的技术参数（α、μ^x 和 δ）。但是，描述生产率冲击的参数 $[\rho_z$ 和 $\sigma_z^j(j = 0, 1, \cdots, n)]$ 和体现投资调整成本大小的参数（κ）均不影响实际变量的稳态值。

四、线性化和数值解

接下来，我们对稳定化的均衡系统对数线性化。对数线性化后的系统如下（我们定义 $\hat{x}_t = \log x_t - \log \bar{x}$；$x = y$，$c$，$i$，$l$，$\lambda$，$q$，$k$，$z$）：

$$\hat{y}_t = \hat{z}_t + \alpha \hat{k}_{t-1} + (1 - \alpha) \hat{l}_t$$

$$\bar{c} \hat{c}_t + \bar{i} \hat{i}_t = \bar{y} \hat{y}_t$$

$$\bar{k} \hat{k}_t = \frac{(1 - \delta)}{\exp(\mu^x)} \bar{k} \hat{k}_{t-1} + \bar{i} \hat{i}_t$$

$$\frac{-1}{\bar{c}} \Big[1 - \frac{\eta}{\exp(\mu^x)} \Big]^{-2} \Big[\hat{c}_t - \frac{\eta \hat{c}_{t-1}}{\exp(\mu^x)} \Big]$$

$$- \frac{\eta \beta}{\bar{c}} \big[\exp(\mu^x) - \eta \big]^{-2} E_t \big[\hat{c}_{t+1} \exp(\mu^x) - \eta \hat{c}_t \big] = \bar{\lambda} \hat{\lambda}_t$$

$$(\sigma_L + 1) \hat{l}_t = \hat{\lambda}_t + \hat{y}_t$$

$$\bar{q}(\hat{\lambda}_t + \hat{q}_t) = \beta \exp(-\mu^x) E_t \hat{\lambda}_{t+1} \Big[\alpha \frac{\bar{y}}{k} \exp((1 - \alpha)\mu^x) + \bar{q}(1 - \delta) \Big]$$

$$+ \beta \exp(-\mu^x) E_t \Big[\alpha \exp((1 - \alpha)\mu^x) \frac{\bar{y}}{k} (\hat{y}_{t+1} - \hat{k}_t) + \bar{q}(1 - \delta) \hat{q}_{t+1} \Big]$$

$$\hat{\lambda}_t = \bar{q}(\hat{q}_t + \hat{\lambda}_t) - \kappa \bar{q} \exp(2\mu^x)(\hat{i}_t - \hat{i}_{t-1}) + \kappa \beta \exp(2\mu^x)(\hat{i}_{t+1} - \hat{i}_t)$$

$$\hat{z}_t = \rho_z \hat{z}_{t-1} + \varepsilon_{z,t}^0 + \sum_{j=1}^{n} \varepsilon_{z,t-j}^j$$

上述线性化系统表明，模型的动态取决于参数 β，η，σ_L，δ，α，κ，μ^x 以及 ρ_z。但是，参数 ψ_L 和 $\sigma_z^j (j = 0, 1, \cdots, n)$ 不影响模型的动态。参数 ψ_L 仅影响各实际变量的稳态值，对脉冲反应函数的形状没有影响。参数 $\sigma_z^j (j = 0, 1, \cdots, n)$ 决定技术冲击的大小，对脉冲反应函数的形状也没有影响。

然后采用标准的数值方法求解线性系统的递归均衡法则。我们可以把均衡系统的动态表示如下：

$$x_t = A x_{t-1} + B \varepsilon_t$$

$$Y_t = C x_t$$

这里 x_t 是由模型中内生变量和外生状态变量组成的向量，Y_t 是观测变量组成的向量，ε_t 是结构冲击向量。系数矩阵 A、B 和 C 是模型中结构参数的函数。

第四节　参数校准与参数估计

一、参数校准

模型的结构参数总共有 $n+9$ 个：贴现因子 β、消费习惯参数 η、休闲带来的效用比率 ψ_L、劳动供给弹性 σ_L、资本份额 α、折旧率 δ、劳动扩大型技术进步率 μ^x、体现投资调整成本大小的参数 κ、体现技术冲击持续性大小的参数 ρ_z，以及预期冲击的标准差 $\sigma_z^j(j=0,1,\cdots,n)$。

根据我们前一篇文章对中国经济增长特征的描述，我们对上述 $n+9$ 个结构参数的前九个参数校准如下（见表 4-1）。

表 4-1　　　　　　　　　参数校准

β	η	ψ_L	σ_L	δ	α	κ	μ^x	ρ_z
0.99	0.63	10	1.6	0.08	0.48	5	0.078	0.7

二、参数估计

接下来，我们采用贝叶斯方法对预期冲击的标准差 $\sigma_z^j(j=0,1,\cdots,n)$ 进行估计。需要说明的是，在标准的技术冲击假设下，我们通常可以通过校准方法获得结构冲击的标准差（即文中的 σ_z^0）。但是在本章模型的假设下，通过校准方法获得的结构冲击的标准差为各类预期冲击的标准差的加总（即 $\sum_{j=0}^{n}\sigma_z^j$），而不能得到各类预期冲击的标准差 [即 $\sigma_z^j(j=0,1,\cdots,n)$]，而采用贝叶斯方法却可以做到这一点。

1. 估计方法

越来越多的学者应用贝叶斯方法来估计随机动态一般均衡模型，以便进行理论与经验相结合的研究（见 Schorfheide，2000；Smets & Wouters，2003；Lubik & Schorfheide，2004；Levin et al.，2005；Negro et al.，2007）。对贝叶斯方法感兴趣的读者可参见最近的两篇综述（An and Schorfheide，2007；Fernandez – Villaverde，2009）。贝叶斯计量方法是基于经济原理的一种完全信息的似然估计方法，在估计动态宏观一般均衡模型的结构参数方面有其优势。首先，由于宏观经济的时间序列样本通常较短，在对小样本数据进行估计时，贝叶斯计量方法要优于极大似然估计方法与广义矩回归方法。其次，贝叶斯计量方法可以通过计算边际数据密度进行不同模型间的比较。

接下来，我们估计前文构建的随机动态一般均衡模型（我们用 M_i 代表这个结构模型）和其中的结构参数 Θ，$\Theta = [\beta，\eta，\psi_L，\sigma_L，\delta，\alpha，\kappa，\mu^x，\rho_z，\sigma_z^j (j = 0，1，\cdots，n)]$。具体的估计过程如下。第一步，我们用标准的数值方法求解这个随机动态一般均衡模型，得到一个状态空间形式的解。

$$x_t = Ax_{t-1} + B\varepsilon_t$$

$$Y_t = Cx_t$$

这里 x_t 是由模型中内生变量和外生状态变量组成的向量，Y_t 是观测变量组成的向量，ε_t 是结构冲击向量。系数矩阵 A、B 和 C 是模型中结构参数的函数。假设关于结构参数的先验分布的密度函数为 $p(\Theta)$。第二步，利用卡曼滤波算法计算状态空间解的似然值。我们把这个似然函数记为 $L(Y_T|\Theta，M_i)$，这里 $Y_T = [Y_1，\cdots，Y_T]'$ 表示参数估计所用的样本数据。似然函数允许我们更新结构参数的先验分布。第三步，将模型的似然值与我们设定的关于结构参数的先验密度函数结合在一起得到后验密度分布函数。从贝叶斯方法的视角来说，结构参数 Θ 的后验密度分布函数可以被看作是宏观数据中所包含的似然信息，以结构参数先验密度分布函数为权重的加权平均。给定具体的先验密度分布函数 $p(\Theta)$，结构参数的后验密度函数为：

$$p(\Theta|Y_T，M_i) = \frac{L(Y_T|\Theta，M_i)p(\Theta)}{\int L(Y_T|\Theta，M_i)p(\Theta)d\Theta} \propto L(Y_T|\Theta，M_i)p(\Theta)$$

后验密度函数 $p(\Theta|Y_T，M_i)$ 与似然值 $L(Y_T|\Theta，M_i)$ 和先验密度函数 $p(\Theta)$ 的乘积成比例。这里，$L(Y_T|\Theta，M_i)$ 代表根据数据样本计算得到的动态优化模型

的似然值，似然值是将卡曼滤波算法应用到模型的状态空间解计算出来的。结构参数的后验估计样本是应用蒙特卡洛—马尔可夫链算法得到。具体地，我们应用随机游走 Metropolis—Hasting 算法来模拟产生所估计参数的马尔可夫链，这些结构参数的点估计可通过计算后验样本的平均值或中位数得到。结构参数的点估计方差可通过计算后验样本的模拟二阶矩得到。

2. 数据和先验密度分布函数

在估计这个简单的 DSGE 模型时，我们的重点在估计各类预期冲击的标准差，其他结构参数通过校准方法得到。因此在应用贝叶斯方法时，我们仅用到中国的人均实际 GDP 数据。关于数据的来源及处理，可参见我们前一篇文章的讨论，这里不再赘述。

表 4 - 2 给出了估计参数的先验分布 p(Θ)。由于没有前人的研究可供借鉴，我们无法预知把各类预期冲击引入到描述中国经济的 DSGE 模型后其重要性如何？因此在选择先验分布时，我们参考了国外研究者的做法，特意地选择比较平滑和分散的先验分布（Fujiwara，Hirose and Shintani，2008；Grohe and Uribe，2008；Khan and Tsoukalas，2009）。我们假设各类预期冲击的标准差服从相同的分布且有同样的均值和标准差。

表 4 - 2 先验分布函数（%）

参数	分布	均值	标准差	下界	上界
σ_z^0	InvGamma	3	2	0.01	20
$\sigma_z^j(j=1,\cdots,n)$	InvGamma	1.5	2	0.01	20

第五节　估计结果分析

一、后验参数估计

给定数据和所要估计结构参数的先验分布函数，我们用前面所提到的方法数字模拟两个独立的包含 2 000 个样本的马尔可夫链。基于这两个独立的马尔可夫链，我们在表 4 - 3 的第五、六和七列给出了结构参数的后验密度分布函数的一阶距的估计值和 95% 置信区间。

表 4 - 3　　　　　　　　　　　　**参数估计结果**

参数	先验密度函数	先验均值	先验方差	后验均值	后验估计区间	
					5%	95%
模型 1	$\ln(p(Y_T|M_1)) = -31.521435$					
σ_z^0	InvGamma	3.0	2.0	1.2275	0.8823	1.5407
σ_z^1	InvGamma	1.5	2.0	0.8108	0.4504	1.1662
σ_z^2	InvGamma	1.5	2.0	0.9178	0.3901	1.5019
σ_z^3	InvGamma	1.5	2.0	0.8957	0.4237	1.3529
σ_z^4	InvGamma	1.5	2.0	0.9302	0.4467	1.4985
σ_z^5	InvGamma	1.5	2.0	0.9125	0.4669	1.3258
σ_z^6	InvGamma	1.5	2.0	0.8272	0.4706	1.2134
σ_z^7	InvGamma	1.5	2.0	0.8851	0.5019	1.3301
σ_z^8	InvGamma	1.5	2.0	0.8530	0.4693	1.2552
σ_z^9	InvGamma	1.5	2.0	0.8857	0.4840	1.3250
σ_z^{10}	InvGamma	1.5	2.0	0.8788	0.4608	1.2746
σ_z^{11}	InvGamma	1.5	2.0	0.9255	0.4675	1.3532
σ_z^{12}	InvGamma	1.5	2.0	0.9464	0.3930	1.4097
模型 2	$\ln(p(Y_T|M_2)) = -24.546094$					
σ_z^0	InvGamma	3.0	2.0	1.1400	0.8382	1.4417
σ_z^1	InvGamma	1.5	2.0	0.7644	0.4266	1.1314
σ_z^2	InvGamma	1.5	2.0	0.9034	0.4861	1.3289
σ_z^3	InvGamma	1.5	2.0	0.8857	0.4146	1.2217
σ_z^4	InvGamma	1.5	2.0	0.9146	0.4796	1.4294
σ_z^5	InvGamma	1.5	2.0	0.8662	0.4468	1.3291
σ_z^6	InvGamma	1.5	2.0	0.9091	0.4551	1.3797
模型 3	$\ln(p(Y_T|M_3)) = -22.676443$					
σ_z^0	InvGamma	3.0	2.0	1.1139	0.7961	1.4060
σ_z^1	InvGamma	1.5	2.0	0.7990	0.4311	1.1199
σ_z^2	InvGamma	1.5	2.0	0.8268	0.4707	1.2147

续表

参数	先验密度函数	先验均值	先验方差	后验均值	后验估计区间	
					5%	95%
σ_z^3	InvGamma	1.5	2.0	0.9098	0.5074	1.3439
σ_z^4	InvGamma	1.5	2.0	0.8790	0.4442	1.2804
模型4	$\ln(p(Y_T|M_4)) = -22.161284$					
σ_z^0	InvGamma	3.0	2.0	1.1134	0.8347	1.4140
σ_z^1	InvGamma	1.5	2.0	0.8021	0.4414	1.1409
σ_z^2	InvGamma	1.5	2.0	0.9530	0.5209	1.3535
σ_z^3	InvGamma	1.5	2.0	0.9480	0.4712	1.3950
模型5	$\ln(p(Y_T|M_5)) = -21.878688$					
σ_z^0	InvGamma	3.0	2.0	1.1293	0.8575	1.4571
σ_z^1	InvGamma	1.5	2.0	0.9053	0.4166	1.3258
σ_z^2	InvGamma	1.5	2.0	1.1350	0.5630	1.6854
模型6	$\ln(p(Y_T|M_6)) = -22.776704$					
σ_z^0	InvGamma	3.0	2.0	1.1752	0.8704	1.4929
σ_z^1	InvGamma	1.5	2.0	1.3457	0.6705	1.9265
模型7	$\ln(p(Y_T|M_7)) = -25.412215$					
σ_z^0	InvGamma	3.0	2.0	1.6845	1.3412	2.0122

由于我们是首次将预期冲击引入描述中国经济的 DSGE 模型，无法借鉴前人的研究成果，因此我们并不清楚在中国经济系统中哪些类型的预期冲击影响中国经济？以及哪些类型的预期冲击影响中国经济的程度高？基于上述考虑，我们在参数估计阶段总共估计了七个模型（M_1、M_2、M_3、M_4、M_5、M_6、M_7）。我们有意地把模型设置的范围扩大，以便寻求适合中国经济现实的模型。我们估计的第一个模型（M_1）的设置最为随意，我们假设模型中总共有 12 类预期冲击（ε_z^1，$\cdots$，ε_z^{12}）。每一类预期冲击独自影响经济，但是它们的持续时间各不相同。有的预期冲击在一期以后实现（如 ε_z^1），有的预期冲击甚至要在十二期以后才会对生产率产生实际的影响（如 ε_z^{12}）。我们发现各类预期冲击对经济的影响程度不一，但是差别不大。因此我们无法确知哪些类型的预期冲击应该进入模型哪些类型的预期冲击应该被忽略。接下来，我们将模型中预期冲击的种类减少一半（有 6 类预期冲击），我们把这个模型称为 M_2。根据第二个模型的估计结果，

我们仍然无法确知哪些类型的预期冲击应该进入模型，哪些类型的预期冲击应该被忽略。我们得到的唯一有用的信息是，模型 M_2 拟合现实经济数据的优度比模型 M_1 要高，因为模型 M_2 的边际数据密度（标准的衡量时间序列拟和程度的统计变量）比模型 M_1 的边际数据密度高，即 $\ln[p(Y_T|M_2)] > \ln[p(Y_T|M_1)]$。我们依次减少模型中预期冲击的类型（模型 M_3 包含 4 类预期冲击，模型 M_4 包含 3 类预期冲击，模型 M_5 包含 2 类预期冲击）。一方面，我们发现，随着预期冲击类型的减少，模型的边际数据密度逐渐上升，边际数据密度在模型 M_5 达到最大值。随着预期冲击类型的进一步减少（模型 M_6 包含 1 类预期冲击，模型 M_7 不包含预期冲击，即模型 M_7 退化为标准的 RBC 模型），边际数据密度又开始下降。从边际数据密度的变化趋势可以看出，模型 M_5 拟合现实数据的程度最高。另一方面，在模型 M_5 的设置下，预期冲击 ε_z^2 对经济的影响程度甚至超过了当期冲击 ε_z^0。

至此，我们可以得出两个重要的结论：（1）我们应该将预期冲击引入描述中国经济的 DSGE 模型中，因为包含预期冲击的模型可以提高模型拟合现实数据的能力；（2）在将预期冲击引入模型的基础上，我们找到了最优的模型设置方式。因此，在以后的分析中，我们将选择模型 M_5 作为基准模型。

二、脉冲反应分析

图 4-1 给出了主要经济变量对无法预期的技术冲击（ε_z^0）的脉冲反应，图 4-2 和图 4-3 分别给出了模型中主要经济变量对预期冲击（ε_z^1 和 ε_z^2）的脉冲响应。

我们进行脉冲反应分析有两个目的：（1）考察预期冲击是否能够导致经济总量间的共动性（即 NDBC）；（2）讨论预期冲击导致 NDBC 的具体机制。

从图 4-2 和图 4-3 可以看出，预期冲击（ε_z^1 和 ε_z^2）可以导致 NDBC。图 4-3 表示家庭在第 0 期获得如下信息：生产率在 2 期以后将上升1%，但是生产率在第 0 期仍然保持在稳态水平。这种关于未来生产率将增加的信息一经发布，经济中的产出、消费、投资和资本积累从第 0 期开始均呈现出驼峰式上升。消费

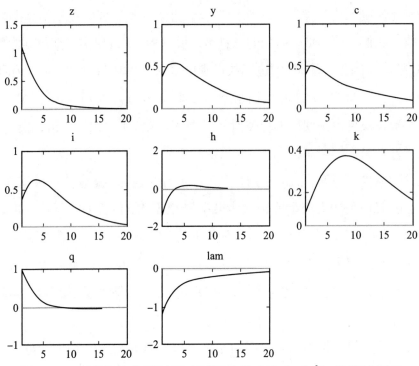

图 4-1　主要经济变量对无法预期的技术冲击（ε_z^0）的脉冲反应

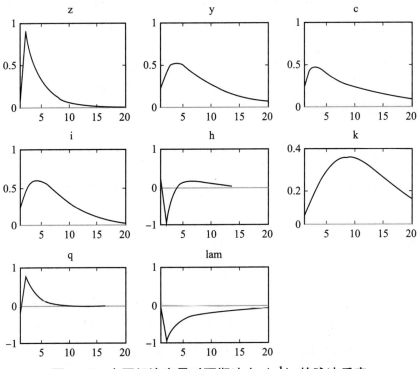

图 4-2　主要经济变量对预期冲击（ε_z^1）的脉冲反应

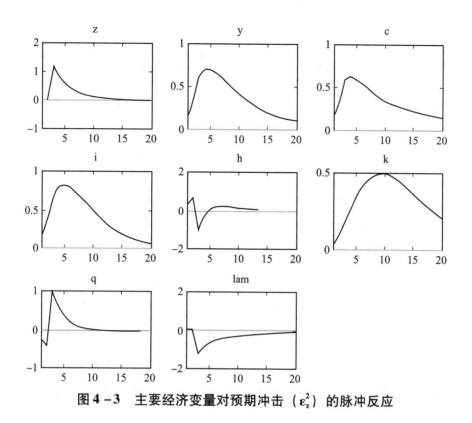

图 4 – 3　主要经济变量对预期冲击（ε_z^2）的脉冲反应

的上升是由于人们预期未来财富的增加导致的，消费在上升过程中呈现出驼峰
形状是因为我们在模型中引入了内在的消费习惯因素。在后面，我们会单独讨
论消费习惯在导致经济波动共动性的重要作用。投资的上升是因为我们在模型
中引入了投资调整成本因素。在第 0 期获得未来生产率将上升的信息后，家庭
希望以一个更高的投资水平进入第 2 期，以应对生产率的上升。但是投资的调
整会给家庭带来成本，因此家庭在获得信息的第 0 期将开始增加投资。同样地，
我们在后面将单独讨论投资调整成本在导致经济波动共动性的重要作用。预期
未来生产率的增加将导致今天正的财富效应，这种正的财富效应倾向于抑制就
业从而鼓励人们更多地休闲。但是由于利率在生产率实际上升之前下降了，因
此在生产率上升之前替代效应占优于财富效应，从而劳动供给增加。最后，投
资和就业的上升导致了产出的上升。

　　接下来，我们单独考察习惯因素在导致经济波动共动性的重要性。图 4 – 4 至
图 4 – 6 分别给出了在模型中剔除消费习惯因素后主要经济变量对无法预期的生产
率冲击（ε_z^0）和预期冲击（ε_z^1 和 ε_z^2）的脉冲反应。首先，比较图 4 – 3 与图 4 – 6，

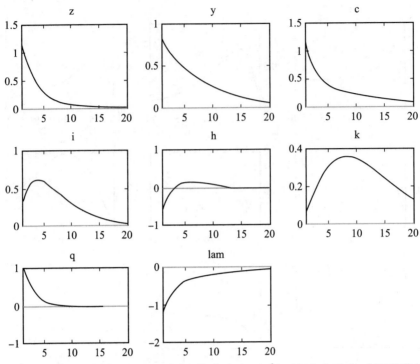

图 4-4 主要经济变量对无法预期的技术冲击 (ε_z^0) 的脉冲反应 (无消费习惯)

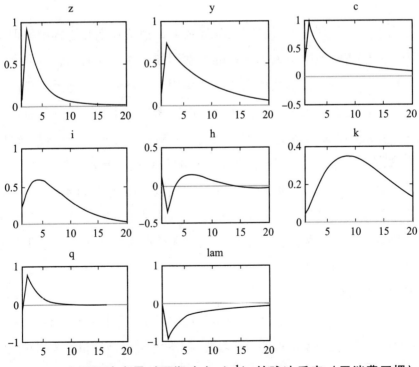

图 4-5 主要经济变量对预期冲击 (ε_z^1) 的脉冲反应 (无消费习惯)

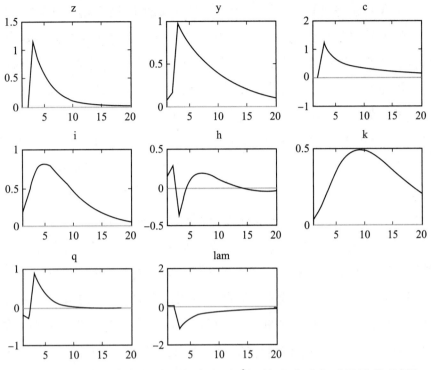

图 4 - 6 主要经济变量对预期冲击（ε_z^2）的脉冲反应（无消费习惯）

我们可以看出习惯因素（$\eta > 0$）是预期冲击（ε_z^2）能够导致消费在第 2 期之前上升的主要原因。在第 0 期获得未来生产率将上升的信息后，家庭相信他们在第 2 期的消费水平将更高。在存在消费习惯因素时，家庭将在获得信息时就开始增加消费，以便平滑其各期之间的消费水平。

其次，我们说习惯因素是预期冲击能够导致消费和劳动在第 2 期之前同时上升的必要条件。我们通过考察消费的边际效用来说明这一结论。在存在习惯因素时，消费的边际效用可以表示如下：

$$\Lambda_t = \frac{1}{C_t - \eta C_{t-1}} - \eta \beta E_t \frac{1}{C_{t+1} - \eta C_t}$$

从上式可以看出，当前的消费增加将减少边际效用，预期未来的消费上升将增加当前的边际效用（见关于 lam 的动态反应图）。另外，关于劳动和休闲的期内最优决策规则为：

$$\Lambda_t \times MPL_t = MUL_t$$

这里，MPL_t 表示劳动的边际产出；MUL_t 表示休闲的边际效用。从上式我们可以看出，在标准的偏好设置下，未来生产率冲击无法使消费和劳动同方向波动。因为劳动的上升将使得劳动的边际产出减少，同时使得休闲时边际效应增加，但是消费的增加往往使得消费的边际效用降低。在偏好包含习惯因素时，上述逻辑关系可能不成立。因为预期的未来消费进入了当前边际效用的表达式，而且预期未来消费的增加使得当前的边际效用上升。

最后，我们单独考察投资调整成本因素在导致经济波动共动性时的重要性。图 4 - 7 至图 4 - 9 分别给出了在模型中剔除投资调整成本因素后主要经济变量对无法预期的生产率冲击（ε_z^0）和预期生产率冲击（ε_z^1 和 ε_z^2）的脉冲反应。从图 4 - 8 和图 4 - 9 可以看出，在不存在投资调整成本的情况下，预期冲击（ε_z^1 和 ε_z^2）不能导致经济总量间的共动性。在第 0 期获得未来生产率将上升的信息后，家庭希望以一个更高的投资水平进入第 2 期，以应对生产率的上升。由于此时投资的调整不会给家庭带来成本，因此家庭可以等到生产率实际上升时才开始增加投资。在这种情况下，预期冲击对现期经济的影响与预期未来财富的增加所导致的效应是一致的。当人们预期的未来财富增加时，人们将调整其当前的

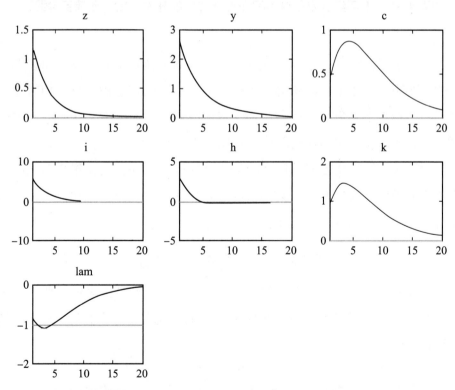

图 4 - 7　主要经济变量对无法预期的技术冲击（ε_z^0）的脉冲反应（无投资调整成本）

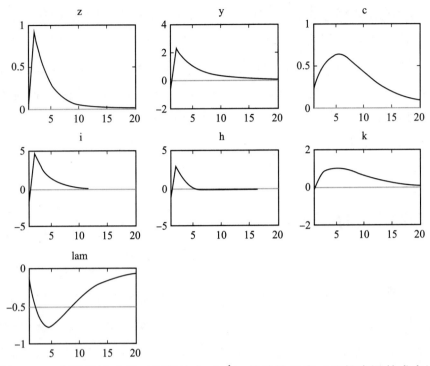

图 4 – 8 主要经济变量对预期冲击（ε_z^1）的脉冲反应（无投资调整成本）

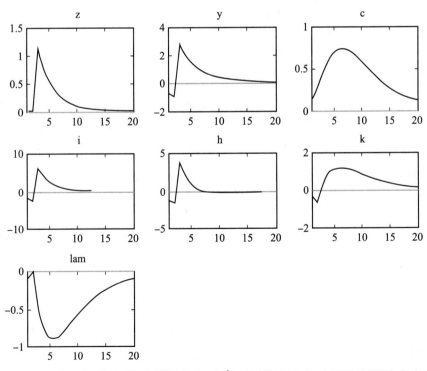

图 4 – 9 主要经济变量对预期冲击（ε_z^2）的脉冲反应（无投资调整成本）

行为。因为在给定确定性等价情况下，一部分预期的未来财富的增加值可以被确定地视为在当前已经实现。在本章偏好的假设下，现期收入增加的财富效应占优于替代效应。因此，消费者将增加当前的消费和休闲。由于消费者提供的劳动时间减少了（因为休闲增加了），现期的产出也将下降。最后，因为消费的增加，现期的投资也将下降（因为在资源约束下产出为消费和投资的加总，现在产出下降了而消费又增加了，所以投资必然下降）。

三、预期冲击的重要性

表4-4给出了各种冲击解释实际产出、消费、投资、资本和劳动的无条件方差的比例。表4-4的第一行表示无法预期的技术冲击（ε_z^0）解释实际产出、消费、投资、资本和劳动的无条件方差的比例。表4-4的第二行表示预期冲击（ε_z^1）解释实际产出、消费、投资、资本和劳动的无条件方差的比例，第三行表示预期冲击（ε_z^2）解释实际产出、消费、投资、资本和劳动的无条件方差的比例。最后一行表示加总的预期冲击（$\sum_{j=1}^{2}\varepsilon_z^j$）解释实际产出、消费、投资、资本和劳动的无条件方差的比例。

表4-4   方差分解   单位：%

冲击	产出	消费	投资	劳动	资本
无法预期的冲击（ε_z^0）	28.07	28.72	27.48	45.14	26.96
可预期的冲击（ε_z^1）	25.14	25.17	25.10	21.56	24.96
可预期的冲击（ε_z^2）	46.79	46.11	47.42	33.30	48.08
加总的预期冲击（$\sum_{j=1}^{2}\varepsilon_z^j$）	71.93	71.28	72.52	54.86	73.04

从表4-4可以看出，预期冲击可以解释超过70%的产出波动。这一结论与传统的RBC理论形成鲜明对照，传统RBC理论认为无法预期的技术冲击几乎能够解释百分之百的产出波动。因此，一旦我们允许预期冲击和无法预期的冲击独立地影响经济系统，就会发现预期冲击将是导致经济周期波动的最主要的驱动力。

预期冲击在解释消费、投资、就业和资本的波动方面同样体现出重要作用。预期冲击能够解释 71. 28% 的消费波动、72. 52% 的投资波动、54. 86% 的就业波动以及 73% 的资本存量的波动。另外，从表 4 - 4 可以看出，预期冲击（ε_z^2）解释经济波动的能力比预期冲击（ε_z^1）高，前者几乎是后者的一倍，而且预期冲击（ε_z^1）对经济波动的解释力与无法预期的技术冲击（ε_z^0）相当。因此，在本章模型设置下，我们认为预期冲击和无法预期的冲击都是驱动经济波动的重要源泉，但是与后者相比前者显得更为重要。

四、小结

首先，我们建立一个包含预期冲击的简单 DSGE 模型，我们试图利用这个模型来模拟中国的现实经济。对于中国经济而言，我们并不了解如何将预期冲击引入模型是最优的方式。因此在模型估计阶段，我们有意地把模型设置的范围扩大，以便寻求适合中国经济现实的模型。我们总共估计了七个模型（M_1、M_2、M_3、M_4、M_5、M_6、M_7）。在模型估计阶段我们得出两个重要的结论：（1）我们应该将预期冲击引入描述中国经济的 DSGE 模型中，因为包含预期冲击的模型可以提高模型拟合现实数据的能力；（2）在将预期冲击引入模型的基础上，我们找到了最优的模型设置方式（即模型 M_5）。然后，我们利用这个简单的 DSGE 模型（M_5）详细地讨论了预期冲击导致经济总量间共动性的机制和条件。我们的分析表明，消费习惯和投资调整成本是预期冲击导致经济总量间共动性的重要因素。消费习惯保证了经济系统在受到预期冲击的作用下消费和就业能够同方向变动。习惯因素是保证消费和就业同方向变动的必要条件。投资调整成本保证了经济系统在受到预期冲击的作用下产出、投资和就业与消费能够同方向变动。最后，在对主要经济变量的无条件方差进行分解的基础上，我们发现，预期冲击是导致中国经济周期波动的最主要的驱动力。预期冲击可以解释超过 70% 的产出、消费、投资以及资本存量的波动，而且能够解释约 55% 的就业波动。

尽管这个简单 DSGE 模型告诉我们，预期冲击是导致中国经济周期波动的最主要的驱动力。但是，一个合理的疑问是，模型的设置是否存在误设。如果模型存在误设，那么得到任何结论也不足为奇。因此，为了检验上述结论的稳健性，在接下来的讨论中我们对简单模型进行扩展。我们的策略是，在简单模型中引入更多符合现实的因素。比如，简单模型中仅考察了生产率冲击，我们在扩展模型中将考察更多的冲击（例如投资专有技术冲击、政府支出冲击、货币冲击和偏好冲击等）。再比如，简单模型中仅考虑习惯形成和投资调整成本两种实际摩擦。因此，我们在扩展模型中可以引入更多实际摩擦和名义摩擦。需要说明的是，为了分析的方便，我们在扩展模型中没有考虑名义摩擦和货币冲击，这些讨论是我们进一步的研究方向。

第六节　对简单模型的扩展：一个未包含名义摩擦的大型 DSGE 模型

本节在简单模型的基础上引入消费习惯、投资调整成本和可变资本利用率，建立一个大型 DSGE 模型。假设模型中存在四种冲击，其中两种为技术冲击：平稳的生产率冲击和非平稳的生产率冲击、投资专有技术冲击和政府支出冲击。而且，我们假设每种冲击都包含两部分：可预期的部分和不可预期的部分。我们的目的是，考察在这样一个大型（即使这个模型没有考虑名义要素）的 DSGE 模型中预期冲击导致经济波动的机制和效应，以及预期冲击在解释经济波动方面的重要性。

一、模型设置

1. 家庭

关于家庭偏好的假设与简单模型一致。具体地，假设家庭的效用函数为：

$$U(\cdot) = E_0 \sum_{t=0}^{\infty} \beta^t \left\{ \log(C_t - \eta C_{t-1}) - \psi_L \frac{L_t^{1+\sigma_L}}{1+\sigma_L} \right\} \tag{4.18}$$

这里我们假设 $\sigma = 1$。

关于家庭的行为，与简单模型不同的是家庭的资本积累过程。同样地，假设家庭拥有经济中的初始资本存量。家庭每期把资本租给企业，并且通过投资来扩大自己的资本存量。因此，社会总资本的积累方程为：

$$K_t = (1 - \delta(u_t))K_{t-1} + I_t[1 - S(I_t/I_{t-1})] \tag{4.19}$$

这里 I_t 是社会总投资。

假设资本的拥有者（家庭）可以控制资本存量被利用的程度。我们用 u_t 度量第 t 期的资本利用率，企业在第 t 期获得的有效资本存量为 $u_t K_{t-1}$。另外，我们假设资本利用程度的增加将给家庭带来成本，即资本的折旧率随着资本利用率的增加而上升。具体地，我们假设折旧率 $\delta(u_t)$ 是关于资本利用率 u_t 的一个递增的凸函数，即 $\delta'(u_t) > 0$，$\delta''(u_t) \geqslant 0$。假设折旧率的函数形式如下：

$$\delta(u_t) = \delta_0 + \delta_1(u_t - 1) + \frac{\delta_2}{2}(u_t - 1)^2; \quad \delta_0, \ \delta_1, \ \delta_2 > 0 \tag{4.20}$$

最后，我们假设投资的调整也会给投资者带来成本。关于投资调整成本函数的假设与简单模型一致，这里不再重复。

2. 企业

假设经济中的企业是竞争和同质的，企业雇佣劳动和资本并生产产品，每个企业有相同的生产技术。假设企业面临的加总生产函数为：

$$Y_t = z_t(u_t K_{t-1})^\alpha (X_t L_t)^{1-\alpha}; \quad 0 < \alpha < 1 \tag{4.21}$$

这里 z_t 表示中性技术进步，即全要素生产率。z_t 是一个随机变量，且服从一个给定的稳定过程。X_t 也是一种中性的技术进步，往往被称为劳动扩大型技术进步，这种技术进步包括人口增长和体现为有效劳动增长的技术进步。假设这种技术进步服从一个非平稳的随机过程。由于企业是竞争和同质的，生产部门的长期决策等同于单个企业的单期利润最大化问题。企业的竞争行为使得劳动和资本的边际生产率刚好等于各自的市场价格。

3. 资源约束

经济的资源约束为：

$$C_t + A_t I_t + G_t = Y_t \tag{4.22}$$

这里，我们假设变量 A_t 是外生和随机的，服从一个给定的随机过程。A_t 被称为投资专有技术进步，表示消费品与投资品之间的技术转换率。在分散经济均衡中，A_t 表示以消费品度量的投资品的相对价格。

最后，假设政府支出 G_t 是一个外生的随机变量且服从给定的随机过程。我们将在后面给出随机变量 z_t，X_t，A_t，G_t 的具体过程。

4. 引入预期冲击

在模型中引入预期冲击的方式见简单模型的讨论，这里不再重复。

本章模型有四个外生的随机冲击：平稳的生产率冲击 z_t 和非平稳的生产率冲击 X_t、投资专有技术冲击 A_t 和政府支出冲击 G_t。而且，我们假设每种冲击都包含两部分：可预期的部分和不可预期的部分。我们假设各种冲击服从的随机过程如下：

（1）平稳的生产率冲击。

$$\ln z_t = \rho_z \ln z_{t-1} + \varepsilon_{z,t}^0 + \varepsilon_{z,t-1}^1 + \varepsilon_{z,t-2}^2 + \varepsilon_{z,t-3}^3 \tag{4.23}$$

这里 $\varepsilon_{z,t}^j \sim iidN(0,\ (\sigma_z^j)^2)$，$j = 0$，1，2，3。$\varepsilon_{z,t}^0$ 是关于 z_t 的不可预期的冲击，这种冲击与标准 RBC 模型中关于冲击的假设一致。其他三种冲击（$\varepsilon_{z,t}^1$，$\varepsilon_{z,t}^2$，$\varepsilon_{z,t}^3$）是关于 z_t 的可预期的冲击。值得注意的是，$\varepsilon_{z,t}^1$，$\varepsilon_{z,t}^2$，$\varepsilon_{z,t}^3$ 并没有进入上述关于 z_t 的表达式中，但是它们在经济人第 t 期的信息集中影响未来 z_t 的水平。

（2）非平稳的生产率冲击。

我们假设非平稳的生产率 X_t 服从带漂移的随机游走过程，假设其增长率服从平稳的自回归过程。

$$\ln X_t = \ln X_{t-1} + \ln \mu_t^x \tag{4.24}$$

$$\ln(\mu_t^x / \mu^x) = \rho_x \ln(\mu_{t-1}^x / \mu^x) + \varepsilon_{x,t}^0 + \varepsilon_{x,t-1}^1 + \varepsilon_{x,t-2}^2 + \varepsilon_{x,t-3}^3 \tag{4.25}$$

这里 $\varepsilon_{x,t}^j \sim iidN(0,\ (\sigma_x^j)^2)$，$j = 0$，1，2，3。$\varepsilon_{x,t}^0$ 是关于 μ_t^x 的不可预期的冲击，这种冲击与标准 RBC 模型中关于冲击的假设一致。其他三种冲击（$\varepsilon_{x,t}^1$，$\varepsilon_{x,t}^2$，$\varepsilon_{x,t}^3$）是关于 μ_t^x 的可预期的冲击。同样地，$\varepsilon_{x,t}^1$，$\varepsilon_{x,t}^2$，$\varepsilon_{x,t}^3$ 并没有进入上述关于 μ_t^x 的表达式中，但是它们在经济人第 t 期的信息集中影响未来 μ_t^x 的水平。

（3）投资专有的生产率冲击。

同样地，我们假设投资专有的技术进步 A_t 服从带漂移的随机游走过程，其增长率服从平稳的自回归过程。

$$\ln A_t = \ln A_{t-1} + \ln \mu_t^a \tag{4.26}$$

$$\ln(\mu_t^a / \mu^a) = \rho_a \ln(\mu_{t-1}^a / \mu^a) + \varepsilon_{a,t}^0 + \varepsilon_{a,t-1}^1 + \varepsilon_{a,t-2}^2 + \varepsilon_{a,t-3}^3 \tag{4.27}$$

这里 $\varepsilon_{a,t}^j \sim iidN(0,\ (\sigma_a^j)^2)$，$j = 0$，1，2，3。$\varepsilon_{a,t}^0$ 是关于 μ_t^a 的不可预期的冲击。

这种冲击与标准 RBC 模型中关于冲击的假设一致。其他三种冲击（$\varepsilon_{a,t}^1$，$\varepsilon_{a,t}^2$，$\varepsilon_{a,t}^3$）是关于 μ_t^a 的可预期的冲击。同样地，$\varepsilon_{a,t}^1$，$\varepsilon_{a,t}^2$，$\varepsilon_{a,t}^3$ 并没有进入上述关于 μ_t^a 的表达式中，但是它们在经济人第 t 期的信息集中，它们影响未来 μ_t^a 的水平。

（4）政府支出冲击。

我们假设政府支出 G_t 是一个外生的随机变量，而且假设其随机趋势为 X_t^G。我们假设政府支出的趋势 X_t^G 与产出的趋势 X_t^Y 共振。这一假设确保了政府支出占产出的比例保持平稳。另外，我们假设政府支出的趋势比产出的趋势更平滑。具体地，我们假设政府支出趋势与产出趋势存在如下关系：

$$X_t^G = (X_{t-1}^G)^{\rho_{xg}} (X_{t-1}^Y)^{1-\rho_{xg}}, \quad 0 \leqslant \rho_{xg} < 1 \tag{4.28}$$

我们用 g_t 表示去除趋势的政府支出，即 $g_t \equiv G_t / X_t^G$。我们假设 g_t 服从如下自回归过程：

$$\ln(g_t/g) = \rho_g \ln(g_{t-1}/g) + \varepsilon_{g,t}^0 + \varepsilon_{g,t-1}^1 + \varepsilon_{g,t-2}^2 + \varepsilon_{g,t-3}^3 \tag{4.29}$$

这里 $\varepsilon_{g,t}^j \sim \text{iidN}(0, (\sigma_g^j)^2)$，$j = 0, 1, 2, 3$。$\varepsilon_{g,t}^0$ 是关于 g_t 的不可预期的冲击。这种冲击与标准 RBC 模型中关于冲击的假设一致。其他三种冲击（$\varepsilon_{g,t}^1$，$\varepsilon_{g,t}^2$，$\varepsilon_{g,t}^3$）是关于 g_t 的可预期的冲击。同样地，$\varepsilon_{g,t}^1$，$\varepsilon_{g,t}^2$，$\varepsilon_{g,t}^3$ 并没有进入上述关于 g_t 的表达式中，但是它们在经济人第 t 期的信息集中影响未来 g_t 的水平。

二、模型求解

由于上述经济中不存在（信息）外部性和市场扭曲，竞争均衡配置与中央计划者问题的解一致。因此，我们可以通过求解中央计划者问题得到经济的竞争均衡配置。中央计划者的目标是在资源约束、给定初始状态 K_{-1} 和给定外生过程 z_t，X_t，A_t，G_t 的条件下选择 C_t，L_t，K_t，u_t，I_t 最大化代表性家庭的效用。我们分别用 $\Lambda_t Q_t$ 和 Λ_t 表示资本积累方程和资源约束方程的拉格朗日乘子。中央计划者问题的一阶条件可以表示如下：

$$C_t: (C_t - \eta C_{t-1})^{-1} - \eta \beta E_t [(C_{t+1} - \eta C_t)^{-1}] = \Lambda_t \tag{4.30}$$

$$L_t: \psi_L L_t^{\sigma_L} = \Lambda_t (1-\alpha) z_t (u_t K_{t-1})^\alpha (X_t L_t)^{-\alpha} X_t \tag{4.31}$$

$$K_t: \Lambda_t Q_t = \beta E_t \Lambda_{t+1} \{ \alpha u_{t+1} z_{t+1} (u_{t+1} K_t)^{\alpha-1} (X_{t+1} L_{t+1})^{1-\alpha}$$
$$+ Q_{t+1} [1 - \delta(u_{t+1})] \} \tag{4.32}$$

$$u_t: \Lambda_t \alpha z_t (u_t K_{t-1})^{\alpha-1} K_{t-1}(X_t L_t)^{1-\alpha} = \Lambda_t Q_t K_{t-1} \delta'(u_t) \quad (4.33)$$

$$I_t: A_t \Lambda_t = \Lambda_t Q_t [1 - S(I_t/I_{t-1}) - I_t S'_{I_t}(I_t/I_{t-1})]$$
$$- \beta E_t [\Lambda_{t+1} Q_{t+1} I_{t+1} S'_{I_t}(I_{t+1}/I_t)] \quad (4.34)$$

这里 Q_t 表示在第 t 期已经安装好且可用于 t + 1 期生产的资本的相对价格，这种相对价格以第 t 期的消费品计价。这种相对价格也被称为边际托宾 Q。

三、系统稳定化和数值解

在本章中，经济系统的不稳定来自外生变量 X_t 和 A_t 的过程具有随机趋势。因此模型中的内生变量也具有随机趋势。我们分别用 X_t^Y、X_t^K、X_t^G 表示产出、资本和政府支出的随机趋势。消除趋势后，这些变量将是稳定的，我们将在附录中给出稳定化均衡系统的详细过程。

接下来，我们对稳定化的均衡系统对数化线性化，然后采用标准的数值方法求解均衡系统的递归均衡法则。我们可以把均衡系统的动态表示如下：

$$x_{t+1} = h_x x_t + h_\varepsilon \varepsilon_{t+1}$$
$$y_t = g_x x_t$$

这里 x_t 是由模型中内生变量和外生状态变量组成的向量，y_t 是观察变量组成的向量，ε_t 是结构冲击向量。系数矩阵 h_x、h_ε 和 g_x 是模型中结构参数的函数。

四、参数校准与参数估计

1. 参数校准

扩展模型的结构参数总共有 4n + 14 个：贴现因子 β、消费习惯参数 η、休闲带来的效用比率 ψ_L、劳动供给弹性 σ_L、资本份额 α、折旧率（δ_0、δ_1、δ_2）、体现投资调整成本大小的参数 κ、体现外生冲击持续性大小的参数（ρ_z、ρ_x、ρ_a、ρ_g、ρ_{xg}），以及预期冲击的标准差 σ_x^j（x = z, x, a, g; j = 0, 1, …, n）。我们对上述未包含预期冲击的标准差在内的结构参数校准如下。

表 4 - 5 参数校准[①]

β	η	ψ_L	σ_L	δ_0	δ_2	α	κ	ρ_z
0.99	0.63	10	1.6	0.08	0.005	0.48	5	0.7
ρ_x	ρ_a	ρ_g	ρ_{xg}	$\bar{u}$	$\bar{\mu}^y$	$\bar{\mu}^a$	G/Y	
0.5	0.52	0.5	0.9	1	1.098	0.973	0.1	

2. 参数估计

接下来，与简单模型一样，我们采用贝叶斯方法对预期冲击的标准差 σ_x^j (x = z, x, a, g；j = 0, 1, …, n) 进行估计。我们假设待估参数的先验分布函数与简单模型的假设一致，参数估计结果如表 4 - 6。

表 4 - 6 参数估计结果

参数	先验密度函数	先验均值	先验方差	后验均值	后验估计区间	
					5%	95%
$\ln(p(Y_T|M_5)) = -70.060689$						
σ_z^0	InvGamma	3.0	2.0	2.0996	1.0687	3.1114
σ_z^1	InvGamma	1.5	2.0	1.3810	0.6109	2.5737
σ_z^2	InvGamma	1.5	2.0	4.4747	2.8172	6.6320
σ_x^0	InvGamma	1.5	2.0	1.4797	0.9528	1.9277
σ_x^1	InvGamma	1.5	2.0	0.6883	0.4549	0.9157
σ_x^2	InvGamma	1.5	2.0	0.6903	0.4308	0.9467
σ_a^0	InvGamma	1.5	2.0	1.1031	0.8079	1.3774
σ_a^1	InvGamma	1.5	2.0	0.6409	0.4340	0.9098
σ_a^2	InvGamma	1.5	2.0	0.6762	0.4013	0.9264
σ_g^0	InvGamma	1.5	2.0	2.0979	1.2750	2.9030
σ_g^1	InvGamma	1.5	2.0	1.0060	0.4281	1.5597
σ_g^2	InvGamma	1.5	2.0	1.0049	0.4840	1.5436

注：与简单模型一样，在参数估计阶段我们估计了多个模型，以便确定最优的模型设置。我们发现，扩展模型与简单模型的结论一致，即模型 M_5 是最优的模型设置方式。

[①] 这里，$\bar{u}$ 表示稳态时资本的利用率，$\bar{\mu}^y$ 表示稳态时人均实际 GDP 的增长率，$\bar{\mu}^a$ 表示稳态时投资品的价格的增长率，G/Y 表示稳态时政府消费性支出占 GDP 的比例。关于投资品价格的数据见：唐文健、李琦（2008）。关于政府消费性支出占 GDP 的比例见：林细细、龚六堂（2007）。另外，我们校准 δ_1，使得稳态时资本的利用率等于 1。

五、脉冲反应分析[①]

图 4–10 给出了主要经济变量对无法预期的技术冲击（ε_z^0）的脉冲反应。图 4–11 和图 4–12 分别给出了模型中主要经济变量对预期冲击（ε_z^1 和 ε_z^2）的脉冲响应。

我们进行脉冲反应分析的目的是，考察预期冲击在扩展模型中是否也能够导致 NDBC（即经济总量间的共动性）。从图 4–11 和图 4–12 可以看出，预期冲击（ε_z^1 和 ε_z^2）可以导致 NDBC。而且在扩展模型中，预期冲击导致经济总量间共动性的机制和所需条件均与简单模型相似。

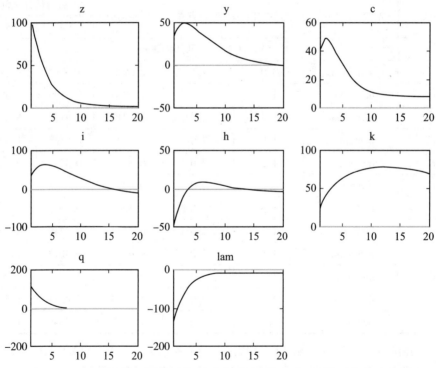

图 4–10　主要经济变量对无法预期的技术冲击（ε_z^0）的脉冲反应

[①] 这里我们只给出了平稳的中性技术冲击的脉冲反应图。其他冲击的脉冲反应图类似，而且太多，所以这里没有给出，感兴趣的读者可以向作者索取。

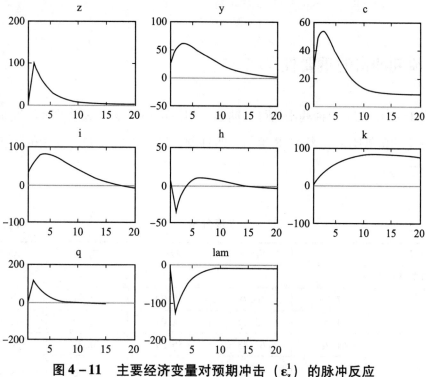

图4-11 主要经济变量对预期冲击（ε_z^1）的脉冲反应

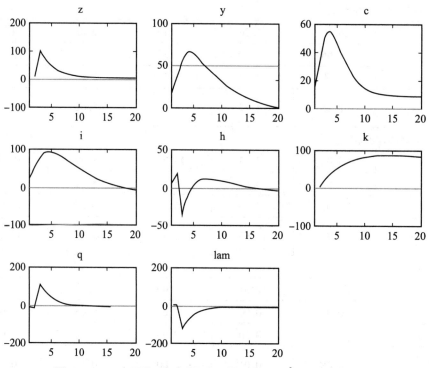

图4-12 主要经济变量对预期冲击（ε_z^2）的脉冲反应

六、预期冲击的重要性

表 4 – 7 给出了四种冲击的可预期部分和不可预期部分对主要经济变量的无条件方差的贡献比率。表 4 – 8 给出了四种预期冲击对主要经济变量的无条件方差的贡献比率。

表 4 – 7　　　　　　　　　　　**方差分解**　　　　　　　　单位：%

冲击	产出	消费	投资	劳动	资本
平稳的中性技术冲击 z_t					
ε_z^0	7.76	10.78	6.09	7.94	5.35
ε_z^1	4.90	5.57	4.07	2.79	2.62
ε_z^2	64.28	62.43	56.39	30.21	30.76
$\sum\limits_{j=0}^{2}\varepsilon_z^j$	76.94	78.78	66.55	40.94	38.73
非平稳的中性技术冲击 μ_t^x					
ε_x^0	6.10	1.26	5.16	13.61	4.28
ε_x^1	1.06	1.29	1.37	2.45	3.54
ε_x^2	1.09	2.12	1.51	2.56	4.23
$\sum\limits_{j=0}^{2}\varepsilon_x^j$	8.25	4.67	8.04	18.62	12.05
投资专有技术冲击 μ_t^a					
ε_a^0	9.08	3.95	13.24	21.99	15.40
ε_a^1	2.63	4.88	5.54	8.22	14.84
ε_a^2	3.02	7.70	6.63	10.07	18.96
$\sum\limits_{j=0}^{2}\varepsilon_a^j$	14.73	16.53	25.41	40.28	49.20
政府支出冲击 g_t					
ε_g^0	0.06	0.01	0.00	0.12	0.01
ε_g^1	0.01	0.00	0.00	0.03	0.00
ε_g^2	0.01	0.00	0.00	0.02	0.00
$\sum\limits_{j=0}^{2}\varepsilon_g^j$	0.08	0.01	0.00	0.17	0.01

从表 4-7 可以看出，即使存在多个冲击，技术冲击（包括平稳和非平稳的技术冲击）仍然可以解释 80% 左右的产出、消费和投资的波动。这一结论与传统的 RBC 理论的结论一致，传统 RBC 理论认为技术冲击几乎能够解释百分之百的产出波动。但是，技术冲击在解释就业和资本存量的波动方面较欠缺，只能解释不到 60% 的就业和资本存量的波动。投资专有技术冲击弥补了这一缺陷，投资专有技术冲击能够解释就业和资本存量波动的 40% 至 50%。投资专有技术冲击能够提高经济周期模型对就业波动的解释力近来得到了国内外学者的关注（Fisher, J., 2006；陈师、赵磊，2009）。最后，我们发现政府支出冲击对中国的经济周期波动几乎没有贡献。这一结论与扩展模型的设置有关。在扩展模型中，我们假设政府支出仅包含消费性支出。如果在模型中同时考虑政府消费性支出和生产性支出，这一结论不一定成立（见黄赜琳，2005）。

从表 4-8 可以看出，预期冲击可以解释超过 70% 的产出、消费、投资和资本存量的波动。与简单模型一样，我们发现，即使存在更多的冲击，预期冲击仍然是导致经济周期波动的最主要的驱动力。

表 4-8　　　　　　　　　　　　　方差分解　　　　　　　　　　　　单位：%

冲击	产出	消费	投资	劳动	资本
关于 z_t 的预期冲击	69.18	68.00	60.46	33.00	33.38
关于 μ_t^x 的预期冲击	2.15	3.41	2.88	5.01	7.77
关于 μ_t^a 的预期冲击	5.65	12.58	12.17	18.29	33.80
关于 g_t 的预期冲击	0.02	0.00	0.00	0.05	0.00
预期冲击的加总	77.00	83.99	75.51	56.35	74.95

七、小结

在简单模型的基础上，我们构建了一个不包含名义摩擦的大型 DSGE 模型。我们构建这个模型的目的是考察简单模型的结论是否稳健。我们的结论是，简单模型的结论是稳健的。在允许更多冲击相互竞争的情况下，（1）预期冲击可以导致经济总量间的共动性；（2）预期冲击仍然是导致经济周期波动的最主要的驱动力。

第七节 本 章 小 结

本章首先建立一个包含预期冲击的简单 DSGE 模型。我们在这个简单模型中引入两类实际摩擦：消费习惯和投资调整成本。在模型中引入实际摩擦的目的是考察预期冲击导致经济总量间共动性的机制和条件。我们的分析表明，消费习惯和投资调整成本是预期冲击导致经济总量间共动性的重要因素。消费习惯保证了经济系统在受到预期冲击的作用下消费和就业能够同方向变动。投资调整成本保证了经济系统在受到预期冲击的作用下产出、投资和就业与消费能够同方向变动。在此模型基础上，我们利用贝叶斯方法估计了预期冲击在解释改革开放以后中国经济周期波动的重要性。我们发现，预期冲击是导致中国经济周期波动的最主要的驱动力，可以解释超过 70% 的产出、消费、投资以及资本存量的波动，并且能够解释约 55% 的就业波动。最后，在简单模型的基础上，我们构建了一个不包含名义摩擦的大型 DSGE 模型，以便考察简单模型的结论是否稳健。我们的分析表明，简单模型的结论是稳健的。即使在允许更多冲击相互竞争的情况下，（1）预期冲击可以导致经济总量间的共动性；（2）预期冲击仍然是导致经济周期波动的最主要的驱动力。

附录： 扩展模型的均衡系统

一、均衡系统

在扩展模型中，经济的均衡系统由以下方程组成：

$$Y_t = z_t(u_t K_{t-1})^\alpha (X_t L_t)^{1-\alpha}$$

$$C_t + A_t I_t + G_t = Y_t$$

$$K_t = \left[1 - \delta_0 - \delta_1(u_t - 1) - \frac{\delta_2}{2}(u_t - 1)^2\right]K_{t-1} + I_t\left[1 - \frac{\kappa}{2}(I_t/I_{t-1} - \mu^i)^2\right]$$

$$(C_t - \eta C_{t-1})^{-1} - \eta\beta E_t[(C_{t+1} - \eta C_t)^{-1}] = \Lambda_t$$

$$\psi_L L_t^{\sigma_L} = \Lambda_t(1 - \alpha)z_t(u_t K_{t-1})^\alpha (X_t L_t)^{-\alpha}X_t$$

$$\Lambda_t Q_t = \beta E_t \Lambda_{t+1}\Big\{\alpha u_{t+1} z_{t+1}(u_{t+1}K_t)^{\alpha-1}(X_{t+1}L_{t+1})^{1-\alpha}$$

$$+ Q_{t+1}\left[1 - \delta_0 - \delta_1(u_{t+1} - 1) - \frac{\delta_2}{2}(u_{t+1} - 1)^2\right]\Big\}$$

$$\alpha z_t(u_t K_{t-1})^{\alpha-1}(X_t L_t)^{1-\alpha} = Q_t[\delta_1 + \delta_2(u_t - 1)]$$

$$A_t \Lambda_t = \Lambda_t Q_t\left[1 - \frac{\kappa}{2}(I_t/I_{t-1} - \mu^i)^2 - \kappa\frac{I_t}{I_{t-1}}(I_t/I_{t-1} - \mu^i)\right]$$

$$+ \beta E_t[\Lambda_{t+1}Q_{t+1}\kappa(I_{t+1}/I_t)^2(I_{t+1}/I_t - \mu^i)]$$

$$\ln z_t = \rho_z \ln z_{t-1} + \varepsilon_{z,t}^0 + \sum_{j=1}^n \varepsilon_{z,t-j}^j$$

$$\ln(\mu_t^x/\mu^x) = \rho_x \ln(\mu_{t-1}^x/\mu^x) + \varepsilon_{x,t}^0 + \sum_{j=1}^n \varepsilon_{x,t-j}^j$$

$$\ln(\mu_t^a/\mu^a) = \rho_a \ln(\mu_{t-1}^a/\mu^a) + \varepsilon_{a,t}^0 + \sum_{j=1}^n \varepsilon_{a,t-j}^j$$

$$\ln(g_t/g) = \rho_g \ln(g_{t-1}/g) + \varepsilon_{g,t}^0 + \sum_{j=1}^n \varepsilon_{g,t-j}^j$$

二、系统转换（稳定化系统）

由于外生过程 X_t 和 A_t 存在随机趋势，因此模型中内生变量也存在随机趋势。通过简单的计算，我们得出 Y_t 和 C_t 的随机趋势为 $X_t^Y = A_t^{\alpha/(\alpha-1)}X_t$；$K_t$ 和 I_t 的随机趋势为 $X_t^K = A_t^{1/(\alpha-1)}X_t$；$G_t$ 的随机趋势为 $X_t^G = (X_{t-1}^G)^{\rho_*}(X_{t-1}^Y)^{1-\rho_*}$；$Q_t$ 的随机趋势为 $X_t^Q = A_t$；Λ_t 的随机趋势为 $X_t^\Lambda = (X_t^Y)^{-1}$。因此，消除趋势后，这些变量将是稳定的。我们用小写字母表示稳定变量：$y_t = Y_t/X_t^Y$、$c_t = C_t/X_t^Y$、$k_t = K_t/X_{t+1}^K$、$i_t = I_t/X_t^K$、$\lambda_t = \Lambda_t/(X_t)^{-1}$、$q_t = Q_t/A_t$、$l_t = L_t$。因此，稳定化系统可以表示如下：

$$y_t = z_t(u_t k_{t-1})^\alpha l_t^{1-\alpha}(\mu_t^a)^{\frac{\alpha}{1-\alpha}}(\mu_t^x)^{-\alpha}$$

$$c_t + i_t + g_t x_t^g = y_t$$

$$k_t = \left[1 - \delta_0 - \delta_1(u_t - 1) - \frac{\delta_2}{2}(u_t - 1)^2\right]\frac{k_{t-1}}{\mu_t^k} + i_t\left[1 - \frac{\kappa}{2}\left(\frac{i_t \mu_t^k}{i_{t-1}} - \mu^i\right)^2\right]$$

$$(c_t - \eta c_{t-1}/\mu_t^y)^{-1} - \eta\beta E_t[(c_{t+1}\mu_{t+1}^y - \eta c_t)^{-1}] = \lambda_t$$

$$\psi_L l_t^{1+\sigma_L} = (1 - \alpha)\lambda_t y_t$$

$$\lambda_t q_t = \alpha\beta E_t \lambda_{t+1}\frac{y_{t+1}}{k_t} + \beta E_t \lambda_{t+1} q_{t+1}\mu_{t+1}^a/\mu_{t+1}^y\left[1 - \delta_0 - \delta_1(u_{t+1} - 1) - \frac{\delta_2}{2}(u_{t+1} - 1)^2\right]$$

$$\alpha z_t(u_t k_{t-1})^{\alpha-1}l_t^{1-\alpha}(\mu_t^x)^{1-\alpha}(\mu_t^a)^{-1} = q_t[\delta_1 + \delta_2(u_t - 1)]$$

$$\lambda_t = \lambda_t q_t\left\{1 - \frac{\kappa}{2}\left[\frac{i_t \mu_t^k}{i_{t-1}} - \mu^i\right]^2 - \kappa\frac{i_t \mu_t^k}{i_{t-1}}\left[\frac{i_t \mu_t^k}{i_{t-1}} - \mu^i\right]\right\}$$

$$+ \beta E_t\left\{\lambda_{t+1} q_{t+1}\mu_{t+1}^a(\mu_{t+1}^y)^{-1}\kappa\left[\frac{i_{t+1}\mu_{t+1}^k}{i_t}\right]^2\left[\frac{i_{t+1}\mu_{t+1}^k}{i_t} - \mu^i\right]\right\}$$

$$\mu_t^y \equiv X_t^Y/X_{t-1}^Y = (\mu_t^a)^{\frac{\alpha}{\alpha-1}}\mu_t^x$$

$$\mu_t^k \equiv X_t^K/X_{t-1}^K = (\mu_t^a)^{\frac{1}{\alpha-1}}\mu_t^x$$

$$x_t^g \equiv X_t^G/X_t^Y = (x_{t-1}^g)^{\rho_{xg}}(\mu_t^y)^{-1}$$

$$\ln z_t = \rho_z \ln z_{t-1} + \varepsilon_{z,t}^0 + \sum_{j=1}^n \varepsilon_{z,t-j}^j$$

$$\ln(\mu_t^x/\mu^x) = \rho_x \ln(\mu_{t-1}^x/\mu^x) + \varepsilon_{x,t}^0 + \sum_{j=1}^n \varepsilon_{x,t-j}^j$$

$$\ln(\mu_t^a/\mu^a) = \rho_a \ln(\mu_{t-1}^a/\mu^a) + \varepsilon_{a,t}^0 + \sum_{j=1}^n \varepsilon_{a,t-j}^j$$

$$\ln(g_t/g) = \rho_g \ln(g_{t-1}/g) + \varepsilon_{g,t}^0 + \sum_{j=1}^n \varepsilon_{g,t-j}^j$$

三、稳定状态

当不存在外生冲击时，上述经济系统趋于稳定状态。在经济处于稳态时，$y_t = \bar{y}$、$c_t = \bar{c}$、$i_t = \bar{i}$、$l_t = \bar{l}$、$q_t = \bar{q}$、$\lambda_t = \bar{\lambda}$、$k_t = \bar{k}$、$\mu_t^y = \bar{\mu}^y$、$\mu_t^k = \bar{\mu}^k$、$x_t^g = \bar{x}^g$ 以及 $z_t = \bar{z}$、$\mu_t^x = \bar{\mu}^x$、$\mu_t^a = \bar{\mu}^a$、$g_t = \bar{g}$。

首先，由四个外生冲击方程，我们得出 $\bar{z} = 1$、$\bar{\mu}^x = \mu^x$、$\bar{\mu}^a = \mu^a$、$\bar{g} = g$。

然后由 μ_t^y、μ_t^k 和 x_t^g 的定义，我们得出 $\bar{\mu}^y = (\bar{\mu}^a)^{\frac{\alpha}{\alpha-1}} \bar{\mu}^x$、$\bar{\mu}^k = (\bar{\mu}^a)^{\frac{1}{\alpha-1}} \bar{\mu}^x$、$\bar{x}^g = [(\bar{\mu}^a)^{\frac{\alpha}{\alpha-1}} \bar{\mu}^x]^{\frac{1}{\rho_{xg}-1}}$。接下来，由投资的一阶条件得出 $\bar{q} = 1$，因为 $\mu^i = \bar{\mu}^k$；由欧拉方程得出 $\bar{k} = \alpha\beta[1 - \beta(1-\delta_0)(\bar{\mu}^a/\bar{\mu}^y)]^{-1} \bar{y}$；由资本运动方程得出 $\bar{i} = [1 - (1-\delta_0)(\bar{\mu}^k)^{-1}] \bar{k} = [1 - (1-\delta_0)(\bar{\mu}^k)^{-1}]\alpha\beta[1 - \beta(1-\delta_0)(\bar{\mu}^a/\bar{\mu}^y)]^{-1} \bar{y}$；由资源约束方程得出 $\bar{c} = \{(1 - \bar{G}/\bar{Y}) - [1 - (1-\delta_0)(\bar{\mu}^k)^{-1}]\alpha\beta[1 - \beta(1-\delta_0)(\bar{\mu}^a/\bar{\mu}^y)]^{-1}\} \bar{y}$；由关于消费的一阶条件得出：$\bar{\lambda} = (\bar{\mu}^y - \eta\beta)(\bar{\mu}^y - \eta)^{-1}(\bar{c})^{-1}$；由关于劳动的一阶条件得出：

$$\bar{l} = \left[\frac{(1-\alpha)}{\psi_L}\right]^{\frac{1}{1+\sigma_L}} \left[\frac{\bar{\mu}^y - \eta\beta}{\bar{\mu}^y - \eta}\right]^{\frac{1}{1+\sigma_L}} \left\{(1 - \bar{G}/\bar{Y}) - \frac{[1 - (1-\delta_0)(\bar{\mu}^k)^{-1}]\alpha\beta}{[1 - \beta(1-\delta_0)(\bar{\mu}^a/\bar{\mu}^y)]}\right\}^{\frac{-1}{1+\sigma_L}}$$

最后，由生产函数得出：

$$\bar{y} = (\bar{\mu}^a)^{\frac{\alpha}{(1-\alpha)^2}} (\bar{\mu}^x)^{\frac{-\alpha}{1-\alpha}} \left\{\frac{\alpha\beta}{1 - \beta(1-\delta_0)(\bar{\mu}^a/\bar{\mu}^y)}\right\}^{\frac{\alpha}{1-\alpha}} \bar{l}$$

上述等式表明，稳态的产出、消费、资本、投资和劳动均取决于模型的偏好参数（β、η、ψ_L 和 σ_L）以及模型的技术参数（α 和 δ_0）。但是，描述各种外生冲击的参数 $[\rho_x(x = z, x, a, g)$ 和 $\sigma_x^j(j = 0, 1, \cdots, n; x = z, x, a, g)]$ 和体现投资调整成本大小的参数（κ）以及 δ_1、δ_2 和 μ^i 均不影响实际变量的稳态值。

第五章
预期与经济波动：新凯恩斯DSGE
模型下预期冲击的重要性

已有文献（主要是国外文献）在度量预期冲击驱动宏观经济波动重要性方面存在争议，在实际经济周期模型中预期冲击的作用往往比较大（Schmitt & Uribe，2012；本书第四章），而在新凯恩斯模型中预期冲击的作用可能重要（Fujiwara et al.，2011）也可能不重要（Khan & Tsoukalas，2012）。而国内有关预期冲击对于经济波动影响的研究则起步较晚且比较少，因此国内这方面的研究还存在着较大的空白。为了更好地了解预期冲击对于中国经济波动的影响，本章将在一个经典新凯恩斯 DSGE 模型中从数量上测度预期冲击驱动中国宏观经济波动的作用，以讨论这些争议在中国的情况。具体地，本章将致力于解决以下问题：预期因素会是导致中国经济波动的关键性因素吗？引入预期冲击后，哪种冲击会成为影响中国经济波动的主要因素？再者，鉴于我国年度数据季度数据统计标准的不同，使用年度支出法消费和投资数据相比使用季度社会消费品零售额和固定资产投资数据哪个能更好地拟合模型？

本章的理论模型采用当前主流的新凯恩斯 DSGE 模型，同时为了系统地研究预期冲击对我国宏观经济波动的影响，本章模型中包含了尽可能多的外生冲击，具体地模型中包含了生产率冲击、投资冲击、偏好冲击、政府支出冲击、货币政策冲击、劳动供给冲击、价格加成冲击和工资加成冲击等八个非预期冲击，以及生产率预期冲击和投资预期冲击两个预期冲击。再者考虑到我国宏观年度数据和季度数据统计标准的不同，本章将使用季度数据和混频数据（年度和季度混合）两组观测数据对模型进行贝叶斯估计。

本章余下部分的结构安排如下：第二部分对本章模型进行介绍，包括模型设置、模型推导、模型稳态求解以及模型的线性化；第三部分和第四部分分别对模型进行估计和动态分析；第五部分为结论和建议。

第一节　基　本　模　型

本章构造了一个包含预期冲击的新凯恩斯动态随机一般均衡（NK—DSGE）模型，模型借鉴了 SW 模型（Smets and Wouters，2003），该模型是一个包含家庭部门、商品生产部门和政府部门的三部门模型，其中商品生产部门又被分为中间产品生产部门和最终产品生产部门，另外模型中包含一系列名义和实际摩擦，如习惯形成、资本调整成本、可变资本利用率以及工资和价格粘性等，大量现有文献表明这一系列摩擦因素的引入能让模型更好地拟合现实经济。在冲击方面，该模型包含了生产率冲击、投资冲击、消费偏好冲击、政府支出冲击、利率冲击、劳动供给冲击、价格加成冲击和工资加成冲击等八个非预期冲击，以及生产率预期冲击和投资预期冲击两个预期冲击[①]。

一、模型构成

1. 家庭部门

这里假定家庭部门为一个连续统，用 h 表示。由于家庭提供差异化的劳动，因此是劳动力市场上中的垄断供给者。家庭最大化其一生期望效用：

$$U(\cdot) = E_0 \sum_{t=0}^{\infty} \beta^t U_{h,t} \tag{5.1}$$

这里家庭的效用是消费（C）、劳动供给（I）和所持有实际货币余额（M/P）的函数，并且消费和所持有实际货币余额能给家庭带来正的效用，而劳动供给的效用为负。于是设定家庭瞬时效用函数的具体形式为：

$$U_{h,t} = \varepsilon_t^B \left[\frac{1}{1-\sigma_c}(C_{h,t} - bC_{t-1})^{1-\sigma_c} - \frac{\varepsilon_t^L}{1+\sigma_l}(l_{h,t})^{1+\sigma_l} + \frac{\varepsilon_t^M}{1-\sigma_m}\left(\frac{M_{h,t}}{P_t}\right)^{1-\sigma_m} \right] \tag{5.2}$$

其中 ε_t^B、ε_t^L、ε_t^M 表示家庭的消费偏好冲击、劳动供给冲击和货币需求冲击；σ_c、σ_l、σ_m 分别表示消费跨期替代弹性的倒数、劳动跨期替代弹性的倒数和货币持有量对利率弹性的倒数；bC_{t-1}（b > 0）表示消费习惯形成，这使得消费本期消费边际效用对于上期消费是单调递增的。家庭预算约束为：

$$\frac{M_{h,t}}{P_t} + \frac{B_{h,t}}{R_t P_t} = \frac{M_{h,t-1}}{P_t} + \frac{B_{h,t-1}}{P_t} + Y_{h,t} - C_{h,t} - I_{h,t} \tag{5.3}$$

[①] 近年来国内的一些学者利用动态随机一般均衡框架研究中国的经济波动问题的结果来看，形成两大观点：一是卜永祥和勒炎（2002）、陈昆亭、龚六堂和邹恒甫（2004）、黄赜琳（2006）等认为技术冲击是驱动中国实体经济波动的主要力量；二是刘金全和范剑青（2001）、刘金全和刘志刚（2005）、郭庆旺和贾俊雪（2004）、贾俊雪（2008）等认为，投资冲击对解释中国经济波动也非常重要。鉴于此，本章在投资冲击和技术冲击中同时引入预期，讨论投资预期冲击和技术预期冲击对于中国经济波动的影响。另外由稳健性分析表明，即使假设所有冲击都包含预期冲击，本章主要结论没有改变。

家庭部门以持有实际货币余额（M）和投资有价债券（B）两种形式保有财富，其中 R_t 为债券的名义回报率，$1/R_t$ 即为债券价格；$Y_{h,t}$ 代表家庭总收入，其由三部分构成，分别为工资收入、资本收入和企业分红，家庭部门总收入函数具体为：

$$Y_{h,t} = (w_{h,t}l_{h,t} + A_{h,t}) + (r_{h,t}z_{h,t}K_{h,t-1} - \varphi(z_{h,t})K_{h,t-1}) + D_{h,t} \quad (5.4)$$

其中 $A_{h,t}$ 为参加劳动保险计划所获得的收入，该劳动保险计划使得每个家庭都有相同的工资收入和消费，$r_{h,t}$ 为资本租金，$z_{h,t}$ 为资本有效使用率，$\varphi(z_{h,t})$ 为资本使用成本，且当 $z_{h,t}=1$ 时 $\varphi(z_{h,t})=0$。

（1）消费和储蓄行为。

在预算约束下，家庭以其效用最大化为目标，于是家庭部门的储蓄和消费行为可归纳为以下两个方程，即消费的欧拉方程和货币需求函数，分别为[1]：

$$E_t\left[\beta \frac{\lambda_{t+1}}{\lambda_t}\frac{R_t P_t}{P_{t+1}}\right] = 1 \quad (5.5)$$

$$\left(\frac{M_{h,t}}{P_t}\right)^{-\sigma_m} = \lambda_t\left(1 - \frac{1}{R_t}\right) \quad (5.6)$$

（2）投资和资本积累。

家庭拥有经济中的初始资本存量，一方面家庭每期将资本租给企业以获得租金，另一方面家庭通过投资积累新资本或者通过改变现有资本的利用率来增加资本供给，于是，家庭资本积累方程具体为：

$$K_t = (1-\delta)K_{t-1} + \left[1 - S\left(\varepsilon_t^I \frac{I_t}{I_{t-1}}\right)\right]I_t \quad (5.7)$$

其中 δ 为资本折旧率，$S[\varepsilon_t^I(I_t/I_{t-1})]$ 为投资调整成本函数，且有 $S(1)=S'(1)=0$，$S''(1)>0$，ε_t^I 为投资冲击。于是结合消费者的效用方程和预算约束方程，得到托宾 Q 方程、投资方程和资本利用率方程，分别为：

$$Q_t = \beta E_t\left[\frac{\lambda_{t+1}}{\lambda_t}((1-\delta)Q_{t+1} + r_{t+1}z_{t+1} - \varphi(z_{t+1}))\right] \quad (5.8)$$

$$Q_t\left(1 - S\left(\varepsilon_t^I\frac{I_t}{I_{t-1}}\right)\right) = Q_tS'\left(\varepsilon_t^I\frac{I_t}{I_{t-1}}\right)\frac{\varepsilon_t^I I_t}{I_{t-1}} + 1 - E_t\left[\beta\frac{\lambda_{t+1}}{\lambda_t}Q_{t+1}S'\left(\varepsilon_{t+1}^I\frac{I_{t+1}}{I_t}\right)\frac{\varepsilon_{t+1}^I I_{t+1}}{I_t}\frac{I_{t+1}}{I_t}\right]$$

$$(5.9)$$

---

[1] 货币需求函数中 $\lambda_t = \varepsilon_t^B(C_{h,t} - bC_{t-1})^{-\sigma}$ 为消费的边际效用。

$$r_{h,t} = \varphi'(z_{h,t}) \tag{5.10}$$

（3）劳动供给和工资设定。

家庭部门作为劳动力的垄断供给者，是劳动力市场的价格制定方，这里采用 calvo 规则，即每一期有 $1 - \xi_w$ 比例的家庭被随机选中可以最优的设定其工资水平 $W_{h,t}^*$，剩下的家庭按照如下方式设定工资水平 $W_{h,t} = (P_{t-1}/P_{t-2})^{\gamma_w} W_{h,t-1}$，家庭向完全竞争的劳动加总企业提供差异化的劳动，劳动加总企业把这些差异化的劳动组合成一种单一的有效劳动后再以价格 W_t 提供给中间产品企业。设定劳动加总企业采用如下不变替代弹性（CES）加总技术 $L_t = [\int_0^1 (l_{h,t})^{1/(1+\lambda_{w,t})} dh]^{1+\lambda_{w,t}}$，通过求解其利润最大化问题可以得到家庭所面临的劳动需求函数 $l_{h,t} = (W_t/w_{h,t})^{(1+\lambda_w)/\lambda_w} L_t$，进而通过求解最优工资选择问题可以得到家庭的最优名义工资[1]：

$$\frac{W_t^*}{P_t} E_t \sum_{i=0}^{\infty} \beta^i \xi_w^i \left(\frac{P_t/P_{t-1}}{P_{t+i}/P_{t+i-1}} \right)^{\gamma_w} \frac{l_{h,t+i} U_{t+i}^C}{1 + \lambda_{w,t+i}} = E_t \sum_{i=0}^{\infty} \beta^i \xi_w^i l_{h,t+i} U_{t+i}^l \tag{5.11}$$

2. 企业部门

在这里，我们把企业部门分为最终产品生产企业和中间产品生产企业。其中最终产品生产企业处于完全竞争的市场环境，而中间产品生产企业处于垄断竞争的市场环境。

（1）最终品生产企业。

最终产品市场是完全竞争的。最终品生产企业用差异化的中间产品来生产最终品，其生产技术为 $Y_t = [\int_0^1 (y_{j,t})^{1/(1+\lambda_{p,t})} dj]^{1+\lambda_{p,t}}$，通过求解最终品企业利润最大化问题得到中间品生产企业所面临的中间品需求函数为 $y_{j,t} = (P_t/p_{j,t})^{(1+\lambda_p)/\lambda_p} Y_t$。将其代入最终品生产技术得到加总的名义价格方程为 $P_t = [\int_0^1 (1/p_{j,t})^{1/\lambda_{p,t}} dj]^{-\lambda_{p,t}}$。

（2）中间品生产企业。

中间品市场是不完全竞争的，中间品生产企业通过购买家庭部门的劳动和资本来生产差异化的中间品，其生产技术方程为 $y_{j,t} = \varepsilon_t^a (z_t K_{j,t})^\alpha L_{j,t}^{1-\alpha} - \Phi$，其中

---

① U_{t+i}^C、U_{t+i}^l 分别表示消费和劳动的边际效用。

Φ 表示固定成本，通过求解总成本最小化问题可以得到 $\dfrac{r_t z_t K_{j,t}}{W_t L_{j,t}} = \dfrac{\alpha}{1-\alpha}$，于是可以

将总成本变形为 $TC_{j,t} = \dfrac{y_{j,t}}{\varepsilon_t^a}(1-\alpha)^{\alpha-1}(\alpha)^{-\alpha}(W_t)^{1-\alpha}(r_t)^{\alpha}$，求导后得到边际成本

$MC_{j,t}$。同样地，假定中间品企业采用 calvo 规则来制定价格即每一期有 $1-\xi_p$ 比例的企业被随机的选中可以最优的设定其价格水平 $P_{j,t}^*$，剩下的企业按照如下方式来设定其价格 $p_{j,t} = \left(\dfrac{P_{t-1}}{P_{t-2}}\right)^{\gamma_p} p_{j,t-1}$，于是通过求解中间品生产企业最优价格选择问题可以得到中间品企业的最优价格为：

$$E_t \sum_{i=0}^{\infty} \beta^i \xi_p^i \lambda_{t+i} y_{j,t+i} \left[\dfrac{P_{j,t}^*}{P_t} \left(\dfrac{P_t/P_{t-1}}{P_{t+i}/P_{t+i-1}} \right)^{\gamma_p} - (1+\lambda_{p,t+i}) MC_{j,t} \right] = 0 \quad (5.12)$$

3. 政府部门

政府部门通过增发货币、发行国债以及征税的方式来维持预算平衡，其预算线为：

$$G_t = \dfrac{M_t - M_{t-1}}{P_t} + \dfrac{B_t - R_t B_{t-1}}{P_t} + T_t \quad (5.13)$$

学术界有关中国应采取哪种货币政策规则没有定论，但通常而言货币政策规则有泰勒规则 1、泰勒规则 2 和克莱姆规则三种。其中泰勒规则采用利率为货币政策工具，而克莱姆法则采用货币供给量为货币政策工具。具体来说，泰勒规则 1 是利率对通胀、通胀预期和产出缺口的函数；泰勒规则 2 是利率对通胀、通胀目标和产出缺口的函数；克莱姆法则是货币增长率对通胀预期和产出缺口的函数。本章则采用泰勒规则 1。

4. 市场均衡

在此模型下，市场均衡要求劳动力市场、最终产品市场、资本市场、货币市场和债券市场出清，以下分别介绍各市场出清情况：

劳动力市场出清意味着企业部门的劳动需求等于家庭部门的劳动供给：

$$\int_0^1 L_{j,t} dj = L_t = \left[\int_0^1 (l_{h,t})^{\frac{1}{1+\lambda_{w,t}}} \right]^{1+\lambda_{w,t}} \quad (5.14)$$

最终产品市场出清意味着产出等于家庭及政府部门的消费和投资：

$$Y_t = C_t + I_t + G_t + \Psi(z_t) K_{t-1} \quad (5.15)$$

资本市场出清意味着资本需求等于资本供给：

$$\int_0^1 K_{j,t} dj = K_t = \int_0^1 K_{h,t} dh \tag{5.16}$$

货币市场出清分两种情况，当货币当局采用数量型货币政策工具时，货币市场均衡意味着货币供给等于货币需求 $M_t^d = M_t^s$；当货币当局采用价格型货币政策工具时，利率反应函数代表货币当局的政策决策。

最后债券市场出清意味着政府债券利率等于市场名义利率，在本模型中前提假设之一就是债券市场出清。

二、模型对数线性化

为了进行下一部分的实证分析，我们先将以上方程进行对数线性化处理：对于任意变量 X_t，定义 $\hat{X}_t = \ln X_t - \ln \overline{X}$，即这里的 $\hat{X}_t$ 表示变量 X_t 对其稳态值的对数偏离。

含外生消费习惯形成的消费方程对数线性化后变为：

$$\hat{C}_t = \frac{1}{1+b} E_t \hat{C}_{t+1} + \frac{b}{1+b} \hat{C}_{t-1} - \frac{1-b}{(1+b)\sigma_c} (\hat{R}_t - E_t \hat{\pi}_{t+1} + E_t \hat{\varepsilon}_{t+1}^B - \hat{\varepsilon}_t^B) \tag{5.17}$$

这里，如果我们去掉消费习惯形成这个外生摩擦，即当 $b=0$ 时，消费方程即变为现期消费与未来消费的跨期消费问题，这与实际情况有大的差别。加入消费习惯形成后，现期消费决策由前期消费与未来消费共同决定。另外，鉴于不同收入水平人群的消费习惯有所不同，我们还可以通过设定不同大小的消费持续性参数来进行更深一步的研究。本文中，我们假定家庭部门的消费习惯一致。

对投资方程对数线性化变为：

$$\hat{I}_t = \frac{1}{1+\beta} \hat{I}_{t-1} + \frac{\beta}{1+\beta} E_t \hat{I}_{t+1} + \frac{\varphi}{1+\beta} \hat{Q}_t + \beta E_t \hat{\varepsilon}_{t+1}^I - \hat{\varepsilon}_t^I \tag{5.18}$$

其中 $\varphi = 1/\overline{S}''$，根据 CEE（2005）的研究结果，投资调整成本的引入，有利于在后期的脉冲响应分析中，投资对于各冲击的反应呈驼峰型。本章的调整成本函数参照 CEE（2005），即假设资本调整成本是投资增长率的增函数，这种函数形式可以更好拟合投资对货币政策冲击的响应。

对数线性化后的资源约束方程变为：

$$\overline{Y} \hat{Y}_t = \overline{C} \hat{C}_t + \overline{I} \hat{I}_t + \overline{G} \hat{G}_t + \overline{K} \overline{r} \hat{z}_t \tag{5.19}$$

资本利用率方程变为：

$$\hat{z}_t = \psi \hat{r}_t \tag{5.20}$$

劳动需求变为[①]:

$$\hat{L}_t = (1 + \psi) \hat{r}_t + \hat{K}_{t-1} - \hat{w}_t \tag{5.21}$$

数线性化后的托宾 Q 方程变为:

$$\hat{Q}_t = -(\hat{R}_t - E_t \hat{\pi}_{t+1}) + \frac{1-\delta}{1-\delta+\bar{r}} E_t \hat{Q}_{t+1} + \frac{\bar{r}}{1-\delta+\bar{r}} E_t \hat{r}_{t+1} \tag{5.22}$$

可见,资本存货现值与事前的实际利率负相关,与未来资本存货及租金率的预期值正相关。

对数线性化后的资本积累方程变为:

$$\hat{K}_t = (1-\delta) \hat{K}_{t-1} + \delta \hat{I}_t \tag{5.23}$$

对数线性化后的加总生产函数方程变为[②]:

$$\bar{Y} \hat{Y}_t = \phi [\hat{\varepsilon}_t^a + \alpha \hat{K}_t + (1-\alpha) \hat{r}_t] \tag{5.24}$$

对数线性化后的价格通胀方程变为:

$$\hat{\pi}_t = \frac{\beta}{1+\beta\gamma_p} E_t \hat{\pi}_{t+1} + \frac{\gamma_p}{1+\beta\gamma_p} \hat{\pi}_{t-1}$$

$$+ \frac{1}{1+\beta\gamma_p} \frac{(1-\beta\gamma_p)(1-\xi_p)}{\xi_p} [\alpha \hat{r}_t + (1-\alpha) \hat{w}_t - \hat{\varepsilon}_t^a] \tag{5.25}$$

这里,通货膨胀与过去通货膨胀、预期未来通货膨胀以及当期边际成本正相关,其中边际成本是资本租金率、实际工资和生产技术的函数。另外,γ_p 的大小决定了过去通胀水平对现期通胀水平的影响大小,当 $\gamma_p = 0$,本方程即转化为标准的附加预期的菲利普斯曲线方程。通胀水平对于边际成本的弹性则取决于价格黏性,当 $\xi_p = 0$,即价格完全自由变动,并且价格加成冲击也为 0 时,市场完全竞争,此时的实际边际成本等于 1。

工资通胀方程:

$$\hat{w}_t = \frac{\beta}{1+\beta} E_t \hat{w}_{t+1} + \frac{1}{1+\beta} \hat{w}_{t-1} + \frac{\beta}{1+\beta} E_t \hat{\pi}_{t+1} - \frac{1+\beta\gamma_w}{1+\beta} \hat{\pi}_t + \frac{\gamma_w}{1+\beta} \hat{\pi}_{t-1}$$

$$- \frac{1}{1+\beta} \frac{(1-\beta\xi_w)(1-\xi_w)}{[1+(1+\lambda_w)\sigma_1/\lambda_w]\xi_w} [\hat{w}_t - \sigma_1 \hat{L}_t - \frac{\sigma_c}{1-b}(\hat{C}_t - b\hat{C}_{t-1})] \tag{5.26}$$

---

① $\psi = \dfrac{\psi'(1)}{\psi''(1)}$ 是资本使用成本方程弹性的倒数。

② $\phi = 1 + \dfrac{\Phi}{Y}$。

这里，实际工资的决定相对复杂，为便于分析，可以把该方程分解为三部分来看。第一部分是预期的未来工资水平和过去工资水平对于实际工资水平的影响；第二部分是通胀水平对于实际工资水平的影响，其相关系数大小取决于工资粘性，即 γ_w；第三部分是实际工资水平对于完全竞争劳动力市场上工资水平的偏离程度，并且实际工资水平与其负相关，由系数部分可见，当工资刚性越强，即 ξ_w 越大时，其对工资水平的影响越强。

货币政策方程方面，典型的货币政策规则包括货币数量规则和泰勒规则，在本文所建立的模型中，我们采用泰勒规则 1，方程如下：

$$\hat{R}_t = \lambda_1 \hat{R}_{t-1} + (1 - \lambda_1) \left[\lambda_2 (E_t \hat{\pi}_{t+1} - \hat{\pi}_t) + \lambda_3 \hat{\pi}_t + \lambda_4 \hat{Y}_t \right] + \varepsilon_{R,t} \qquad (5.27)$$

其中 $\lambda_i (i = 1, 2, 3, 4)$ 分别表示利率平滑系数、预期通胀系数、通胀系数以及产出缺口系数。

三、预期冲击方程设定

最后，我们在该模型中引入八个非预期冲击、投资预期冲击和全要素生产率预期冲击两个预期冲击。其中，非预期冲击方程由两部分构成，第一部分意味着冲击变量遵循一阶自回归过程，第二部分为外生随机变量，具体的冲击方程分别如下：

$$\hat{X}_t = \rho_x \hat{X}_{t-1} + \eta_t^x \qquad (5.28)$$

这里的 X 代表冲击的类型，为了引入预期冲击[①]，我们有必要将传统冲击方程的第二部分改写为：

$$\eta_t^x = v_{0t}^x + \sum_{j=i}^{n} v_{j,t-j}^x; \quad v_{j,t-j}^x \sim i.i.d. N(0, \sigma_{x,j}^2); \quad j = 0, 1, \cdots, n. \qquad (5.29)$$

这里 v_{0t}^x 表示不可预期的部分，$\sum_{j=i}^{n} v_{j,j-t}^x$ 表示可预期部分，$v_{j,j-t}^x$ 表示经济行为人在 $t-j$ 时期已获得在未来第 t 期才实现的信息，是经济行为人在 $t-j$ 期对第 t 期将要发生的经济现象的预期。于是我们的预期冲击方程的具体形式为：

---

① 预期冲击和非预期冲击的最主要差别在于外生的冲击发生时点和产生作用的时点不同，打个比方来说，由于某学校政策的改变，我们学校将在下个月将每月的学生补助由 600 元上升为 1 000 元，但学校并未将这一信息公布，所以一些学生只有在发放补助的时候才知道这一信息，所以只会在下个月拿到了补助之后才会增加消费，这便是非预期冲击的作用效果；而另外一部分学生，比如在学生会工作的学生可能由于与校领导接触多，提前知晓了这一消息，这样就会在本月就提前增加自己的消费，这便是预期冲击的作用效果。

$$\hat{X}_t = \rho_x \hat{X}_{t-1} + v_{0t}^x + \sum_{j=i}^{n} v_{j,j-t}^x; \ v_{j,j-t}^x \sim i.i.d.N(0, \sigma_{x,j}^2);$$

$$j = 1, \cdots, n. \tag{5.30}$$

第二节　参 数 估 计

在本节，我们将使用两组观测数据对模型进行估计。本章模型中包含 34 个结构参数，其中 10 个参数为控制模型稳态的参数。本节通过校准决定：剩下的 24 个参数为控制模型动态的参数，本节将基于贝叶斯方法、通过 Dynare 软件进行估计。

一、观测数据选择

在进行参数估计之前，我们必须解决一个问题，即选用哪些观测变量来对模型进行估计？为解决这一问题，我们查阅了国外文献在估计模型时所选用的观测变量（比如 Christiano et al.，2005 根据数据对模型中的结构参数的影响重要程度选取了产出、消费、投资、利率、全要素生产率、利润率、通胀率、货币增长率和实际工资水平等九个观测变量来估计模型；Del Negro，et al.，2004；Justiniano and Primiceri，2006；Levin，et al.，2005；Smets and Wouters，2003 则选用产出、消费、投资、劳动供给、实际工资水平、利率和通胀率等七个观测变量来估计模型；An and Schorfheide，2005；Fernandez – Villaverde and Rubio – Ramirez，2007 以及 Rotemberg and Woodford，1997 则选用了更少的观测变量来估计模型）。但遗憾的是以上文献中作者并未明确解释这样选择的具体原因，或者正如费尔南德斯和鲁比奥（Fernandez – Villaverde and Rubio – Ramirez，2007）在文章中强调的那样——"不幸的是，我们并不知道如何选择观测变量才是正确的或者说不清楚不同的选择对估计结果会有怎样的影响。"

在查阅了大量文献之后，发现对于观测变量选择的研究也并非就此缺失，格雷隆（Guerron – Quintana，2010）对此问题进行了研究论证，其所提出的标准也成为本章选取观测变量的参照。其强调观测变量的选择应符合两个标准：一是选择对模型结构参数以及对模型的经济预测具有重大影响的观测变量；二是选择统计误差尽可能小的观测变量。另外观测变量越多并不能导致估计结果更优，反而会加大数据统计误差的影响进而导致估计结果出现更大的偏差。参照格雷隆（2010）所给出的建议：对于带有价格和工资粘性以及消费习惯形成的模型，估计模型的观测变量中应包含产出、消费、投资、实际工资水平、劳动供给水平、利率和通胀率。结合中国的实际情况，即实际工资水平、劳动供给水平数据存在较大的统计偏差，本节将选取产出、消费、投资、利率和通胀率等五个观测变量来对模型进行估计。

二、数据处理与观测方程

本节所选取的两组观测数据均由五个宏观经济变量（国内生产总值、消费、投资、通胀率和利率）数据构成。对于季度数据，其数据来源于查涛整理的数据①，数据样本从 1992 年第一季度到 2016 年第一季度。具体地，国内生产总值数据为以支出法核算的 GDP 数据，消费数据为零售品消费总额数据，投资数据为固定资产投资数据，通胀率数据为 GDP 折算指数数据，利率数据为七天同业拆借利率数据。为了适应本章模型的需要，本节还对查涛的数据进行了以下处理：首先，鉴于原始数据均为名义数据，所以本节将其除以 GDP 折减指数得到实际数据，进一步地我们将对国内生产总值数据、消费数据和投资数据依次进行对数化处理和差分处理，最终得到本节所应用的数据。本节所选用的混频数据来源于万得数据，其中国内生产总值、通胀率和利率数据均为季度数据，数据样本区间同样从 1992 年第一季度到 2016 年第一季度，国内生产总值数据为以支出法核算的 GDP 数据，通胀率数据为 CPI 数据，利率数据为中国人民银行一年期贷款利率数据。消费和投资数据为以支出法核算的 GDP 年度数据，数据样本区间从 1992 年到 2016 年。对于混频数据的处理与季度数据相同。

以上方法得到的最终数据需与本章对数线性化后模型中的变量相对应，因此

---

① 数据链接 https：//www.frbatlanta.org/cqer/research/china – macroeconomy，具体原始数据构造方法参照 Higgins P. and T. Zha（2015）。

需要用观测方程将观测数据和模型中的状态变量联系起来。对于季度数据中的国内生产总值、投资和消费，其观测方程[①]分别为：$Y\_obs_t = Y_t - Y_{t-1}$、$I\_obs_t = I_t - I_{t-1}$、$C\_obs_t = C_t - C_{t-1}$；对于通胀率和利率，其观测方程分别为：$\pi\_obs_t = \pi_t$、$R\_obs_t = R_t$。而对于混频数据，国内生产总值、通胀率和利率的观测方程与季度数据一致，对于投资和消费数据，因其为年度数据，对应地其与季度数据的关系为：

$$I\_year_t = I\_obs_t + I\_obs_{t-1} + I\_obs_{t-2} + I\_obs_{t-3} \qquad (5.31)$$

$$C\_year_t = C\_obs_t + C\_obs_{t-1} + C\_obs_{t-2} + C\_obs_{t-3} \qquad (5.32)$$

则对应的观测方程修改为：

$$I\_year_t = \frac{1}{4}(I_t + I_{t-1} + I_{t-2} + I_{t-3}) - \frac{1}{4}(I_{t-4} + I_{t-5} + I_{t-6} + I_{t-7}) \qquad (5.33)$$

$$C\_year_t = \frac{1}{4}(C_t + C_{t-1} + C_{t-2} + C_{t-3}) - \frac{1}{4}(C_{t-4} + C_{t-5} + C_{t-6} + C_{t-7}) \qquad (5.34)$$

三、稳态参数校准及动态参数先验分布

本章模型包含结构参数 34 个，其中 10 个参数控制模型稳态，我们根据经验数据来对其进行校准，剩下的 24 个参数控制模型的动态，我们则通过先设定其先验分布情况，然后经过贝叶斯估计得到其后验分布结果。

表 5 - 1 列举了本书 34 个结构参数的校准及先验分布类型、先验均值和先验标准差的设定情况。b 为消费习惯参数，这一参数的引入使得消费对家庭效用具有跨期效应，从而能更好地解释消费的持续性并改善欧拉方程的拟合程度，参照国外文献的一般设定，我们将其设为 0.7。α 为资本份额，在国民生产核算方程中其代表了资本对于产出的贡献率，本书参照全冰（2010）博士论文将其设定为 0.4。β 为时间贴现率，稳态下 $\beta = 1/(1 + R)$，其中 R 为稳态利率，按照稳态利率 3% 计算，本书将其设定为 0.97。δ 为折旧率，参照全冰（2010）本书将其设定为 0.03，意味着年度折旧率为 12%。对于消费跨期替代弹性的倒数、劳动跨期替代弹性的倒数和货币需求对利率弹性的倒数的校准则参照 SW（2003），中间产品的固定成本（Φ）则根据稳态利润为 0 的条件，由外生参数计算得到。

[①] 有关观测方程设定见本章附录。

最后对于价格加成和工资加成（λ_p，λ_w）的校准参照克里斯提亚诺（Christiano et. al.，2005），将其设定为 1.05。对于后 24 个参数，因其控制模型的动态，我们则通过先设定其先验分布情况，然后经过贝叶斯估计得到其后验分布结果。其中对于价格指数、工资指数、价格粘性、工资粘性、利率平滑系数以及各冲击自回归系数等 0 ~ 1 间参数，均设定为 Beta 分布。而对于预期通胀系数、通胀系数和产出缺口系数由于不能明确确定取值范围，我们将其设定为 Normal 分布。具体地，先验均值和先验标准差数值的设定参照 SW（2003）。对于各冲击标准差的先验分布设定，按照习惯我们将其设定为服从自由度为 2 逆 Gamma 分布，具体地，对于非预期冲击标准差的先验均值设定参照 SW（2003），而对于生产率预期冲击标准差和投资预期冲击标准差的先验均值的设定则参照卡恩和楚卡拉斯（Hashmat Khan and John Tsoukalas，2009）。

表 5 - 1　　　　　参数校准及先验分布设定

参数	参数含义	先验分布	先验均值	先验标准差
b	消费习惯参数	校准	0.7	
α	资本份额	校准	0.4	
β	时间贴现率	校准	0.97	
δ	折旧率	校准	0.03	
σ_c	消费跨期替代弹性的倒数	校准	1.00	
σ_l	劳动跨期替代弹性的倒数	校准	2.00	
σ_m	货币需求对利率弹性的倒数	校准	3.00	
Φ	固定成本	校准	1.50	
λ_p	价格加成	校准	1.05	
λ_w	工资加成	校准	1.05	
γ_p	价格指数	Beta	0.75	0.15
γ_w	工资指数	Beta	0.75	0.15
ξ_p	价格粘性	Beta	0.75	0.05
ξ_w	工资粘性	Beta	0.75	0.05
λ_1	利率平滑系数	Beta	0.75	0.1
λ_2	预期通胀系数	Normal	2.60	0.1
λ_3	通胀系数	Normal	3.00	0.1
λ_4	产出缺口系数	Normal	0.60	0.1
ρ_g	政府支出冲击自回归系数	Beta	0.85	0.1
ρ_c	消费冲击自回归系数	Beta	0.85	0.1

参数	参数含义	先验分布	先验均值	先验标准差
ρ_i	投资冲击自回归系数	Beta	0.85	0.1
ρ_R	货币政策冲击自回归系数	Beta	0.85	0.1
ρ_z	生产率冲击自回归系数	Beta	0.85	0.1
ρ_l	劳动供给冲击自回归系数	Beta	0.85	0.1
σ_g	政府支出冲击标准差	Inv gamma	0.30	2
σ_a	消费偏好冲击标准差	Inv gamma	0.20	2
σ_i	投资冲击标准差	Inv gamma	0.10	2
σ_R	货币政策冲击标准差	Inv gamma	0.10	2
σ_{TFP}	生产率冲击标准差	Inv gamma	0.40	2
σ_l	劳动供给冲击标准差	Inv gamma	1.00	2
σ_w	工资加成冲击标准差	Inv gamma	0.25	2
σ_p	价格加成冲击标准差	Inv gamma	0.15	2
σ_{TFP}^{news}	生产率预期冲击标准差	Inv gamma	0.20	2
σ_i^{news}	投资预期冲击标准差	Inv gamma	0.20	2

四、估计结果

以产出、消费、投资、利率和通胀率等五个宏观经济变量组成的纯季度数据和混频数据作为两组观测数据，利用 MatlabR2010b 的 dynare 4.5.4 工具箱 Metropolis—Hasting 算法，对模型进行了 2 000 次模拟，并选取其中 1 000 次模拟值进行估计，得到了如表 5 - 2 所示的两组观测数据估计后各参数的后验估计结果。总体上，绝大多数参数被估计为显著异于 0。具体地，两组观测数据的估计结果均显示价格指数和工资指数的后验均值较先验设定右移，这意味着我国产品价格和工资水平的增长与通胀水平保持着较高的同步性。价格粘性的后验均值较先验设定右移，而工资粘性的后验均值较先验设定左移，这表明我国中间产品生产商在产品价格制定上具有较高的控制权，而劳动力供给者在工资水平的制定上具有较低的控制权。对于泰勒规则中的利率平滑系数、预期通胀系数、通胀系数和产出缺口系数等参数，其估计结果与先验设定基本一致，只是当使用混频数据估计时的利率平滑系数较使用季度数据估计时有较高的后验值，表明我国利率水平长期保持稳定，这一结果也与我国实际相符。

　　比较使用年度支出法投资、消费数据的估计结果和使用季度固定资产投资数据、社会消费品零售额数据的估计结果,我们发现这两者间估计结果差异最大的为生产率冲击标准差和生产率预期冲击标准差。当使用包含季度固定资产投资数据、社会消费品零售额数据的季度数据估计时,生产率冲击标准差和生产率预期冲击标准差的后验均值分别达到了 3.0869 和 2.1715,而使用包含年度支出法投资、消费数据的混频数据估计时这两个参数的后验均值分别为 0.3712 和 0.1657,显然后者与前文中设定的先验均值更加接近,而前者则存在明显高估。这一结果与全冰(2017)相一致,产生这一本质区别的主要原因在于我国尚未建立季度支出法 GDP 的核算制度,而使用国家统计局每月公布的社会消费品零售总额和固定资产投资总额加总作为消费和投资的近似度量会与 DSGE 模型中的消费和投资支出存在重要差异。此外,当使用季度数据估计时,利率冲击标准差同样存在略微的高估,而消费偏好冲击标准差、劳动供给冲击标准差和投资预期冲击标准差则被低估。

表 5 – 2 　　　　　　　　　　参数估计结果

参数	参数含义	估计结果(季度数据)		估计结果(混频数据)	
		后验均值	10% ~ 90% 置信区间	后验均值	10% ~ 90% 置信区间
γ_p	价格指数	0.9877	0.9742 ~ 0.9984	0.9872	0.9762 ~ 0.9971
γ_w	工资指数	0.8771	0.8681 ~ 0.8889	0.9497	0.9173 ~ 0.9894
ξ_p	价格粘性	0.8867	0.8764 ~ 0.9004	0.9546	0.9477 ~ 0.9608
ξ_w	工资粘性	0.6247	0.6143 ~ 0.6336	0.6949	0.6515 ~ 0.7295
λ_1	利率平滑系数	0.7664	0.7587 ~ 0.7733	0.9446	0.9414 ~ 0.9477
λ_2	预期通胀系数	2.4933	2.4875 ~ 2.4986	2.4429	2.3934 ~ 2.5028
λ_3	通胀系数	3.0261	3.0204 ~ 3.0311	3.1732	3.1347 ~ 3.2043
λ_4	产出缺口系数	0.5692	0.5623 ~ 0.5781	0.6208	0.5913 ~ 0.6473
ρ_g	政府支出冲击自回归系数	0.9999	0.9998 ~ 1.0000	0.9841	0.9633 ~ 0.9998
ρ_c	消费冲击自回归系数	0.9890	0.9859 ~ 0.9921	0.9925	0.9898 ~ 0.9950
ρ_i	投资冲击自回归系数	0.9170	0.9041 ~ 0.9245	0.9468	0.9352 ~ 0.9585
ρ_R	货币政策冲击自回归系数	0.5003	0.4819 ~ 0.5157	0.9411	0.9093 ~ 0.9670
ρ_z	生产率冲击自回归系数	0.8285	0.8167 ~ 0.8402	0.6765	0.6256 ~ 0.7182
ρ_l	劳动供给冲击自回归系数	0.9129	0.9061 ~ 0.9209	0.6857	0.6516 ~ 0.7234
σ_g	政府支出冲击标准差	0.4069	0.3957 ~ 0.4209	0.4123	0.3681 ~ 0.4602
σ_a	消费偏好冲击标准差	0.1132	0.0933 ~ 0.1309	0.3177	0.2086 ~ 0.4526

续表

参数	参数含义	估计结果（季度数据）		估计结果（混频数据）	
		后验均值	10%～90%置信区间	后验均值	10%～90%置信区间
σ_i	投资冲击标准差	0.1047	0.0780～0.1305	0.1527	0.0988～0.2668
σ_R	货币政策冲击标准差	0.3375	0.3018～0.3845	0.1124	0.0918～0.2132
σ_{TFP}	生产率冲击标准差	3.0869	3.0741～3.1014	0.3712	0.2993～0.4609
σ_l	劳动供给冲击标准差	0.3905	0.2826～0.4757	0.7511	0.3889～1.2064
σ_w	工资加成冲击标准差	0.1538	0.0933～0.2162	0.1561	0.0638～0.2205
σ_p	价格加成冲击标准差	0.0604	0.0406～0.0813	0.1099	0.0473～0.1802
σ_{TFP}^{news}	生产率预期冲击标准差	2.1715	2.0177～2.3251	0.1657	0.0877～0.2943
σ_i^{news}	投资预期冲击标准差	0.0649	0.0421～0.0940	0.1245	0.0711～0.2844

五、预期冲击期数选择

前文我们已经设定好预期冲击方程的具体形式，但多少期的预期冲击才是合适的？即预期冲击方程 $\hat{X}_t = \rho_x \hat{X}_{t-1} + v_{0t}^x + \sum_{j=i}^{n} v_{j,t-j}^x$ ；$v_{j,t-j}^x \sim i.i.d. N(0, \sigma_{x,j}^2)$ ；$j = 1, \cdots, n.$ 中 j 取多少为最合适？遗憾的是对于这一选择国内外学者并未给出好的确定方式。杰莫维奇和雷贝洛（2006）根据美国市场对于产出预期的调查结果将预期冲击期数设定为 2；藤原等（Ippei Fujiwara, Yasuo Hirose and Mototsugu Shintani, 2008）则将预期冲击期数直接设定为 4；卡恩和楚卡拉斯（2009）则根据企业的投资决策时间以及劳务合同的谈判期限将预期冲击期数设定为 6；格罗厄和乌里韦（Schmitt – Groe S. and Uribe, 2009）将预期冲击期数设定为 3，其依据为：美国在朝鲜战争、越南战争、伊拉克战争以及"9·11"恐怖袭击过后的 2～3 年后财政在军费上的支出会出现大幅增加。在我国，企业一般会在每年的年度总结会议上确定下一年的计划目标，国务院每年也会在年末出具政府工作报告并确定下一年的经济发展计划，因此，本节将预期冲击期数设定为 4，即经济参与者接收到的有关未来冲击的期限为一年。同时为检测这一设定的稳定性，本节分别对预期冲击期数为 3 和 5 进行了估计，其结果如表 5 - 3 和表 5 - 4 所示。从表 5 - 3 和表 5 - 4 的结果我们可以看到，预期冲击期数为 3 和 5 与预期冲击期数为 4 的方差分解结果尽管有略微的不同，但总的来说其波动性很小。

表 5-3　预期冲击期数分别为 3、4、5 时使用季度数据估计的基本模型的方差分解结果

	政府支出冲击	消费偏好冲击	投资冲击	生产率冲击	利率冲击	价格加成冲击	劳动供给冲击	工资加成冲击	生产率预期冲击	投资预期冲击
消费	1.3 (1.72 3.02)	0.4 (0.89 1.03)	0.01 (0.13 0.07)	59.86 (60.05 59.60)	19.43 (19.99 18.57)	0.00 (0.00 0.00)	0.09 (0.16 0.01)	0.00 (0.00 0.00)	18.91 (17.05 17.69)	0.00 (0.01 0.00)
投资	0.00 (0.51 0.01)	1.12 (1.52 3.09)	0.03 (1.00 0.12)	39.87 (41.5 38.44)	46.34 (38.28 45.81)	0.00 (0.00 0.00)	0.02 (0.53 0.01)	0.00 (0.00 0.00)	12.60 (11.49 14.46)	0.03 (0.16 0.06)
产出	0.01 (0.79 0.03)	0.06 (1.03 0.20)	0.00 (0.03 0.00)	51.64 (51.71 47.83)	31.93 (33.65 32.17)	0.00 (0.00 0.00)	0.04 (2.09 0.01)	0.00 (0.00 0.00)	16.31 (10.69 19.76)	0.00 (0.02 0.00)

注：生产率预期冲击和投资预期冲击为四期的加总值，括号里的分别为 3 期和 5 期的方差分解结果。

表 5-4　预期冲击期数分别为 3、4、5 时使用混频数据估计的基本模型的方差分解结果

	政府支出冲击	消费偏好冲击	投资冲击	生产率冲击	利率冲击	价格加成冲击	劳动供给冲击	工资加成冲击	生产率预期冲击	投资预期冲击
消费	0.09 (1.03 1.40)	20.3 (15.76 18.15)	79.21 (82.69 77.72)	0.01 (0.01 0.17)	0.32 (0.50 1.62)	0.00 (0.00 0.00)	0.01 (0.00 0.89)	0.00 (0.00 0.00)	0.00 (0.00 0.02)	0.03 (0.02 0.02)
投资	0 (0.04 0.02)	20.2 (26.47 15.12)	78.59 (71.8 79.22)	0.07 (0.04 0.02)	0.83 (1.59 5.17)	0.00 (0.00 0.00)	0.10 (0.00 0.00)	0.00 (0.00 0.00)	0.06 (0.01 0.03)	0.14 (0.05 0.01)
产出	1.41 (0.09 3.11)	20.61 (31.31 20.27)	33.35 (34.37 30.28)	1.29 (0.27 1.00)	36.58 (33.8 38.22)	0.00 (0.00 0.00)	1.44 (0.02 0.61)	0.00 (0.00 0.00)	1.14 (0.04 1.01)	4.19 (0.11 3.50)

注：生产率预期冲击和投资预期冲击为四期的加总值，括号里的分别为 3 期和 5 期的方差分解结果。

第三节 实 证 分 析

在本节，我们分别通过脉冲响应分析和方差分解分析从定性和定量两个角度来观测预期冲击对于我国经济波动的影响。

一、脉冲响应分析

通过脉冲响应图我们可以直观地看到各宏观经济变量在外生冲击作用下的波动情况，因此，本小节我们通过对比产出、消费和投资在非预期生产率冲击与生产率预期冲击以及非预期投资冲击与投资预期冲击作用下的波动情况，定性的分析预期冲击对于中国经济波动的影响，并分析各冲击对于各宏观经济变量的作用机制。

1. 非预期投资冲击与投资预期冲击

图 5 – 1 展示了产出、消费和投资在非预期投资冲击和投资预期冲击作用下的波动情况，其中点状黑线表示的是各宏观变量在非预期投资冲击作用下的波动情况，而星状黑线表示的是各宏观变量在投资预期冲击作用下的波动情况。从图 5 – 1 中我们可以看到，各宏观经济变量在受到非预期冲击时会有更加剧烈的波动，其波动方向与受到预期冲击时的波动方向相反；另外，在投资预期冲击下，从产出、消费和投资回归稳态的时间也较短。具体地，根据本文资本积累方程的设定 $K_t = (1 - \delta) K_{t-1} + \left[1 - S\left(\varepsilon_t^I \frac{I_t}{I_{t-1}} \right) \right] I_t$，当经济体受到正向的非预期投资冲击时，投资的边际效率有所降低，社会整体投资水平下降，进一步地，投资水平的下降导致产出水平有所降低，但产出水平下降幅度显然小于投资水平的下降幅度，这是因为一方面居民消费水平受消费习惯的影响，另一方面居民作为劳动供给的垄断者，拥有工资水平的定价权利，因此消费水平仍旧保持

正向增长,抵消了部分投资下降对产出的影响。但企业因受到投资边际效率降低加之工人要求工资水平上升的双重影响,不得不缩小企业规模,从而进行裁员。社会劳动力需求的不断减少使得居民不得不让步以便不降低工资水平,由此消费水平有所降低,进而由工资水平降低所带来的企业成本降低导致企业增加投资来扩大生产规模,产出水平由此也随之上升。而当经济体很好地预期到了这一冲击的到来时,即当经济体受到正向的投资预期冲击时,企业会在投资边际效率降低之前增加投资水平,同时居民预期到未来经济的不景气而控制自身的消费水平,因而消费和投资在投资预期冲击下保持相对平稳的状态,这一结果进一步地导致了产出在冲击到来之前依旧保持略微增长。

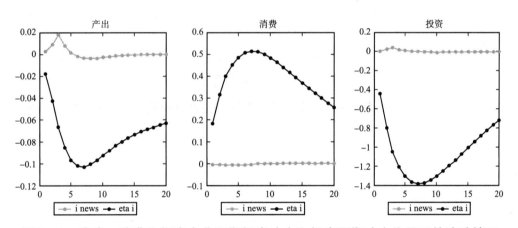

图 5 - 1　产出、消费和投资在非预期投资冲击和投资预期冲击作用下的波动情况

2. 非预期生产率冲击与生产率预期冲击

图 5 - 2 展示了产出、消费和投资在非预期生产率冲击和生产率预期冲击作用下的波动情况,其中点状黑线表示的是各宏观变量在非预期投资冲击作用下的波动情况,而星状黑线表示的是各宏观变量在投资预期冲击作用下的波动情况。总的来说,产出、消费和投资在两种冲击下的波动情况相一致,不同的是在生产率预期冲击下,其波动相对平缓。具体地,从图中我们可以看出,在正向的非预期生产率冲击和生产率预期冲击作用下,社会整体的生产效率有所提高,企业盈利空间变大,由此企业一方面会增加投资来扩大生产规模,另一方面会提升工资水平来吸引超额的劳动力供给,从而导致社会劳动力需求增加,工资水平的增长会使得居民整体的消费水平也会随之上升;但相应地居民作为

劳动供给的垄断者，在经济形势大好的情况下，会不断地要求提升自身的工资水平，而工资水平的大幅上升会导致企业生产成本增长超预期，从而挤出企业原本用于增加投资的支出，投资水平开始下降，企业规模开始缩减，并出现相应的裁员，进而导致居民消费水平以及产出水平开始下降，最终回归稳态。

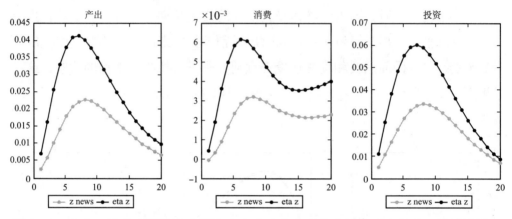

图5-2　产出、消费和投资在非预期生产率冲击和生产率预期冲击作用下的波动情况

二、方差分解分析

在本小节我们通过对引入预期冲击的模型进行方差分解，来量化预期冲击对于消费、投资和产出等主要宏观经济变量波动的影响。本章模型中包含了生产率冲击、投资冲击、消费偏好冲击、政府支出冲击、利率冲击、劳动供给冲击、价格加成冲击和工资加成冲击等八个非预期冲击，以及生产率预期冲击和投资预期冲击两个预期冲击。另外，鉴于前文中两组观测数据估计结果的巨大差异，本小节将通过比较年度支出法投资、消费数据与季度固定资产投资数据、社会消费品零售额数据两组观测数据的方差分解结果，分析两组数据会对预期冲击解释中国经济波动产生怎样的影响。

1. 基本模型的方差分解结果

表5-5和表5-6分别列举了使用季度数据和使用混频数据估计时基本模型的方差分解结果。从表5-5中我们可以看到，当使用季度数据估计时，非预期生产率冲击和利率冲击是影响我国消费、投资和产出的主要因素，两者共同解释了

80% 以上的消费、投资和产出的波动。其中，非预期生产率冲击是导致消费和产出波动的最主要因素，其解释了一半以上的消费和产出的波动，利率冲击则分别解释了 19. 43% 和 31. 93% 的消费和产出的波动；而对于投资波动的影响，利率冲击是最主要的因素，其解释了 46. 34% 的投资的波动，其次是非预期生产率冲击，其解释了 39. 87% 的投资的波动。此外，生产率预期冲击分别解释了 18. 91%、12. 6% 和 16. 31% 的消费、投资和产出的波动，是影响消费、投资和产出的波动的第三重要因素。其他冲击的表现则相对较弱，其对于消费、投资和产出的波动的解释力均不足 2%。从表 5 - 6 中我们可以看到，当使用混频数据估计时，非预期投资冲击对于消费和投资的波动的解释力接近 80%，是主导消费和投资波动的最重要的因素，其次为消费偏好冲击，其解释了 20% 消费和投资的波动，其他冲击对于消费和投资波动的解释力则均不足 1%。而对于产出波动的影响，利率冲击、非预期投资冲击和消费偏好冲击三者解释力达到了 90% 以上，其中利率冲击是影响产出波动的最主要的因素，其解释了 36. 58% 的产出的波动，非预期投资冲击和消费偏好冲击的影响力分列二、三位，非预期投资冲击解释了 33. 35% 的产出波动，消费偏好冲击解释了 20. 61% 的产出波动。其他冲击对于产出波动的影响很弱，除投资预期冲击的解释力为 4. 19% 外，剩余冲击的解释力均不足 2%。

通过对比表 5 - 5 和表 5 - 6，我们发现投资预期冲击在两种结果下均对中国宏观经济波动的解释力较弱，其中当使用季度数据估计时，投资预期冲击对于消费、投资和产出波动的解释基本为 0；而使用混频数据估计时，投资预期冲击对于消费和投资波动的解释均不足 1%，对于产出波动的解释也仅占 4. 19%。然而生产率预期冲击在两种结果下的表现则完全不同，其中当使用混频数据估计时，生产率预期冲击仅仅解释了 1. 14% 的产出波动，对于消费和投资波动的解释接近为 0。但使用季度数据估计时，生产率预期冲击分别解释了 18. 91%、12. 6% 和 16. 31% 的消费、投资和产出的波动，且在所有冲击中其重要性仅次于非预期生产率冲击和利率冲击，根据前文估计结果来看，这一结果高估了生产率预期冲击的解释力。

另外，相对应于生产率预期冲击在两种观测数据估计下所表现出的极大差异，我们发现非预期生产率冲击和非预期投资冲击在两种观测数据估计下也表现出极大的差异。当使用季度数据进行估计时，非预期生产率冲击解释了一半以上的消费和总产出的波动，对投资波动的解释力仅次于利率冲击，达到了 39. 87%，而

表5-5　使用季度数据估计时基本模型的方差分解结果

单位：%

	政府支出冲击	消费偏好冲击	投资冲击	生产率冲击	利率冲击	价格加成冲击	劳动供给冲击	工资加成冲击	生产率预期冲击	投资预期冲击
消费	1.30 (0.86 2.52)	0.40 (0.20 1.53)	0.01 (0.00 0.10)	59.86 (50.44 62.06)	19.43 (17.91 25.38)	0.00 (0.00 0.00)	0.09 (0.01 0.25)	0.00 (0.00 0.00)	18.91 (16.10 21.04)	0.00 (0.00 0.00)
投资	0.00 (0.00 0.00)	1.12 (0.08 1.28)	0.03 (0.00 0.68)	39.87 (33.26 42.09)	46.34 (41.15 48.30)	0.00 (0.00 0.00)	0.02 (0.00 0.07)	0.00 (0.00 0.00)	12.6 (9.98 15.61)	0.03 (0.00 0.08)
产出	0.01 (0.00 0.04)	0.06 (0.00 0.10)	0.00 (0.00 0.00)	51.64 (48.16 54.92)	31.93 (29.06 34.91)	0.00 (0.00 0.00)	0.04 (0.00 0.09)	0.00 (0.00 0.00)	16.31 (12.12 19.50)	0.00 (0.00 0.00)

注：生产率预期冲击和投资预期冲击为四期的加总值，括号部分分别表示10%和90%置信度下的方差分解结果。

表5-6　使用混频数据估计时基本模型的方差分解结果

单位：%

	政府支出冲击	消费偏好冲击	投资冲击	生产率冲击	利率冲击	价格加成冲击	劳动供给冲击	工资加成冲击	生产率预期冲击	投资预期冲击
消费	0.09 (0.01 0.15)	20.3 (18.70 22.17)	79.21 (69.88 85.40)	0.01 (0.00 0.02)	0.32 (0.10 0.61)	0.00 (0.00 0.00)	0.01 (0.00 0.06)	0.00 (0.00 0.00)	0.00 (0.00 0.00)	0.03 (0.00 0.08)
投资	0.00 (0.00 0.00)	20.2 (17.89 24.54)	78.59 (70.15 82.64)	0.07 (0.02 0.16)	0.83 (0.70 0.92)	0.00 (0.00 0.00)	0.10 (0.05 0.19)	0.00 (0.00 0.00)	0.06 (0.03 0.12)	0.14 (0.03 0.27)
产出	1.41 (0.99 1.80)	20.61 (18.05 23.17)	33.35 (29.66 37.23)	1.29 (0.76 1.85)	36.58 (31.03 38.10)	0.00 (0.00 0.00)	1.44 (0.71 2.01)	0.00 (0.00 0.00)	1.14 (0.63 1.45)	4.19 (3.87 6.02)

注：生产率预期冲击和投资预期冲击为四期的加总值，括号部分分别表示10%和90%置信度下的方差分解结果。

非预期投资冲击对与上述宏观变量波动的解释接近为0。在使用混频数据进行估计时，情况则恰恰相反，非预期生产率冲击仅仅解释了 1.14% 的产出波动，对于消费和投资波动的解释力接近为0，而非预期投资冲击则解释了近80%的消费和投资的波动，并解释了30%以上的产出波动。这一结论与仝冰（2015）一致，即使用季度固定资产投资数据、社会消费品零售额数据进行估计会高估生产率冲击的影响。产生这一原因在于季度固定资产投资数据、社会消费品零售额数据较年度支出法投资、消费数据统计口径窄，会遗漏许多有效信息，从而导致了估计结果的巨大偏差。结合预期技术冲击在两种观测数据估计下所表现出的极大差异，我们发现使用季度固定资产投资数据、社会消费品零售额数据进行估计不仅会高估生产率冲击的影响，还会高估生产率预期冲击的影响，这一点与前文中，使用季度固定资产投资数据、社会消费品零售额数据进行估计时，生产率冲击标准差和生产率预期冲击标准差的后验均值存在明显高估相一致。

2. 弹性价格模型的方差分解结果

在弹性价格模型中，我们将价格粘性、工资粘性、价格指数和工资指数（ξ_p、ξ_w、γ_p 和 γ_w）通过校准将其值设为 0.01，这意味着价格和工资的设定不再遵循 Calvo 规则，而是在每一季度都可以自由调整，从而产品市场和劳动力市场将均变为完全竞争。另外，稳态下的工资加成和价格加成（λ_w 和 λ_p）均变为1.01。表 5 - 7 和表 5 - 8 列举了当基本模型处于完全竞争环境下时使用两组观测变量估计的方差分解结果。

对比表 5 - 5 和表 5 - 7，我们比较同样是使用季度数据估计时，宏观经济环境由不完全竞争变为完全竞争后，各冲击对我国宏观经济波动影响有何变化。我们发现，在弹性价格模型中，对于消费的波动，政府支出冲击的解释力由原来的 1.3% 上升为 66.11%，成为影响消费波动的最主要因素；同时非预期生产率冲击、利率冲击和生产率预期冲击对消费波动的解释力分别由原来的59.86% 、19.43% 和 18.91% 下降为 18.81% 、0.08% 和 8.12% ；其他冲击的作用效果略有上升，但仍表现不明显，均不足 3% 。对于投资的波动，非预期生产率冲击的解释力由原来的 39.87% 上升为 55.98% ，而利率冲击的解释力则大大降低，由原来的 46.34% 下降为 0.01% ，非预期生产率冲击也替代利率冲击成为影响投资波动的最主要因素；另外，生产率预期冲击和消费偏好冲击则较基本模型有所上升，分别由原来的 12.6% 和 1.12% 上升为 25.46% 和 10.52% ，对于投资波动的影响分列二、三位;其他冲击的作用效果略有上升,但仍表现不明显。对于产出的波动,非预期生产率冲击仍是最主要的影响因素,但其解释力由原来的51.64%上升为63.26%。生产率预期冲击则代替利率冲击成为影响产出波动的第二重要因素,其中生产率预期冲击的解释力由原来的16.31%上升为27.42%,而利率冲击的解释力由原来的31.93%下降为0.06%。因而,非预期生产率冲击和生产率预期冲击共同解释了90%以上的产出波动,其他冲击的解释力虽较基本模型略微有所上升,但依旧表现不明显。

对比表5-6和表5-8,我们发现当宏观经济环境由不完全竞争变为完全竞争后,在同样使用混频数据估计时,各冲击对于我国宏观经济波动的解释力也发生了很大的变化。对于消费和投资的波动,消费偏好冲击取代非预期投资冲击成为最重要的影响因素。其中,消费偏好冲击对于消费和投资波动的解释力分别由原来的20.3%和20.2%上升为49.16%和53.99%,而非预期投资冲击的解释力则分别由原来的79.21%和78.59%下降为12.12%和9.22%。另外,政府支出冲击、非预期生产率冲击、生产率预期冲击和投资预期冲击对于消费和投资波动的解释力均较基本模型有了较大幅度的上升,其中政府支出冲击对于消费波动的解释力由原来的0.09%上升为15.55%,成为影响消费波动的第二重要因素,而非预期生产率冲击对于投资波动的解释力则由原来的0.07%上升为15.58%,成为影响投资波动的第二重要因素。对于产出的波动,非预期生产率冲击成为最重要的影响因素,其解释了47.97%的产出的波动,相比于基本模型中1.29%的解释力有了大幅提升。同时,非预期投资冲击和利率冲击则较基本模型有了大幅下降,其对产出波动的解释力分别由原来的33.35%和36.58%下降为1.54%和0.13%,消费偏好冲击的解释力略微有所下降,由20.61%降为19.31%;值得注意的是,生产率预期冲击对于产出波动的解释力由原来的1.14%上升为21.83%,一跃成为影响产出波动的第二重要因素。

最后,我们总结以上分析并重点关注于预期冲击对于我国宏观经济波动解释力的变化。当使用季度数据估计时,一方面,投资预期冲击对于我国宏观经济波动的解释力仍然很微弱,但相比于基本模型而言有所提升。具体地,其对消费、投资和产出波动的解释力分别为0.52%、0.72%和0.04%。另一方面,相比于基本模型,生产率预期冲击对于消费波动的解释力有所降低,但仍是消费

表 5 - 7　使用季度数据估计时弹性价格模型的方差分解结果

单位：%

	政府支出冲击	消费偏好冲击	投资冲击	生产率冲击	利率冲击	价格加成冲击	劳动供给冲击	工资加成冲击	生产率预期冲击	投资预期冲击
消费	66.11 (56.10 70.22)	2.42 (1.81 3.02)	2.16 (1.09 3.36)	18.81 (15.80 23.34)	0.08 (0.02 0.15)	0.07 (0.01 1.02)	1.63 (0.87 2.56)	0.07 (0.03 0.10)	8.12 (6.79 9.93)	0.52 (0.22 0.96)
投资	0.83 (0.55 1.27)	10.52 (8.22 14.90)	3.48 (2.96 5.31)	55.98 (50.17 59.40)	0.01 (0.00 0.05)	0.01 (0.00 0.04)	2.99 (1.28 4.48)	0.00 (0.00 0.00)	25.46 (19.88 30.17)	0.72 (0.36 0.97)
产出	2.20 (2.00 2.55)	2.31 (1.83 2.65)	0.34 (0.08 0.51)	63.26 (55.79 68.45)	0.06 (0.01 0.10)	0.05 (0.00 0.13)	4.27 (2.86 5.79)	0.05 (0.00 0.10)	27.42 (21.09 35.57)	0.04 (0.01 0.09)

注：生产率预期冲击和投资预期冲击为四期的加总值，括号部分分别表示 10% 和 90% 置信度下的方差分解结果。

表 5 - 8　使用混频数据估计时弹性价格模型的方差分解结果

单位：%

	政府支出冲击	消费偏好冲击	投资冲击	生产率冲击	利率冲击	价格加成冲击	劳动供给冲击	工资加成冲击	生产率预期冲击	投资预期冲击
消费	15.55 (9.98 20.06)	49.16 (44.72 57.20)	12.12 (8.26 16.63)	9.61 (5.14 14.47)	0.12 (0.06 0.22)	0.14 (0.02 0.35)	2.33 (1.68 4.74)	0.12 (0.02 0.36)	3.91 (2.61 5.60)	6.95 (4.90 10.11)
投资	6.28 (2.50 11.83)	53.99 (42.16 58.47)	9.22 (6.66 13.43)	15.58 (10.32 19.77)	0.00 (0.00 0.00)	0.01 (0.00 0.04)	1.30 (0.49 2.10)	0.00 (0.00 0.00)	8.19 (5.17 13.99)	5.43 (3.21 8.40)
产出	1.28 (0.91 3.22)	19.31 (11.42 25.28)	1.54 (0.99 3.84)	47.97 (43.19 51.67)	0.13 (0.06 0.72)	0.16 (0.09 0.35)	6.71 (3.15 10.12)	0.14 (0.02 0.36)	21.83 (13.59 28.01)	0.93 (0.66 1.95)

注：生产率预期冲击和投资预期冲击为四期的加总值，括号部分分别表示 10% 和 90% 置信度下的方差分解结果。

波动的第三重要影响因素，对于投资和产出波动的解释力则有了较大提升，成为仅次于非预期生产率冲击的第二重要因素。具体地，生产率预期冲击对于消费波动的解释力由原来的 18.91% 下降为 8.12%，而对于投资和产出波动的解释力则由原来的 12.6% 和 16.31% 上升为 25.46% 和 27.42%。当使用混频数据估计时，一方面，生产率预期冲击对于我国宏观经济波动的解释力相较于基本模型有了大幅增加。具体地，其对消费、投资和产出的波动的解释力由原来的 0%、0.06% 和 1.14% 上升为 3.91%、8.19% 和 21.83%；其中，生产率预期冲击对于产出波动的解释力的上升幅度最大，成为影响产出波动的第二重要因素。另一方面，投资预期冲击对于消费和投资波动的解释力由基本模型的 0.03% 和 0.14% 提升为 6.95% 和 5.43%，对于产出波动的解释力则有所下降，由原来的 4.19% 下降为 0.93%。总的来说在弹性价格模型中，投资预期冲击对于我国宏观经济波动的解释力依旧较小。

另外比较表 5 - 7 和表 5 - 8，我们发现，当使用季度数据估计时，非预期生产率冲击和生产率预期冲击对于中国宏观经济波动的解释力均要高于使用混频数据估计时的解释力。这也从侧面印证了本章的结论，使用季度固定资产投资数据、社会消费品零售额数据进行估计不仅会高估非预期生产率冲击的影响，还会高估生产率预期冲击的影响。

三、稳健性分析

与庄子罐等（2012）得出的结论恰恰相反，本章节的方差分解结果显示预期冲击对于中国宏观经济波动的影响十分微弱。模型的不同可能是导致这一差异的主要原因，相对于庄子罐等（2012）使用的 RBC 模型，本章所使用的新凯恩斯模型在工资和中间产品定价方面采用了 calvo 规则，因此相比于 RBC 模型中完全竞争的市场环境而言，本章模型所体现的是一种非完全竞争市场环境。于是在上文中我们剔除 calvo 规则，还原完全竞争市场环境，生产率预期冲击和投资预期冲击的解释力虽然总体上较基本模型有所提升，但模型的边际数据密度值（如表 5 - 9 所示）大大降低，表明弹性模型在拟合我国现实经济数据方面变差。

　　除了在市场环境方面的差异外，本章与庄子罐等（2012）的另一个差异在于本章引入了更多的外生冲击，但这种做法是否恰当？本章节将依据边际数据密度值来判断模型拟合我国现实经济数据的优劣度。鉴于此，本节参照普里米切里等（Primiceri et al.，2006），我们将本章所包含的十个冲击分为跨期冲击和同期冲击。所谓的跨期冲击是指影响经济参与者跨期决策的外生冲击，消费偏好冲击、非预期投资冲击和投资预期冲击因其直接影响经济参与者经济决策的欧拉方程进而影响经济参与者的跨期决策而属于跨期冲击一类；而非预期生产率冲击、生产率预期冲击、价格加成冲击和工资加成冲击等冲击则属于同期冲击。依据普里米切里等（2006）的观点，不仅所有冲击之间存在着竞争关系，各跨期冲击内部以及同期冲击内部之间也同样存在着更强的竞争。也就是说，投资预期冲击与非预期投资冲击和消费偏好冲击存在着更强的竞争，而生产率预期冲击与非预期生产率冲击、价格加成冲击和工资加成冲击存在着更强的竞争。如果我们剔除一个跨期冲击或是一个同期冲击，预期冲击对于中国宏观经济波动的影响会有怎样的变化？[1] 我们发现，当我们剔除消费偏好冲击后，预期冲击在中国经济波动中仍扮演微小的角色，而当我们剔除价格加成冲击后，投资预期冲击的重要性有了显著提升，并成为影响投资波动的最重要因素、影响消费波动的第二重要因素。但模型的边际数据密度由基本模型的 675.16 降为 358.28，因此剔除价格加成冲击后，模型在拟合我国现实经济数据方面变差。由此我们可以判定，基本模型所得到的结果是稳健的。

表 5-9　　　　　　　　　　　各模型的边际数据密度

模型类别	边际数据密度
基本模型（粘性价格、工资模型）	675.16
弹性价格、工资模型	362.83
剔除消费偏好冲击后的模型	655.22
剔除价格加成冲击后的模型	358.28

[1] 鉴于使用季度固定资产投资数据、社会消费品零售额数据进行估计时存在着较大的偏差，后文我们都将基于使用混频数据估计来分析。

1. 剔除一个跨期冲击

根据上文的分析，我们将在带有价格和工资粘性的基本模型中去掉一个跨期冲击①——消费偏好冲击，来看看预期冲击对于中国宏观经济波动的解释力有何变化。表5-10列举了剔除消费偏好冲击后基本模型中各冲击对我国经济波动的方差分解结果。我们发现预期冲击的解释力仍然很弱，投资预期冲击和生产率预期冲击对于消费、投资和产出波动的解释力均不足1%，而非预期投资冲击和利率冲击共同解释了近99%的消费、投资和产出的波动。其中，投资冲击分别解释了97.45%、51.04%和1.88%的消费、投资和产出的波动，利率冲击则分别解释了0.83%、48.48%和97.98%的消费、投资和产出的波动。这表明经济波动中原本由消费偏好冲击解释的部分，现在由非预期投资冲击和利率冲击来解释，而预期冲击在于中国宏观经济中扮演的角色仍旧不明显。具体地，通过比较表5-6和表5-10我们发现，对于消费的波动，非预期投资冲击仍是最主要的影响因素，但其解释力由原来的79.21%上升为97.45%。其他冲击除利率冲击外对于消费波动的解释力略微上升，而利率冲击对于消费波动的解释力略微下降，但总体而言变动幅度均不足1%。对于投资的波动，不仅原本由消费偏好冲击解释的部分现在由利率冲击来解释，而且非预期投资冲击的解释力也由原来的78.59%下降为51.04%，这两者共同作用导致利率冲击对于投资波动的解释力由原来的0.07%上升为48.48%，但非预期投资冲击仍是影响投资波动的最主要的因素，利率冲击仅次于非预期投资冲击；其他冲击的解释力同样仅发生了十分微小的变动。最后对于产出的波动，剔除消费偏好冲击的影响与对于投资的波动相类似，即原本由消费偏好冲击解释的部分现在由利率冲击来解释，并且非预期投资冲击的解释力出现大幅下降，其解释力由原来的33.35%下降为1.88%，而利率冲击对于产出波动的解释力由原来的36.58%大幅上升为97.98%，成为影响产出波动的最主要的因素。其他冲击对于产出波动的解释力均出现了不同程度的下降，其中，政府支出冲击、非预期生产率冲击、劳动供给冲击和投资预期冲击的解释力由原来的1.41%、1.29%、1.44%和4.19%均下降至不足1%。由此看来，剔除跨期冲击对于预期冲击的影响并不是很大。

---

① 值得注意的是在弹性价格模型中去掉一个跨期冲击来作比较分析是没有意义的，因为去除了价格和工资粘性，利率冲击的作用将不再明显，因此若去掉弹性价格模型中的消费偏好冲击等于同时去掉了同期冲击，因此比较结果也不再有意义。

2. 剔除一个同期冲击

同样，我们尝试在完全竞争模型中去掉一个同期冲击即价格加成冲击，以观测结果有何变化。表5-11列举了剔除价格加成冲击后完全竞争模型中各冲击对经济波动的方差分解结果。与剔除前相比，生产率预期冲击的方差分解结果有了微小的变化，而投资预期冲击对于中国经济波动的解释力则大幅地提升。具体地，生产率预期冲击对于消费和投资波动的解释力有微弱上升，分别从原来的3.91%和8.19%上升为4.14%和11.43%，而对于产出波动的解释力有所下降，由原来的21.83%降为16.51%。投资预期冲击对于消费、投资和产出波动的解释力由原来的6.95%、5.43%和0.93%分别上升为22.11%、27.2%和9.18%，并成为影响投资波动的最重要因素，对于消费波动的影响也仅次于政府支出冲击，成为影响消费波动的第二重要因素。可见，剔除一个同期冲击后，预期冲击对于经济波动的解释力有了很大的提升。

此外通过对比表5-8和表5-11，我们发现剔除价格加成冲击后，属于跨期冲击类的非预期投资冲击和消费偏好冲击在中国宏观经济波动中扮演的角色显著下降，相应地，属于同期冲击类的政府支出冲击、劳动供给冲击和生产率预期冲击的解释力明显上升[1]，同时属于跨期冲击类的投资预期冲击的解释力同样明显上升。具体地，一方面消费偏好冲击对于消费、投资和产出波动的解释力分别由原来的49.16%、53.99%和19.31%下降为10.67%、12.48%和0.24%，非预期投资冲击的解释力则分别由原来的12.12%、9.22%和1.54%下降为1.54%、1.76%和0.04%。另一方面政府支出冲击对于消费、投资和产出波动的解释力分别由原来的15.55%、6.28%和1.28%上升为42.26%、14.38%和17.44%，成为影响消费波动的最重要因素，对于产出和投资波动的影响力也分别位列二、三位。劳动供给冲击的解释力由原来的2.33%、1.3%和6.71%分别上升为4.35%、19.45%和15.47%，其中对于投资波动的解释力的上升幅度最大，成为影响投资波动的第二重要因素。投资预期冲击的解释力则分别由原来的6.95%、5.43%和0.93%分别上升为22.11%、27.2%和9.18%，并成为影响投资波动的最重要因素，对于消费波动的影响也仅次于政府支出冲击，成为影响消费波动的第二重要因素。

---

[1] Hashmat Khan and John Tsoukalas（2009年）在剔除价格加成冲击后也出现类似情况，即对美国经济波动的影响力由非预期投资冲击向非预期生产率冲击和生产率预期冲击转移。

表 5-10　剔除消费偏好冲击后基本模型的方差分解结果

单位：%

	政府支出冲击	消费偏好冲击	投资冲击	生产率冲击	利率冲击	价格加成冲击	劳动供给冲击	工资加成冲击	生产率预期冲击	投资预期冲击
消费	0.47 (0.17 1.82)	—	97.45 (88.13 99.01)	0.93 (0.56 1.42)	0.83 (0.10 2.36)	0.00 (0.00 0.00)	0.05 (0.00 0.17)	0.00 (0.00 0.00)	0.20 (0.01 0.88)	0.08 (0.01 0.67)
投资	0.06 (0.00 0.21)	—	51.04 (46.84 57.47)	0.26 (0.06 0.84)	48.48 (41.95 52.18)	0.00 (0.00 0.00)	0.02 (0.00 0.08)	0.00 (0.00 0.00)	0.06 (0.01 0.10)	0.08 (0.01 1.18)
产出	0.03 (0.00 0.09)	—	1.88 (1.11 3.04)	0.03 (0.01 0.06)	97.98 (90.37 99.05)	0.00 (0.00 0.00)	0.00 (0.00 0.00)	0.00 (0.00 0.00)	0.00 (0.00 0.00)	0.06 (0.01 0.12)

注：生产率预期冲击和投资预期冲击为四期的加总值，括号部分分别表示 10% 和 90% 置信度下的方差分解结果。

表 5-11　剔除价格加成冲击后完全竞争模型的方差分解结果

单位：%

	政府支出冲击	消费偏好冲击	投资冲击	生产率冲击	利率冲击	价格加成冲击	劳动供给冲击	工资加成冲击	生产率预期冲击	投资预期冲击
消费	42.26 (38.44 46.01)	10.67 (5.16 14.26)	1.54 (0.98 2.81)	14.20 (11.32 18.06)	0.37 (0.12 0.99)	—	4.35 (1.69 6.73)	0.38 (0.24 0.76)	4.14 (1.24 9.38)	22.11 (18.83 27.74)
投资	14.38 (10.48 18.66)	12.48 (7.11 15.93)	1.76 (0.98 3.22)	13.25 (8.62 19.05)	0.02 (0.00 0.07)	—	19.45 (11.23 26.52)	0.02 (0.00 0.07)	11.43 (6.01 15.27)	27.20 (21.14 34.90)
产出	17.44 (13.81 22.10)	0.24 (0.08 0.95)	0.04 (0.00 0.10)	36.12 (32.57 41.41)	2.47 (0.78 4.88)	—	15.47 (10.01 18.79)	2.51 (1.12 4.09)	16.51 (13.17 20.16)	9.18 (4.45 16.37)

注：生产率预期冲击和投资预期冲击为四期的加总值，括号部分分别表示 10% 和 90% 置信度下的方差分解结果。

四、2008 年经济危机前后预期冲击影响分析

本书伊始就改革开放以来我国 GDP 增长率的周期性波动做了简单的描述。从图 5 - 3 我们可以看到，在邓小平南方谈话以及中共十四大明确建立社会主义市场经济体制的改革目标的政治驱动下，市场改革与信心提振带来 1992 年的经济增长高峰，面对过热的宏观经济发展态势，1993 年以及之后数年紧缩性宏观调控相继出台，直至 1997 年亚洲经济危机爆发，我国经济成功实现"软着陆"；为防止我国经济增长率的持续下滑，1998 年国家启动"城镇化战略"，并将城镇化作为拉动内需的重要途径，随后的 1999~2004 年间，国家相继出台了"西部大开发战略""东北振兴战略"和"中部崛起战略"，另外基于土地财政形成的快速发展模式，我国经济增长率一路攀升至 2007 年的高点；2008 年受到全球经济危机的影响，我国经济增长在 2008~2009 年趋于下行，但在四万亿投资计划及一系列宽松型宏观调控下，我国经济重新复苏，从 2012 年开始，我国经济增长由高速增长转为中高速增长的"新常态"，随着经济体制改革的深入推进和对外开放程度的扩大，我国的经济结构、宏观经济环境和微观经济主体的行为方式都发生了明显变化，同时市场化程度不断加深，市场在资源配置中发挥的作用不断加大。

图 5 - 3 中国 GDP 增长率

资料来源：中国国家统计局网站

纵观 1992 年以来我国经济增长的波动情况，2008 年前后我国经济波动发生了质的改变，相较于 2008 年以前我国经济波动的大起大落，2008 年以后的经济波动趋于平稳。鉴于此，在本小节将以 2008 年为时间节点，分别观测 1992～2008 年和 2009～2016 年两个时间段内预期冲击对于我国经济波动的影响。方差分解结果如表 5 - 12 和表 5 - 13 所示，我们发现 2008 年以后预期冲击总体上在影响我国经济波动中发挥着更重要的作用。具体地，生产率预期冲击在 1992～2008 年度分别解释了 2.91%、6.2% 和 3.05% 的消费、投资和产出的波动，而在 2009～2016 年度，生产率预期冲击对于消费、投资和产出的波动的解释力分别上升为 10.83%、18.79% 和 26.59%。投资预期冲击在 1992～2008 年度分别解释了 5.61%、4.5% 和 2.21% 的消费、投资和产出的波动，而在 2009～2016 年度，生产率预期冲击对于消费和投资波动的解释力分别上升为 13.23% 和 15.5%，对于产出波动的解释力与 1992～2008 年度相比略微有所下降，其仅解释了 1.99% 的产出波动。这一结果与前面的脉冲响应分析的结果相呼应，即预期冲击在熨平经济剧烈波动中发挥着重要的作用。另外，我们发现，在 2008 年经济危机之前，非预期投资冲击和消费偏好冲击是我国经济波动中的主要驱动因素，其中投资冲击分别解释了 50.29%、50.27% 和 33.73% 的消费、投资和产出的波动，消费偏好冲击分别解释了 25.86%、25.75% 和 23.96% 的消费、投资和产出的波动。而在经济危机之后，非预期投资冲击的重要性大大降低，取而代之的是非预期生产率冲击和劳动供给冲击重要性的大大增加，另外消费偏好冲击依旧扮演者重要的角色。具体地，投资冲击对于消费、投资和产出的波动的解释力分别降为 9.37%、10.22% 和 0.23%，生产率冲击对于消费、投资和产出的波动的解释力分别上升为 28.24%、12.69% 和 31.41%，而劳动供给冲击对于消费、投资和产出的波动的解释力则分别由经济危机之前的 2.76%、2.48% 和 14.18% 上升为 11.14%、16.68% 和 18.09%，消费偏好冲击对于消费和投资波动的解释力略微有所下降，对于产出波动的解释力则出现了大度下降，其分别解释了 22.86%、24.9% 和 10.4% 的消费、投资和产出的波动。

表 5 - 12　1992~2008 年基本模型的方差分解结果

单位：%

	政府支出冲击	消费偏好冲击	投资冲击	生产率冲击	利率冲击	价格加成冲击	劳动供给冲击	工资加成冲击	生产率预期冲击	投资预期冲击
消费	2.18 (1.09 3.22)	25.86 (20.74 28.15)	50.29 (46.27 56.34)	5.90 (3.69 7.02)	4.09 (3.12 6.46)	0.20 (0.08 0.41)	2.76 (1.22 4.39)	0.20 (0.02 0.37)	2.91 (2.11 4.80)	5.61 (3.94 7.10)
投资	0.97 (0.44 1.26)	25.75 (21.08 27.07)	50.27 (44.97 53.85)	5.82 (3.42 7.59)	4.03 (2.63 6.07)	0.01 (0.00 0.04)	2.48 (1.58 4.95)	0.01 (0.00 0.06)	6.20 (3.99 8.04)	4.50 (3.78 6.97)
产出	0.31 (0.22 0.61)	23.96 (19.56 26.32)	33.73 (30.15 35.77)	21.80 (18.02 25.61)	0.14 (0.06 0.33)	0.32 (0.18 0.63)	14.18 (11.27 18.64)	0.31 (0.17 0.51)	3.05 (2.04 4.26)	2.21 (1.78 2.60)

注：生产率预期冲击和投资预期冲击为四期的加总值，括号部分分别表示10%和90%置信度下的方差分解结果。

表 5 - 13　2009~2016 年基本模型的方差分解结果

单位：%

	政府支出冲击	消费偏好冲击	投资冲击	生产率冲击	利率冲击	价格加成冲击	劳动供给冲击	工资加成冲击	生产率预期冲击	投资预期冲击
消费	1.76 (1.31 2.08)	22.86 (18.44 26.67)	9.37 (7.59 11.58)	28.24 (24.87 30.06)	0.83 (0.57 1.20)	0.98 (0.64 1.24)	11.14 (9.52 13.75)	0.75 (0.36 0.99)	10.83 (8.41 13.27)	13.23 (11.34 15.07)
投资	1.07 (0.88 1.24)	24.90 (22.18 26.04)	10.22 (7.86 12.55)	12.69 (9.97 14.65)	0.05 (0.01 0.10)	0.06 (0.02 0.09)	16.68 (13.65 18.58)	0.05 (0.00 0.08)	18.79 (15.76 20.71)	15.50 (12.79 18.64)
产出	0.67 (0.43 0.87)	10.40 (8.09 14.00)	0.23 (0.11 0.45)	31.41 (28.54 34.22)	3.42 (2.86 4.07)	4.18 (3.25 6.05)	18.09 (13.67 20.16)	3.02 (2.48 4.43)	26.59 (23.81 28.69)	1.99 (1.08 3.32)

注：生产率预期冲击和投资预期冲击为四期的加总值，括号部分分别表示10%和90%置信度下的方差分解结果。

第四节　本 章 小 结

本章通过将生产率预期冲击和投资预期冲击两个预期冲击引入 SW 模型（Frank Smets and Raf Wouters，2003），构造了一个包含生产率冲击、投资冲击、消费偏好冲击、政府支出冲击、利率冲击、劳动供给冲击、价格加成冲击和工资加成冲击等八个非预期冲击，以及生产率预期冲击和投资预期冲击两个预期冲击的动态随机一般均衡模型。并使用季度数据和混合频率数据两组观测数据通过贝叶斯方法对模型进行估计，以观测预期冲击对于中国经济波动的影响。在实证分析方面，本章首先通过脉冲响应分析和方差分解分析分别来了解预期冲击对于我国经济波动的作用机制以及量化预期冲击在我国经济波动中发挥的作用。其次，基于本章所使用的模型与庄子罐等（2012）所使用的 RBC 模型的差异导致的结论的差异，本章进行了稳健性分析。最后，基于 2008 年经济危机前后我国经济周期波动特征方面的差异，本章分段分别考察了预期冲击在 1992~2008 年和 2009~2016 年两个时间段内预期冲击的重要性。总结全文，本章得到以下结论并给出政策建议。

一、主要结论

1. 1992 年以来非预期冲击依旧是我国经济周期波动的主要驱动因素

基本模型的方差分解结果显示预期冲击对于我国经济波动的解释力十分微弱，投资冲击和消费偏好冲击是解释我国经济周期波动的主要因素。另外，尽管在弹性价格模型中以及剔除一个同期冲击后的模型中预期冲击的重要性将大大提升，但通过比较各模型的边际数据密度值，我们发现弹性价格模型中以及剔除一个同期冲击后的模型在拟合我国现实经济数据方面变差。

2. 预期冲击在减缓我国经济剧烈波动方面发挥着重要的作用

一方面，脉冲响应的结果显示，消费、投资和产出等宏观经济变量在受到生产率预期冲击和投资预期冲击时的波动情况相对于受到非预期生产率预期冲击和非预期投资冲击时的波动更加平缓，并且能够更快的回归于稳态水平。另一方面，在 1992~2008 年我国经济周期波动表现为大起大落时，预期冲击在其中扮演者微小的角色，而在 2009~2016 年我国经济周期波动相对平缓波动期间，预期冲击对于我国经济周期波动的解释力有了大幅提升，这也从侧面呼应了脉冲响应的结果。

二、政策建议

新常态下，我国经济结构不断优化升级，经济各方面面临结构性调整，同时为了顺利完成全面深化改革的目标任务，我国经济应极力追求平稳发展，避免出现剧烈的波动。鉴于本章中所提到的预期冲击在平稳经济波动中所起的作用，我国应坚持让市场在资源配置中起决定性作用，因为只有市场化的经济环境才能形成有效的预期，预期因素才能发挥作用。同时，应优化市场上信息资源配置，减少信息不对称带来的误导性信息的错误预期。另外，政府应当改善预期管理，重视预期因素的作用，纠正我国经济社会中的一些投机行为和跟风行为，适当引导其形成合理有效的预期。

非预期冲击仍是驱动我国经济波动的关键性因素，其中投资冲击、消费偏好冲击和货币政策冲击最为关键。供给侧结构性改革使得我国经济整体更加健康均衡地发展，很好地抑制了投资和消费的剧烈波动，而货币政策方面应坚持不搞大水漫灌，做好金融市场的供给侧改革。

附录： 模型推导、 观测方程设定和附表

一、基本模型的推导过程

1. 消费和储蓄行为

在预算约束下，家庭以其效用最大化为目标，要知道家庭部门的消费和储

蓄行为，可构造拉格朗日函数：

$$L = E_0 \sum_{t=0}^{\infty} \beta^t \left\{ \varepsilon_t^B \left[\frac{1}{1-\sigma_c} (C_{h,t} - bC_{t-1})^{1-\sigma_c} - \frac{1}{1+\sigma_l} (l_{h,t})^{1+\sigma_l} + \frac{1}{1-\sigma_m} \left(\frac{M_{h,t}}{P_t} \right)^{1-\sigma_m} \right] \right.$$

$$- \lambda_t \left[C_{h,t} + I_{h,t} + \frac{M_{h,t}}{P_t} + \frac{B_{h,t}}{R_t P_t} - \frac{M_{h,t-1}}{P_t} - \frac{B_{h,t-1}}{P_t} \right.$$

$$\left. \left. - (w_{h,t} l_{h,t} + A_{h,t}) - (r_{h,t} z_{h,t} K_{h,t-1} - \varphi(z_{h,t}) K_{h,t-1}) - D_{h,t} \right] \right\}$$

然后分别对消费、有价债券和货币余额求一阶偏导得到如下家庭效用最大化一阶条件：

$$\frac{\partial L}{\partial C_{h,t}} = E_0 \sum_{t=0}^{\infty} \beta^t \varepsilon_t^B \left[(C_{h,t} - bC_{t-1})^{-\sigma_c} - \lambda_t \right] = 0$$

$$\frac{\partial L}{\partial B_{h,t}} = E_0 \sum_{t=0}^{\infty} \beta^t \left[-\frac{1}{R_t P_t} \lambda_t + \beta \frac{1}{P_{t+1}} \lambda_{t+1} \right] = 0$$

$$\frac{\partial L}{\partial M_{h,t}} = E_0 \sum_{t=0}^{\infty} \beta^t \left[\left(\frac{M_{h,t}}{P_t} \right)^{-\sigma_m} \frac{1}{P_t} - \frac{1}{P_t} \lambda_t + \beta \frac{1}{P_{t+1}} \lambda_{t+1} \right] = 0$$

根据以上一阶条件，通过求解家庭效用最大化的一阶条件得到消费的欧拉方程和货币需求函数，分别为：

$$E_t \left[\beta \frac{\lambda_{t+1}}{\lambda_t} \frac{R_t P_t}{P_{t+1}} \right] = 1$$

$$\left(\frac{M_{h,t}}{P_t} \right)^{-\sigma_m} = \lambda_t \left(1 - \frac{1}{R_t} \right)$$

其中货币需求函数中 $\lambda_t = \varepsilon_t^B (C_{h,t} - bC_{t-1})^{-\sigma_c}$ 为消费的边际效用。

2. 投资和资本积累

家庭拥有经济中的初始资本存量，一方面，家庭每期将资本租给企业以获得租金；另一方面，家庭通过投资积累新资本或者通过改变现有资本的利用率来增加资本供给，于是，家庭资本积累方程具体为：

$$K_t = (1-\delta) K_{t-1} + \left[1 - S \left(\varepsilon_t^I \frac{I_t}{I_{t-1}} \right) \right] I_t$$

其中 δ 为资本折旧率，$S(\cdot)$ 为投资调整成本函数，且有 $S(1) = S'(1) = 0$，$S''(1) > 0$；ε_t^I 为投资冲击。同样构造如下拉格朗日函数：

$$L = E_0 \sum_{t=0}^{\infty} \beta^t \left\{ \varepsilon_t^B \left[\frac{1}{1-\sigma_c} (C_{h,t} - bC_{t-1})^{1-\sigma_c} - \frac{1}{1+\sigma_l} (l_{h,t})^{1+\sigma_l} + \frac{1}{1-\sigma_m} \left(\frac{M_{h,t}}{P_t} \right)^{1-\sigma_m} \right] \right.$$

$$- \lambda_t^1 \Big[C_{h,t} + I_{h,t} + \frac{M_{h,t}}{P_t} + \frac{B_{h,t}}{R_t P_t} - \frac{M_{h,t-1}}{P_t} - \frac{B_{h,t-1}}{P_t} - (w_{h,t} l_{h,t} + A_{h,t})$$

$$- (r_{h,t} z_{h,t} K_{h,t-1} - \varphi(z_{h,t}) K_{h,t-1}) - D_{h,t} \Big]$$

$$- \lambda_t^2 \Big[K_t - (1 - \delta) K_{t-1} - \Big(1 - S \Big(\varepsilon_t^I \frac{I_t}{I_{t-1}} \Big) \Big) I_t \Big] \Big\}$$

同样，分别对消费、投资、资本存量和资本利用率求一阶偏导，得到家庭效用最大化一阶条件，分别为：

$$\frac{\partial L}{\partial C_{h,t}} = E_0 \sum_{t=0}^{\infty} \beta^t \varepsilon_t^B \big[(C_{h,t} - bC_{t-1})^{-\sigma_c} - \lambda_t^1 \big] = 0$$

$$\frac{\partial L}{\partial I_{h,t}} = E_0 \sum_{t=0}^{\infty} \beta^t \Big[- \lambda_t^1 + \lambda_t^2 \Big(1 - S \Big(\varepsilon_t^I \frac{I_t}{I_{t-1}} \Big) - S' \Big(\varepsilon_t^I \frac{I_t}{I_{t-1}} \Big) \frac{I_t}{I_{t-1}} \Big)$$

$$+ \beta \lambda_{t+1}^2 \Big(S' \Big(\varepsilon_{t+1}^I \frac{I_{t+1}}{I_t} \Big) \frac{I_{t+1}}{I_t} \frac{I_{t+1}}{I_t} \Big) \Big] = 0$$

$$\frac{\partial L}{\partial K_{h,t}} = E_0 \sum_{t=0}^{\infty} \beta^t \big[- \lambda_t^2 + \beta \lambda_{t+1}^1 (r_{h,t+1} z_{h,t+1} - \varphi(z_{h,t+1})) + \beta \lambda_{t+1}^2 (1 - \delta) \big] = 0$$

$$\frac{\partial L}{\partial z_{h,t}} = E_0 \sum_{t=0}^{\infty} \beta^t \lambda_t^1 (r_{h,t} - \varphi'(z_{h,t})) K_{h,t-1} = 0$$

通过求解以上方程可以得到效用最大化的一阶条件，得到托宾 Q 方程、投资方程和资本利用率方程，分别为：

$$Q_t = \beta E_t \Big[\frac{\lambda_{t+1}}{\lambda_t} ((1 - \delta) Q_{t+1} + r_{t+1} z_{t+1} - \varphi(z_{t+1})) \Big]$$

$$Q_t \Big(1 - S \Big(\varepsilon_t^I \frac{I_t}{I_{t-1}} \Big) \Big) = Q_t S' \Big(\varepsilon_t^I \frac{I_t}{I_{t-1}} \Big) \frac{\varepsilon_t^I I_t}{I_{t-1}} + 1 - E_t \Big[\beta \frac{\lambda_{t+1}}{\lambda_t} Q_{t+1} S' \Big(\varepsilon_{t+1}^I \frac{I_{t+1}}{I_t} \Big) \frac{\varepsilon_{t+1}^I I_{t+1}}{I_t} \frac{I_{t+1}}{I_t} \Big]$$

$$r_{h,t} = \varphi'(z_{h,t})$$

3. 劳动供给和工资设定

劳动加总企业采用如下不变替代弹性（CES）加总技术： $L_t = \big[\int_0^1 (l_{h,t})^{\frac{1}{1+\lambda_{w,t}}} dh \big]^{1+\lambda_{w,t}}$，其利润最大化为目标可表示为： $MAX \quad W_t L_t - \int_0^1 w_{h,t} l_{h,t} dh$。可构造函数 $F(\cdot) = W_t \big[\int_0^1 (l_{h,t})^{\frac{1}{1+\lambda_{w,t}}} dh \big]^{1+\lambda_{w,t}} - \int_0^1 w_{h,t} l_{h,t} dh$，其对 $l_{h,t}$ 求一阶偏导得：

$$\frac{\partial F}{\partial l_{h,t}} = W_t (1 + \lambda_{w,t}) \big[\int_0^1 (l_{h,t})^{\frac{1}{1+\lambda_{w,t}}} dh \big]^{\lambda_{w,t}} \frac{1}{1 + \lambda_{w,t}} (l_{h,t})^{\frac{\lambda_{w,t}}{1+\lambda_{w,t}}} - w_{h,t} = 0$$

整理后得到家庭所面临的劳动需求函数：$l_{h,t} = \left(\dfrac{W_t}{w_{h,t}}\right)^{\frac{1+\lambda_w}{\lambda_w}} L_t$

对于家庭的最优工资设定问题，可构造拉格朗日函数：

$$L = E_t \sum_{i=0}^{\infty} (\beta\xi_w)^i \left\{ \varepsilon_{t+i}^B \left[\frac{1}{1-\sigma_c}(C_{h,t+i} - bC_{t+i-1})^{1-\sigma_c} - \frac{1}{1+\sigma_l}(l_{h,t+i})^{1+\sigma_l} + \frac{1}{1-\sigma_m}\left(\frac{M_{h,t+i}}{P_{t+i}}\right)^{1-\sigma_m}\right] \right.$$

$$- \lambda_{t+i}\left[C_{h,t+i} + I_{h,t+i} + \frac{M_{h,t+i}}{P_{t+i}} + \frac{B_{h,t+i}}{R_{t+i}P_{t+i}} - \frac{M_{h,t+i-1}}{P_{t+i}} - \frac{B_{h,t+i-1}}{P_{t+i}} - (w_{h,t+i}^* l_{h,t+i} + A_{h,t+i}) \right.$$

$$\left. \left. - (r_{h,t+i}z_{h,t+i} - \varphi(z_{h,t+i}))K_{h,t+i-1} - D_{h,t+i} \right] \right\}$$

其中：$l_{h,t+i} = \left(\dfrac{W_{t+i}}{w_{h,t+i}^*}\right)^{\frac{1+\lambda_w}{\lambda_w}} L_{t+i}$，然后对消费和最优名义工资分别求一阶偏导，于是得到一阶条件分别为：

$$\frac{\partial L}{\partial C_{h,t+i}} = E_t \sum_{i=0}^{\infty} (\beta\xi_w)^i \left[U_{t+i}^C - \lambda_{t+i} \right] = 0$$

$$\frac{\partial L}{\partial w_{h,t+i}^*} = E_t \sum_{i=0}^{\infty} (\beta\xi_w)^i \left[U_{t+i}^l \frac{\partial l_{h,t+i}}{\partial w_{h,t+i}^*} + \lambda_{t+i}\left(l_{h,t+i} + w_{h,t+i}^* \frac{\partial l_{h,t+i}}{\partial w_{h,t+i}^*}\right) \right] = 0$$

其中 $\dfrac{\partial l_{h,t+i}}{\partial w_{h,t+i}^*} = \left(-\dfrac{1+\lambda_w}{\lambda_w}\right)\left(\dfrac{w_{h,t+i}^*}{w_{t+i}}\right)^{\frac{1+\lambda_w}{\lambda_w}-1}$，$\dfrac{L_{t+i}}{W_{t+i}} = \left(-\dfrac{1+\lambda_w}{\lambda_w}\right)\dfrac{1}{w_{h,t+i}^*}l_{h,t+i}$；分别用 U_{t+i}^C、U_{t+i}^l 表示消费和劳动的边际效用，于是通过求解最优工资选择问题的一阶条件可以得到家庭的最优名义工资：

$$\frac{W_t^*}{P_t}E_t \sum_{i=0}^{\infty} \beta^i\xi_w^i \left(\frac{P_t/P_{t-1}}{P_{t+i}/P_{t+i-1}}\right)^{\gamma_w} \frac{l_{h,t+i}U_{t+i}^C}{1+\lambda_{w,t+i}} = E_t \sum_{i=0}^{\infty} \beta^i\xi_w^i l_{h,t+i}U_{t+i}^l$$

4. 最终产品生产企业

最终产品市场是完全竞争的。最终品生产企业用差异化的中间产品来生产最终品，其生产技术为：$Y_t = \left[\int_0^1 (y_{j,t})^{\frac{1}{1+\lambda_{p,t}}}dj\right]^{1+\lambda_{p,t}}$，其利润最大化问题可表示为：

$$\mathbf{MAX} \quad \text{profit} = P_t Y_t - \int_0^1 p_{j,t}y_{j,t}dj = P_t\left[\int_0^1 (y_{j,t})^{\frac{1}{1+\lambda_{p,t}}}dj\right]^{1+\lambda_{p,t}} - \int_0^1 p_{j,t}y_{j,t}dj$$

对中间产品的一阶条件为：$P_t(1+\lambda_{p,t})\left[\int_0^1 (y_{j,t})^{\frac{1}{1+\lambda_{p,t}}}dj\right]^{\lambda_{p,t}} \dfrac{1}{1+\lambda_{p,t}}(y_{j,t})^{\frac{\lambda_{p,t}}{1+\lambda_{p,t}}} - p_{j,t} = 0$

通过求解最终品企业利润最大化一阶条件得到中间品生产企业所面临的中间品需求函数为：$y_{j,t} = \left(\dfrac{p_{j,t}}{P_t}\right)^{\frac{1+\lambda_p}{\lambda_p}} Y_t$。将其代入最终品生产技术得到加总的名义价格方程：

$$P_t = \left[\int_0^1 (p_{j,t})^{-\frac{1}{\lambda_{p,t}}} dj\right]^{-\lambda_{p,t}}$$

5. 中间产品生产企业

中间品市场是不完全竞争的，中间品生产企业通过购买家庭部门的劳动和资本来生产差异化的中间品，其生产技术方程为：$y_{j,t} = \varepsilon_t^a (z_t K_{j,t})^\alpha L_{j,t}^{1-\alpha} - \Phi$，其中 Φ 表示固定成本，于是总成本最小化问题可以表示为：

$$\min：TC_{j,t} = r_t z_t K_{j,t} + W_t L_{j,t} + \Phi$$

$$s.t.：\varepsilon_t^a (z_t K_{j,t})^\alpha L_{j,t}^{1-\alpha} - \Phi \geqslant y_{j,t}$$

由此构造拉格朗日函数：$L = r_t z_t K_{j,t} + W_t L_{j,t} + \Phi + \lambda_t \left[\varepsilon_t^a (z_t K_{j,t})^\alpha L_{j,t}^{1-\alpha} - \Phi - y_{j,t}\right]$

分别对资本存量和劳动投入求一阶偏导，得到以下一阶条件：

$$\frac{\partial L}{\partial K_{j,t}} = r_t z_t + \lambda_t \alpha \varepsilon_t^a (z_t K_{j,t})^{\alpha-1} L_{j,t}^{1-\alpha} = 0$$

$$\frac{\partial L}{\partial L_{j,t}} = W_t + \lambda_t (1-\alpha) \varepsilon_t^a (z_t K_{j,t})^\alpha L_{j,t}^{-\alpha} = 0$$

通过求解成本最小化一阶条件得：$\dfrac{r_t z_t K_{j,t}}{W_t L_{j,t}} = \dfrac{\alpha}{1-\alpha}$，将其代入中间产品生产技术方程得：$K_{j,t} = \dfrac{y_{j,t}}{\varepsilon_t^a}\left[\dfrac{(1-\alpha) r_t}{\alpha W_t}\right]^{\alpha-1}$，$L_{j,t} = \dfrac{y_{j,t}}{\varepsilon_t^a}\left[\dfrac{(1-\alpha) r_t}{\alpha W_t}\right]^\alpha$

于是总成本为：$TC_{j,t} = \dfrac{y_{j,t}}{\varepsilon_t^a}(1-\alpha)^{\alpha-1}(\alpha)^{-\alpha}(W_t)^{1-\alpha}(r_t)^\alpha$，求导后得到边际成本方程：

$$MC_{j,t} = \frac{\partial TC_{j,t}}{\partial y_{j,t}} = \frac{1}{\varepsilon_t^a}(1-\alpha)^{\alpha-1}(\alpha)^{-\alpha}(W_t)^{1-\alpha}(r_t)^\alpha$$

同样地，假定中间品企业采用 calvo 规则来制定价格，即每一期有 $1 - \xi_p$ 比例的企业被随机地选中可以最优的设定其价格水平 $p_{j,t}^*$，剩下的企业按照如下方式来设定其价格 $p_{j,t} = \left(\dfrac{P_{t-1}}{P_{t-2}}\right)^{\gamma_p} p_{j,t-1}$，于是中间产品企业最优价格问题可表示为：

$$\max：E_t \sum_{i=0}^\infty (\beta \xi_p)^i (p_{j,t+i}^* y_{j,t+i} - P_{t+i} TC_{j,t+i})$$

$$s.t.：y_{j,t} = \left(\frac{p_{j,t+i}^*}{P_{t+i}}\right)^{\frac{1+\lambda_p}{\lambda_p}} Y_{t+i}$$

得到一阶条件：$E_t \displaystyle\sum_{i=0}^\infty (\beta \xi_p)^i \left[y_{j,t+i} + p_{j,t+i}^* \dfrac{\partial y_{j,t+i}}{\partial p_{j,t+i}^*} - P_{t+i} MC_{j,t+i} \dfrac{\partial y_{j,t+i}}{\partial p_{j,t+i}^*}\right]$

其中：$\dfrac{\partial y_{j,t+i}}{\partial p^*_{j,t+i}} = \left(-\dfrac{1+\lambda_p}{\lambda_p} \right) \left(\dfrac{p^*_{j,t+i}}{P_{t+i}} \right)^{-\frac{1+\lambda_p}{\lambda_p}-1} \dfrac{Y_{t+i}}{P_{t+i}}$

通过求解中间品生产企业最优价格选择问题的一阶条件可以得到中间品企业的最优价格为：

$$E_t \sum_{i=0}^{\infty} \beta^i \xi_p^i \lambda_{t+1} y_{j,t+i} \left[\dfrac{p^*_{j,t}}{P_t} \left(\dfrac{P_{t+i-1}/P_{t-1}}{P_{t+i}/P_t} \right)^{\gamma_p} - (1+\lambda_{p,t+i}) MC_{j,t} \right] = 0$$

二、观测方程设定

当使用 Dynare 来估计模型时，为了使模型中的状态变量 x_t 与观测变量 x_t^{obs} 相匹配，我们必须设定特定的观测方程。在 SW（2003）模型里，状态变量与观测变量之间存在着极大的差异。比如模型中的产出（y_t）是一个稳定值，即使受到外生冲击的影响，其在一段时间的波动后最终仍回归于稳态，而观测变量（GDP）往往会因为人口增长和技术进步等因素在长期保持一定的增长趋势。因此，我们有必要设定观测方程来解决这一问题。在 Dynare 中加入观测方程分具体可分为以下四步：（1）在表述外生变量的 var 命令后加入所使用的观测变量 x_t^{obs}；（2）在表述模型部分的 model 命令后加入所设定的观测方程；（3）加入 varobs 命令并在其后输入所有的观测变量，也就是用该命令区分哪些变量为观测变量；（4）正确的命名观测变量文件，并用 estimation 命令里的 datafile 选项将观测变量引入模型的估计。

首先，对于本章所使用季度数据来说，其有观测变量有五个，即总产出 y_t^{obs}、社会消费品零售额 c_t^{obs}、固定资产投资 i_t^{obs}、利率 R_t^{obs} 和通胀率 π_t^{obs}。由于对于不同性质的观测变量，其观测方程有所不同，因此我们有必要对以上五个观测变量做一个简单的区分：对于总产出 y_t^{obs}、社会消费品零售额 c_t^{obs} 和固定资产投资 i_t^{obs} 三个观测变量而言，其属于趋势变量，即其长期的波动具有一定的增长趋势；对于利率 R_t^{obs} 和通胀率 π_t^{obs} 而言，因其在政策调控下总是围绕着某一目标值上下波动，因此属于稳态变量。稳态变量的观测方程设定相对较为简单，在对原始数据进行一系列处理之后（具体的数据处理过程参见正文，下同），可将利率 R_t^{obs} 和通胀率 π_t^{obs} 的观测方程分别设定为：$R_t^{obs} = R_t$；$\pi_t^{obs} = \pi_t$。而对于总

产出 y_t^{obs}、社会消费品零售额 c_t^{obs} 和固定资产投资 i_t^{obs} 三个观测变量，为消除数据中的增长趋势，国内外学者的一般做法是使用增长率数据。而对应本章来讲，因本章模型经对数线性化处理，相应地对这三个观测变量的数据处理过程中会进行对数差分处理。因此观测方程分别设定为：$y_t^{obs} = y_t - y_{t-1}$；$c_t^{obs} = c_t - c_{t-1}$；$i_t^{obs} = i_t - i_{t-1}$。

首先对于本章所使用混频数据来说，总产出 y_t^{obs}、利率 R_t^{obs} 和通胀率 π_t^{obs} 均为季度数据，因此其观测方程设定与上文相同。而年度支出法消费 $C_{year,t}^{obs}$ 和年度支出法投资 $I_{year,t}^{obs}$ 两组观测变量观测方程的设定下面将进一步介绍，首先年度数据与季度数据的关系分别为：

$$C_{year1} = C_{q1} + C_{q2} + C_{q3} + C_{q4} \tag{5.35}$$

$$I_{year1} = I_{q1} + I_{q2} + I_{q3} + I_{q4} \tag{5.36}$$

鉴于对年度支出法消费 $C_{year,t}^{obs}$ 和年度支出法投资 $I_{year,t}^{obs}$ 的处理方法相同，下面我们仅对年度支出法消费 $C_{year,t}^{obs}$ 的观测方程设定过程进行介绍。首先对（5.35）式两边同时进行对数线性化处理得到：

$$\bar{C}_{year}\hat{C}_{year1} = \bar{C}_q\hat{C}_{q1} + \bar{C}_q\hat{C}_{q2} + \bar{C}_q\hat{C}_{q3} + \bar{C}_q\hat{C}_{q4} \tag{5.37}$$

而在稳态下，$\bar{C}_{year} = 4\bar{C}_q$，因此式（5.37）可以转化为：

$$\hat{C}_{year1} = \frac{1}{4}(\hat{C}_{q1} + \hat{C}_{q2} + \hat{C}_{q3} + \hat{C}_{q4}) \tag{5.38}$$

进一步的我们在进行数据处理时，为消除数据中的增长趋势进行了差分处理，因此有：

$$C_{year,t}^{obs} = C_{year,t} - C_{year,t-1} \tag{5.39}$$

结合式（5.38）和式（5.39），我们将年度支出法消费数据 $C_{year,t}^{obs}$ 的观测方程设定为：

$$C_{year,t}^{obs} = \frac{1}{4}(C_{t-3} + C_{t-2} + C_{t-1} + C_t) - \frac{1}{4}(C_{t-7} + C_{t-6} + C_{t-5} + C_{t-4})$$

同样，我们将年度支出法投资数据 $I_{year,t}^{obs}$ 的观测方程设定为：

$$I_{year,t}^{obs} = \frac{1}{4}(I_{t-3} + I_{t-2} + I_{t-1} + I_t) - \frac{1}{4}(I_{t-7} + I_{t-6} + I_{t-5} + I_{t-4})$$

三、所有冲击包含预期冲击下模型的方差分解结果

附表 5-1　　所有冲击包含预期冲击下模型的方差分解结果（季度数据）

单位：%

	政府支出冲击	消费偏好冲击	投资冲击	生产率冲击	利率冲击	价格加成冲击	劳动供给冲击	工资加成冲击
				非预期冲击				
消费	0.03 (0.00　0.08)	0.09 (0.03　0.17)	96.33 (92.01　98.25)	0.06 (0.01　0.10)	3.11 (2.87　3.94)	0.04 (0.01　0.08)	0.00 (0.00　0.00)	0.00 (0.00　0.00)
投资	0.89 (0.64　1.06)	0.07 (0.00　0.14)	91.23 (88.76　94.17)	2.73 (2.07　3.55)	2.93 (2.11　4.04)	0.24 (0.11　0.47)	0.00 (0.00　0.00)	0.00 (0.00　0.00)
产出	0.93 (0.65　1.73)	0.11 (0.04　0.31)	91.19 (86.54　93.99)	2.28 (1.67　3.95)	3.47 (2.08　5.88)	0.20 (0.04　0.51)	0.00 (0.00　0.00)	0.00 (0.00　0.00)

注：括号内表示 10% 和 90% 置信度下的方差分解结果。

附表 5 - 2　所有冲击包含预期冲击下模型的方差分解结果（季度数据）

单位：%

	投资预期冲击	技术预期冲击	货币政策预期冲击	消费偏好预期冲击	劳动供给预期冲击	政府支出预期冲击	工资加成预期冲击	价格加成预期冲击
				预期冲击				
消费	0.02 (0.00 0.06)	0.08 (0.02 0.13)	NA	0.05 (0.01 0.10)	0.16 (0.09 0.31)	0.00 (0.00 0.00)	0.00 (0.00 0.00)	0.00 (0.00 0.00)
投资	0.06 (0.02 0.10)	0.07 (0.01 0.14)	NA	1.21 (1.06 1.98)	0.16 (0.09 0.22)	0.00 (0.00 0.00)	0.00 (0.00 0.00)	0.00 (0.00 0.00)
产出	0.13 (0.06 0.42)	0.10 (0.03 0.36)	NA	1.38 (1.02 2.41)	0.17 (0.10 0.33)	0.00 (0.00 0.00)	0.00 (0.00 0.00)	0.00 (0.00 0.00)

注：括号内表示10%和90%置信度下的方差分解结果；本章未考虑政策预期冲击。

附表 5 - 3　所有冲击包含预期冲击下模型的方差分解结果（混频数据）

单位：%

	政府支出冲击	消费偏好冲击	投资冲击	生产率冲击	利率冲击	价格加成冲击	劳动供给冲击	工资加成冲击
				非预期冲击				
消费	18.17 (16.32 20.11)	0.22 (0.09 0.56)	27.88 (24.72 32.14)	51.56 (45.89 57.64)	0.09 (0.00 0.21)	0.02 (0.00 0.09)	0.00 (0.00 0.00)	0.00 (0.00 0.00)
投资	67.55 (60.43 71.27)	0.02 (0.00 0.07)	0.07 (0.01 0.14)	31.39 (27.45 34.98)	0.01 (0.00 0.05)	0.00 (0.00 0.00)	0.00 (0.00 0.00)	0.00 (0.00 0.00)
产出	50.52 (45.62 54.33)	0.02 (0.00 0.06)	6.52 (4.66 9.04)	41.83 (38.73 46.19)	0.01 (0.00 0.04)	0.00 (0.00 0.00)	0.00 (0.00 0.00)	0.00 (0.00 0.00)

注：括号内表示10%和90%置信度下的方差分解结果。

附表 5 - 4　　所有冲击包含预期冲击下模型的方差分解结果（混频数据）

单位：%

	预期冲击							
	投资预期冲击	技术预期冲击	货币政策预期冲击	消费偏好预期冲击	劳动供给预期冲击	政府支出预期冲击	工资加成预期冲击	价格加成预期冲击
消费	0.27 (0.08 0.48)	0.25 (0.14 0.51)	NA	1.35 (0.88 2.53)	0.02 (0.00 0.08)	0.19 (0.07 0.68)	0.00 (0.00 0.00)	0.00 (0.00 0.00)
投资	0.06 (0.01 0.12)	0.01 (0.00 0.00)	NA	0.85 (0.37 0.99)	0.00 (0.00 0.00)	0.03 (0.00 0.09)	0.00 (0.00 0.00)	0.00 (0.00 0.00)
产出	0.12 (0.03 0.22)	0.02 (0.00 0.09)	NA	0.94 (0.26 1.38)	0.00 (0.00 0.00)	0.02 (0.00 0.08)	0.00 (0.00 0.00)	0.00 (0.00 0.00)

注：括号内表示 10% 和 90% 置信度下的方差分解结果；本章未考虑政策预期冲击。

第六章
预期冲击、货币政策与中国
宏观经济波动

自金融危机爆发以来，全球经济持续低迷，我国宏观经济也受到了严重的冲击。在进行了一系列的调整后，我国经济发展逐渐步入新常态，经济发展面临严峻的下行调整的压力。2016年我国国内生产总值与上年相比，增速仅为6.7%，增速探底、消费低迷、资金外流的基本局势已经形成。在新常态背景下，我国经济正处于结构性调整和转型的关键时期，为了促使经济继续保持平稳增长，央行连续多次运用货币政策工具对宏观经济进行调节，自2014年11月以来，中国人民银行多次下调存贷款基准利率，通过价格工具引导市场利率下行，从而提升市场融资需求，进一步促进投资和消费等实体经济活动。与此同时，央行也综合利用公开市场操作、金融机构存款准备金率以及常备借贷便利等货币政策工具组合对宏观经济进行调控，因此现阶段我国货币政策规则呈现出一些新的特点，对货币政策规则理论的研究再次成为学者们研究的热点。为了进一步分析货币政策规则在我国的适用性，降低货币政策实施效果的不确定性，从而提升货币政策对宏观经济的调控能力，本章将基于新凯恩斯动态随机一般均衡模型对我国货币政策的适用性进行研究，探求数量型货币政策规则和价格型货币政策规则在当前经济背景下的实施效果，为我国未来一段时间货币政策工具的选择和政策制定提供一定的理论参考和实践指导。

当前，随着经济和社会的发展，国内外形势正在发生深刻复杂变化，我国宏观经济面临的不确定性和潜在风险逐渐上升。党的十九大报告强调，健全货币政策和宏观审慎政策双支柱调控框架。因此，我国货币当局也越来越重视货币政策预期管理，运用预期管理来平滑经济波动，进而维持宏观经济的稳定运行。

然而，要评估预期冲击对宏观经济波动的影响并不十分容易。由于传统的动态随机一般均衡模型分析框架，在进行政策分析时通常假定货币政策冲击是不可提前预料的冲击，经济行为人只能在政策实施当期对政策变化进行反应，因此，货币政策的效果直接来源于未预期货币政策冲击。明显地，这一分析框架忽略了一个重要事实：经济主体在政策实施前，可以通过各种渠道获得政策实施的相关信息，而这些有关未来货币政策实施的消息会在一定程度上形成公众预期并改变主体的经济行为，从而影响整个宏观经济。因此，将货币政策冲击分为预期和未预期冲击两部分，对于考察货币政策对宏观经济波动的影响是十分必要的。

本章试图探究的问题是，在当前新的宏观经济背景下，数量型货币政策规则和价格型货币政策规则在我国的适用性情况以及关于货币政策的预期冲击是否会对宏观经济产生重要影响。本章从微观主体行为出发，构建了一个基于DSGE框架的经济周期模型，并在此基础上通过贝叶斯估计方法来估计模型，探求数量型货币政策模型和价格型货币政策模型的表现效果，并进而分析货币政策预期冲击对宏观经济的重要影响及其作用机制。在当前我国货币政策转型的关键时期，该问题的分析方法和研究结论具有重要的现实意义。

本章的研究结论表明：（1）在价格型货币政策框架下，经济主体预期行为的最优期限为提前4个季度；在数量型货币政策框架下，经济主体预期行为的最优期限为提前3个季度；（2）区分预期与未预期货币政策冲击的DSGE模型要明显优于未包含预期冲击的模型；（3）同时包含预期与未预期货币政策冲击模型估计结果显示，考虑预期因素后，货币政策对宏观经济的影响效果增强；（4）对于调控宏观经济，两类货币政策冲击的作用效果都较为明显，尤其是在对产出、投资、通胀的调控上，预期货币政策冲击比未预期货币政策冲击更为有效；（5）相比于数量型货币政策调控，价格型货币政策在短期内实施效果更具有效性，符合我国货币政策实施的连续性需求和预调微调的调控模式。

因此，中央银行应合理实行前瞻性指引，引导公众形成可预期的货币政策环境，从而维持宏观经济的稳定运行。另外，我国在现阶段应该继续以数量型工具为主，并逐渐向价格型货币政策工具规则进行转型，从而合理发挥我国货币政策调控宏观经济的职能。

第一节　基　本　模　型

本节结合中国经济特点，在新凯恩斯框架下，构建了一个小型DSGE模型。随着宏观经济学的发展，国内使用DSGE模型进行宏观经济研究的文献越来越多。早期的学者一般都基于竞争性市场的假设，建立RBC模型，这类模型所包含的价格自由调整的假设，在一定程度上与我国转型期的实际经济特点不完全吻合。随后，一些学者发现考虑价格粘性的标准新凯恩斯模型比 RBC 模型更能描述中国经济特点。因此，本章节以同时具备 RBC 模型和传统新凯恩斯模型特征的货币 DSGE 模型为基础，并结合模型设定（Smets and Wouters，2003；2007），在模型中引入大量名义和实际摩擦，如投资调整成本、可变资本利用率和工资、价格粘性、部分指数化定价方式、固定成本等。另外，模型中引入了大量的冲击，包括技术冲击、偏好冲击、劳动供给冲击、投资冲击、成本冲击（即价格加成冲击、工资加成冲击和外部融资成本冲击）、政府支出冲击和货币政策冲击（即利率冲击或者货币供给冲击）。不同之处在于，我们在货币政策规则中引入了预期因素，将货币当局的行为方程中货币政策冲击划分为了未预期冲击与预期冲击两部分。

模型包含家庭、企业和政府三个部门。其中代表性家庭的目标是最大化其跨期期望效用，厂商分为中间品生产商和最终品生产商两种类型，政府负责制定财政政策并根据货币政策规则实施货币政策，并维持预算平衡。

具体而言，经济中存在一个连续统且测度为 1 的家庭，假定家庭是同质的且具有无限期寿命。由于家庭提供差异化的劳动，因此是劳动力市场中的垄断供给者，其目标是通过选择当期的消费、劳动、投资、债券持有量以及货币存量以最大化其期望效用函数。家庭通过向企业提供差异化劳动和出租资本来获取收入。家庭拥有经济中的初始资本存量，每期把资本租给企业以获得租金，并且通过投资来积累新资本，或者通过改变资本利用率来扩大自己的资本存量。由于家庭是劳动力的垄断供给者，所以家庭是劳动力市场的价格制定者。假设家庭采用 Calvo（1983）型的工资设定方式，每一期有比例为 $1 - \xi_w$ 的家庭被随机地被选中可以最优地设定其工资水平，剩下的家庭则按照经验法则设定其工资，无法最优设定工资的家庭选择部分指数化过去的通货膨胀。

中间品生产商向家庭雇佣差异化劳动，使用资本品生产差异化的中间品。同时，我们假定中间产品企业采用柯布道格拉斯生产函数。中间品生产企业生产差异化的商品，因此中间品市场是垄断竞争市场，中间品厂商对其产品具有一定的定价能力。同样地，我们也假设中间品生产企业采用卡尔沃（Calvo，1983）型的价格设定方式，每一期有比例为 $1 - \xi_p$ 的中间品生产商被随机选中以最优化设定其价格水平，剩下的不能最优定价的企业则按照经验法则设定其价格，无法最优定价的企业选择部分指数化过去的通货膨胀。

最终产品市场是完全竞争的，最终产品用于消费和投资。最终品生产企业用差异化的中间产品生产最终品。最终品生产企业的目标是选择中间品，最大化其利润。

政府制定财政政策并负责实施货币政策，政府的目标是维持预算平衡。

现阶段，中国货币当局综合运用数量型和价格型货币政策工具，因此，数量型工具和价格型工具都可以用来表征我国货币政策。我们假设货币当局采用的货币政策规则具体形式如下：

（1）价格型规则（Taylor rule）：

$$\hat{R}_t = \lambda_1 \hat{R}_{t-1} + (1 - \lambda_1)\left[\lambda_2(E_t\hat{\pi}_{t+1} - \hat{\pi}_t) + \lambda_3\hat{\pi}_t + \lambda_4\hat{Y}_t\right] + \varepsilon_{R,t}$$

泰勒规则表征了利率对产出缺口、通胀以及预期通货膨胀变动的反应。这里，R_t 代表名义利率，实践中一般用短期利率来衡量，例如 7 天银行间同业拆借利率；λ_1 表示利率平滑系数，平滑系数越高表示货币政策的连续性越强；$E_t\pi_{t+1}$ 表示预期通货膨胀，表明了货币当局对通货膨胀的前瞻性考量；Y_t 表示产出缺口，是对实际产出与潜在产出之间差异的度量；$\varepsilon_{R,t}$ 表示货币政策（利率）冲击，我们假设其服从一阶自回归过程：

$$\varepsilon_{R,t} = \rho_R \varepsilon_{R,t-1} + \eta_{R,t}$$

$$\eta_{R,t} = \eta_{R,t}^0 + \sum_{h=1}^{H} \eta_{R,t-h}^h, \quad \sum_{h=1}^{H} = \eta_{R,t-h}^h = \eta_{R,t-1}^h + \cdots + \eta_{R,t-H}^H (h = 1, \cdots, H)$$

这里，ρ_R 表示货币政策持续性参数，我们允许货币政策（利率）冲击的扰动项 $\eta_{R,t}$ 包含未预期部分 $\eta_{R,t}^0$ 以及预期部分 $\eta_{R,t-h}^h$，其中 h 表示提前预测到未来货币政策冲击的期数（季度）。若不包含预期成分 $\sum_{h=1}^{H}\eta_{R,t-h}^h$，则即为传统泰勒规则形式。

（2）数量型法则（Mccallum rule）：

$$\hat{m}_t = \sigma_c \sigma_m^{-1} (1 - h)^{-1} (\hat{C}_t - h\hat{C}_{t-1}) - \sigma_m^{-1}(\bar{R} - 1)\hat{R}_t$$

$$\hat{m}_t = \hat{m}_{t-1} - \hat{\pi}_t + \hat{v}_t$$

$$\hat{v}_t = \rho_v \hat{v}_{t-1} + \xi_1 E_t\hat{\pi}_{t+1} + \xi_2\hat{Y}_t + \varepsilon_{M,t}$$

麦克勒姆法则描述了货币供给增长率对预期通货膨胀和产出缺口的反应。这里，第一个方程表示货币需求方程。第二个方程表示货币供给方程。m_t 表示实际货币余额，v_t 表示货币供给增长率。ρ_v 表示货币供给增长率平滑系数，该值越大，表明货币政策实施的连续性越强。$E_t\pi_{t+1}$ 表示预期通货膨胀，表明了货币当局对通货膨胀的前瞻性考量。$\hat{Y}_t$ 表示产出缺口。$\varepsilon_{M,t}$ 表示货币政策（货币供给）冲击，我们同样假设其服从一阶自回归过程：

$$\varepsilon_{M,t} = \rho_M \varepsilon_{M,t-1} + \eta_{M,t}$$

$$\eta_{M,t} = \eta_{M,t}^0 + \sum_{h=1}^{H} \eta_{M,t-h}^h, \quad \sum_{h=1}^{H} \eta_{M,t-h}^h = \eta_{M,t-1}^1 + \cdots + \eta_{M,t-H}^H (h = 1, \cdots, H)$$

这里，ρ_M 表示货币政策持续性参数，我们允许货币政策（货币供给）冲击的扰动项 $\eta_{M,t}$ 包含未预期部分 $\eta_{M,t}^0$ 以及预期部分 $\eta_{M,t-h}^h$，其中 h 表示提前预测到未来货币政策冲击的期数（季度）。若不包含预期成分 $\sum_{h=1}^{H} \eta_{M,t-h}^h$，则即为传统麦克勒姆法则形式。

具体而言，$\eta_{R,t-h}^h$、$\eta_{M,t-h}^h (h = 1, \cdots, H)$ 分别表示在 $t - h$ 期看，h 期以后变量 $\varepsilon_{R,t}$、$\varepsilon_{M,t}$ 中可预期的部分，即经济行为人在 $t - h$ 期就已经获得的在未来时期 t 才会实现的货币政策信息，它属于经济行为人第 $t - h$ 的信息集，但只有在第 t 期才会对变量 $\varepsilon_{R,t}$、$\varepsilon_{M,t}$ 的水平造成实际影响，H 表示可以提前预测的最大期数。$\eta_{R,t-h}^h$、$\eta_{M,t-h}^h$ 为独立的基础白噪声，意味着 $\eta_{R,t}$、$\eta_{M,t}$ 的非条件期望为 0，而且是序列不相关的。

第二节　参数估计及动态分析

一、数据说明

本章节使用我国主要宏观经济变量的季度数据进行参数估计，数据的时间跨度为 1998 年第二季度至 2017 年第一季度。为了与模型中的变量相匹配，我们对相关数据进行季节性调整、HP 滤波以及求增长率取对数等相关处理。原始数据来源于：中国国家统计局官方网站、中国人民银行网站、万得数据库。根据模型中相关变量的设定，本章所使用的数据包括：名义 GDP、消费、投资、利率、货币供应量、价格指数。另外，模型中的变量均对应人均数据，而我们所获得的数据均为总量数据，由于我国人口数据的统计并不十分精确，考虑到近些年来我国人口数据变化不大的现实情况，本章采用总量数据并将可观测变量用其增长率数据进行替换。

数据的具体调整过程如下：

价格指数采用消费者价格指数来表示，其中消费者价格指数分为环比消费者价格指数和同比消费者价格指数，为了数据的可比性，我们将消费者同比价格指数转化为定基比序列，然后利用其对名义 GDP 进行缩减，得到产出的实际值。由于数据的可得性，本章采用社会商品零售总额作为消费的近似替代变量，由于商品零售价格指数与消费者价格指数较为接近，故采用消费价格指数作为商品零售价格指数的替代值对社会商品零售总额进行缩减，得到消费的实际值。投资采用固定资产投资完成额表示，并同样使用消费者价格指数对其进行缩减得到实际投资。通货膨胀变量由消费者价格指数计算得到。上述数据是季度频率数据，往往会呈现出季节性特点，为了剔除这些季节性因素，我们采用 Census—x12 方法对以上数据进行季节调整，然后进行求增长率取对数处理，最后进行 HP 滤波转化为可观测变量数据。

货币供应量采用季度的 M2 指标进行表示，并用消费者价格指数对其进行缩减得到实际值。另外，由于货币 M2 没有明显的季节性，因此不做季节调整，直接对其求增长率取对数，并进行 HP 滤波去趋势处理。

名义利率采用基本能够反映市场上的资金供求关系及央行货币政策松紧变化的指标 7 天银行间同业拆借利率来表征，由于利率也没有明显的季节性，因此我们同样不需要对其进行季节调整，直接进行求增长率取对数以及 HP 滤波处理转化为可观测变量数据。

二、参数先验分布

本章节通过归纳整理现有研究文献中的相关参数值的设定，结合我国宏观经济变量季度数据的具体特征，对模型的结构性参数值进行校准和估计。DSGE 模型参数通常可以分为两类：一类是表示模型变量稳态关系的行为参数，通常由校准方法获得；另一类是表示模型变量间动态关系的行为参数，通常采用基于完全信息的贝叶斯计量方法进行估计。

参数校准值及待估参数的先验分布见表6-1。

表6-1　　　　　　　　　　参数先验分布

	说明	先验分布类型	先验均值	先验标准差
家庭部门参数	主观贴现因子	校准	0.98	
	消费习惯形成参数	校准	0.6	
	劳动供给弹性的倒数	校准	3	
	居民的风险厌恶系数	校准	1.2	
	货币需求弹性	校准	3.13	
	家庭偏好冲击的自回归系数	beta	0.5	0.1
	家庭偏好冲击的标准差	Inv. Gamma	0.1	Inf.
	劳动供给冲击的自回归系数	beta	0.5	0.1
	劳动供给冲击的标准差	Inv. Gamma	2	Inf.
	货币需求冲击的自回归系数	beta	0.5	0.1
	货币需求冲击的标准差	Inv. Gamma	2	Inf.
	投资边际效率冲击自回归系数	beta	0.5	0.1
	投资边际效率冲击标准差	Inv. Gamma	2	Inf.
	工资加成	校准	0.05	0.1
	工资加成冲击标准差	Inv. Gamma	2	Inf.
厂商部门参数	资本的折旧率参数	校准	0.025	
	价格指数化程度	校准	0.16	
	资本份额	校准	0.6	
	工资指数化程度	校准	0.35	
	价格粘性	beta	0.8	0.1
	工资粘性	beta	0.6	0.1
	技术冲击自回归系数	beta	0.8	0.1
	技术冲击标准差	Inv. Gamma	5	Inf.
	价格加成	校准	0.2	
	价格加成冲击标准差	Inv. Gamma	2	Inf.
政府部门参数	政府支出冲击自回归系数	校准	0.5	
	政府支出冲击标准差	Inv. Gamma	2	Inf.

续表

	说明	先验分布类型	先验均值	先验标准差
价格型 规则参数	利率平滑参数	beta	0.8	0.1
	预期通胀系数	normal	2.6	0.1
	通胀系数	normal	3	0.1
	产出缺口系数	normal	0.6	0.1
	货币冲击的自回归系数	beta	0.51	0.1
	货币冲击的标准差	Inv. Gamma	3	Inf.
数量型 法则参数	货币增长率平滑系数	beta	0.8	0.1
	通胀系数	normal	1	0.1
	产出缺口系数	normal	0.5	0.1
	货币供给冲击的自回归系数	beta	0.75	0.1
	货币供给冲击的标准差	Inv. Gamma	3	Inf.

首先，我们对家庭部门的部分参数进行校准。在稳态条件下折现因子取决于利率水平，因此，根据吴化斌（2011）等人对我国季度利率数据的测定，我们将折现因子 β 的值设定为 0.98。根据庄子罐（2016）等人基于对两组参数先验分布情况分别进行考察后的结果，我们对相关参数校准值进行最优选择，具体地，我们将风险厌恶系数值 σ 设定为 1.2，将货币需求弹性值校准为 3.13。另外，由于家庭消费习惯形成参数 b 通常反映的是外部消费习惯因子，一定程度上体现了居民消费的比较效应，居民之间在进行攀比消费时，通常一方的消费额不可能在短期内迅速地达到另一方的，因此其值必须位于 0 ~ 1 之间，本章节遵循马文涛（2011）的观点，将其值设为 0.6。通过梳理现有相关文献，我们发现劳动供给弹性的倒数取值一般在 0.5 ~ 6 之间，本节遵循王君斌（2010）等人的观点，将该值设为 3。关于厂商部门的参数，龚六堂（2006）以及王文甫（2010）都将资本折旧系数设为 0.1，该值表示的年度资本折旧系数，而本章中所选取的可观测变量数据都为季度频率，因此我们将该值设定为 0.025。对于我国厂商柯布道格拉斯生产函数中资本份额的大小，大多数学者都持有不同的看法，但大体都位于 0.4 ~ 0.6 之间。我们考虑到我国逐渐从劳动密集型的生产方式向资本密集型生产方式进行转型这一现实经济情况，因此，我们将资本份额设定在 0.6。最后，由于价格加成比例和工资加成比例分别反映垄断竞争市场中

中间厂商和家庭的垄断能力，而当前我国正处于经济结构改革的关键时期，一方面，大量劳动人口向城市迁移，导致劳动供给充足，另一方面，劳动保障法律机制不健全，工资的定价议价渠道匮乏，从而导致工资加成比例较低。与此同时，由于我国市场经济体制还不十分完善，许多产业都处于垄断行业，价格方面具有较强的名义刚性，因此我国的价格加成比例相对较高，我们参照庄子罐（2016）等人的取值，将价格加成和工资加成分别固定在 0.2、0.05。

剩余的参数我们采用贝叶斯估计，这些参数用矩阵 Θ 表示：$\Theta = [\xi_W, \xi_P,$ $\lambda_1, \lambda_2, \lambda_3, \lambda_4, \rho_v, \rho_M, \xi_1, \xi_2, \rho_C, \rho_p, \rho_L, \rho_M, \rho_I, \rho_Z, \rho_R, \eta_C, \eta_P, \eta_L,$ $\eta_M, \eta_M^h, \eta_I, \eta_Z, \eta_R, \eta_R^h, \eta_g]$ 遵循米兰尼和崔德威尔（Fabio Milani and John Treadwell, 2009）的观点，对于值位于 0 和 1 之间的参数，我们将其先验分布类型设定为 Beta 分布；对于值严格大于 0 的参数，我们将其先验分布类型设定为 Normal 分布；对于所有的未预期和预期冲击的标准差，我们将其均设定为逆 gamma 分布，本章节相关参数先验分布均值的设定都严格服从以上假设。

三、估计结果

1. 最优预期期限选择

考虑了预期冲击下经济主体的预期行为，因此需要对模型的最优预期期限结构进行选择。参数估计结果对不同期限结构具有敏感性，给定不同的预期期限结构，贝叶斯估计的参数后验分布是不同的，因此预期期限结构的选择与贝叶斯估计是同步进行的。参考米兰尼和崔德威尔（2012），王曦等（2016）和戈麦斯等（Sandra Gomes et al., 2017）的设定，本章节将最大预期期限设定为 12 期（季），即人们最多可以提前 3 年预期到货币政策冲击的到来。具体过程为：首先通过列出各种可能的预期期限结构组合，结合参数的先验分布，分别进行贝叶斯估计，计算出不同模型的边际数据密度；然后基于边际数据密度最大化原则对最优预期期限进行选择，具体估计结果见表 6 - 2。

由表 6 - 2 中结果可以看出，无论在价格型规则下还是在数量型法则下，单期限模型比复合期限模型表现效果都要好，这是共性。这种共性表明，模型经济主体的前瞻性预期具有易逝性，预期冲击不应具有叠加效应，因此在模型选择时只需考虑单期限的预期冲击模型。在价格型规则下，当 h = 4 时模型的边际数据密度最大，说明提前 4 期的预期冲击模型表现效果最佳。因此，本章将 h = 4 的模型设定为价格型规则下包含预期冲击的基准模型，记为模型 2。同理在数量型法则下，当 h = 3 时模型的边际数据密度最大，说明提前 3 期的预期冲击模型表现效果最佳。因此，本章将 h = 3 的模型设定为数量型法则下包含预期冲击的基准模型，记为模型 4。

表 6 – 2　　　　　　不同货币政策规则下贝叶斯估计的边际数据密度

价格型规则				数量型法则			
单期限	边际数据密度	复合期限	边际数据密度	单期限	边际数据密度	复合期限	边际数据密度
h = 0	38.924	h = 1, 4	41.857509	h = 0	85.241134	h = 1, 4	74.120978
h = 1	51.472856	h = 4, 8	43.759894	h = 1	78.507061	h = 4, 8	78.011617
h = 2	51.479360	h = 1, 4, 8	34.165770	h = 2	79.347910	h = 1, 4, 8	73.714503
h = 3	52.478969	h = 4, 8, 12	37.144224	h = 3	90.998978	h = 4, 8, 12	75.884076
h = 4	63.409853	h = 1, 2	42.144557	h = 4	81.752516	h = 1, 2	74.120978
h = 5	53.195443	h = 1, 2, 3	32.643403	h = 5	81.146891	h = 1, 2, 3	67.265407
h = 6	52.319424	h = 1, 2, 3, 4	32.643403	h = 6	81.345575	h = 1, 2, 3, 4	67.196223
h = 7	52.382122			h = 7	81.207169		
h = 8	60.155876			h = 8	82.578400		
h = 9	53.677950			h = 9	82.389557		
h = 10	51.918587			h = 10	80.215398		
h = 11	52.976352			h = 11	81.660642		
h = 12	52.082290			h = 12	81.236706		

当然在不同货币政策规则下，模型估计结果存在差异性：在价格型规则下，包含预期冲击的模型（h = i；i = 1, 2, …, 12）比不包含预期冲击的模型（h = 0）表现效果好；但是在数量型法则下，不包含预期冲击的模型（h = 0）却比所有包含预期冲击的模型（h = 3 除外）表现效果都要好。这种差异性表明，预期冲击的重要性是以模型选择（价格型规则还是数量型法则）为前提。因此本章贝叶斯估计了另外两个基准模型：不包含预期冲击的价格型规则模型，记为模型

1；不包含预期冲击的数量型法则模型，记为模型 3。

2. 参数后验分布

上述模型选择的结果表明本章节将估计四个模型的参数：在价格型规则下估计模型 1 和模型 2；在数量型法则下估计模型 3 和模型 4。不同模型参数估计的后验分布见表 6-3 和表 6-4 以及图 6-1~图 6-4。

表 6-3　　　　　　　　　价格型规则下参数的后验分布

参数	参数说明	先验分布		模型 1 后验分布		模型 2 后验分布	
		先验均值	先验密度函数	后验均值	90%置信区间	后验均值	90%置信区间
ξ_w	工资粘性系数	0.6	beta	0.8063	[0.7182, 0.8952]	0.7436	[0.6497, 0.8299]
ξ_p	价格粘性系数	0.8	beta	0.9367	[0.7358, 0.9777]	0.937	[0.9307, 0.9442]
ρ_z	技术冲击自回归系数	0.8	beta	0.8666	[0.8237, 0.9107]	0.7492	[0.6876, 0.8353]
ρ_R	利率冲击自回归系数	0.5	beta	0.2397	[0.1400, 0.3385]	0.2138	[0.1416, 0.3202]
λ_1	利率平滑参数	0.75	beta	0.3728	[0.2648, 0.4788]	0.283	[0.2067, 0.3674]
λ_2	预期通胀系数	2.6	norm	2.5696	[2.4278, 2.7373]	2.573	[2.4350, 2.7392]
λ_3	通胀系数	3	norm	3.0062	[2.8343, 3.1661]	2.9979	[2.8394, 3.1134]
λ_4	产出缺口系数	0.6	norm	0.8485	[0.7358, 0.9777]	0.835	[0.6811, 0.9679]
η_z	技术冲击标准差	4	逆 gamma	1.3435	[0.7228, 1.899]	1.3201	[0.6543, 2.0792]
η_R	利率冲击标准差	3	逆 gamma	0.4776	[0.3769, 0.5653]		
η_R^0	未预期利率冲击标准差	3	逆 gamma			0.4909	[0.4022, 0.5819]
η_R^4	预期利率冲击标准差	2	逆 gamma			0.4726	[0.3398, 0.5998]

表 6-4　　　　　　　　　数量型法则下参数的后验分布

参数	参数说明	先验分布		模型 3 后验分布		模型 4 后验分布	
		先验均值	先验密度函数	后验均值	90%置信区间	后验均值	90%置信区间
ξ_w	工资粘性系数	0.6	beta	0.6463	[0.4883, 0.7756]	0.6618	[0.5363, 0.7982]
ξ_p	价格粘性系数	0.8	beta	0.9296	[0.9038, 0.9562]	0.9219	[0.8894, 0.9575]
ρ_z	技术冲击自回归系数	0.8	beta	0.6418	[0.5126, 0.7785]	0.6147	[0.4932, 0.7480]

续表

参数	参数说明	先验分布		模型 3 后验分布		模型 4 后验分布	
		先验均值	先验密度函数	后验均值	90% 置信区间	后验均值	90% 置信区间
ρ_v	货币增长率平滑系数	0.8	beta	0.6689	[0.4646, 0.8834]	0.6477	[0.4457, 0.8140]
ρ_M	货币供给冲击自回归系数	0.75	beta	0.4943	[0.3064, 0.6430]	0.4672	[0.3257, 0.6175]
ξ_1	通胀系数	1	norm	1.0254	[0.854, 1.1690]	1.0332	[0.8950, 1.2117]
ξ_2	产出缺口系数	0.5	norm	0.6361	[0.5068, 0.7690]	0.6485	[0.5130, 0.7682]
η_z	技术冲击标准差	4	逆 gamma	1.6928	[0.9497, 2.5799]	1.6253	[0.9406, 2.3402]
η_M	货币供给冲击标准差	3	逆 gamma	0.603	[0.4466, 0.7489]		
η_M^0	未预期货币供给冲击标准差	3	逆 gamma			0.5856	[0.4680, 0.7070]
η_M^3	预期货币供给冲击标准差	3	逆 gamma			0.643	[0.4566, 0.8487]

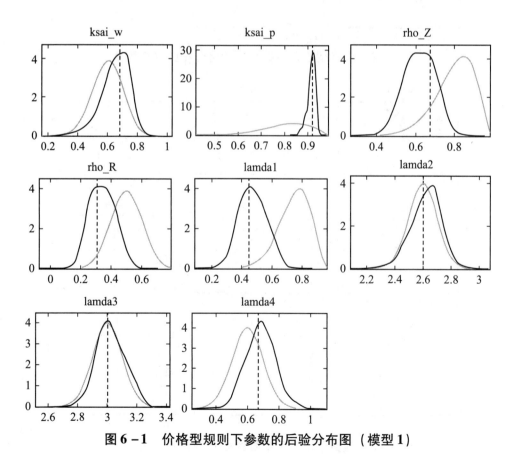

图 6-1 价格型规则下参数的后验分布图（模型 1）

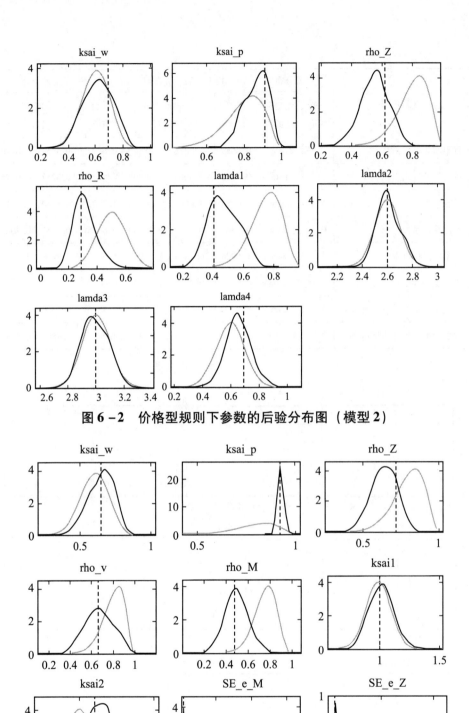

图 6 - 2　价格型规则下参数的后验分布图（模型 2）

图 6 - 3　数量型法则下参数的后验分布图（模型 3）

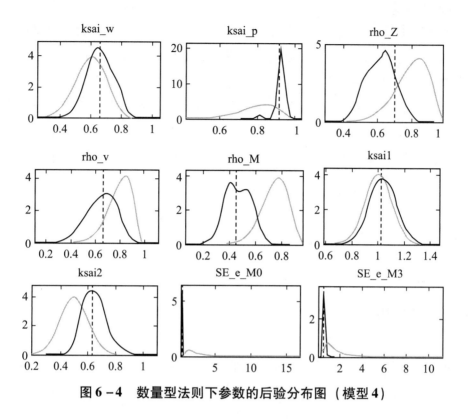

图 6 – 4 数量型法则下参数的后验分布图（模型 4）

根据参数后验分布结果，我们可以发现在不同模型下，参数后验均值存在较大差异，我们主要针对货币政策规则中相关参数进行具体分析。首先，在不包含预期因素的价格型规则下（模型 1），利率平滑参数后验均值为 0.3728，该值相对较低，这从侧面说明央行在制定货币政策时存在较大的波动性，政策实施的一致性程度较小，预期通胀系数为 2.5696，该值相对较高，说明我国货币当局越发重视预期管理，逐渐加强货币政策的前瞻性指引。另外，无论是通胀系数还是预期通胀系数，其参数后验均值都远远大于产出缺口系数，说明央行在短期内制定货币政策时更加重视盯住通货膨胀。在包含预期因素的价格型规则下（模型 2），与不包含预期货币政策冲击时相比，预期通胀系数、通胀系数以及产出缺口系数的后验均值都变动较小，而利率平滑参数下降到 0.283，说明在包含预期货币政策冲击时，央行的货币政策持续性进一步减弱，这也从侧面反映出公众预期行为会影响央行货币政策的实施。其次，在不包含预期因素的数量型法则下（模型 3），货币增长率平滑参数后验均值为 0.6689，大于价格型规则中的利率平滑参数，说明与价格型规则相比，数量型规则实施频率更高。另外，通胀系数远远大于产出缺口系数，说明与促进经济增长的政策目标相比，央行更加注重控制通货膨胀；同样地，在对包含预期因素的数量型规则（模型4）进行分析时，我们也可以得出相似的结论。同时值得注意的是，在引入预期因素后，货币增长率平滑参数略有下降，即使下降幅度的绝对值较低，但是其依旧可以反映出经济主体的预期行为对货币政策操作的影响，这与价格型规则下的结论一致。因此，货币当局在制定货币政策决策时应该充分考虑公众预期对政策实施效果的影响，加强预期管理以及前瞻性指引，同时要注重政策实施的透明性、一致性、合理性，从而引导公众形成合理的预期。

四、动态分析

本节旨在通过方差分解和脉冲响应两种动态分析方法比较不同货币政策规则对宏观经济的影响，尤其是在货币政策规则中考虑预期货币政策冲击后，分析不同规则下预期货币政策冲击是否能够对宏观经济波动产生重要影响。

1. 方差分解分析

表6-5给出了价格型规则和数量法则下不同模型（包含预期冲击的模型和不包含预期冲击的模型）中各种冲击对主要宏观经济变量波动的方差分解结果。

表6-5   不同货币政策规则下模型的方差分解结果   单位：%

价格型货币政策规则							
模型	不包含预期冲击的价格型规则（模型1）			包含预期冲击的价格型规则（模型2）				
宏观经济变量	总供给冲击	总需求冲击	货币政策冲击	总供给冲击	总需求冲击	未预期货币政策冲击	预期货币政策冲击	加总货币政策冲击
产出	93.33	1.57	5.1	71.57	4.46	8.7	15.76	24.46
消费	95.92	1.8	2.28	87.5	4.52	4.31	3.67	7.98
投资	8.76	60.18	31.06	0.49	33.21	10.14	56.16	66.3
通胀	99.79	0.18	0.03	99.01	0.44	0.06	0.49	0.55

续表

模型	数量型货币政策规则							
	不包含预期冲击的数量型规则（模型3）			包含预期冲击的数量型规则（模型4）				
宏观经济变量	总供给冲击	总需求冲击	货币政策冲击	总供给冲击	总需求冲击	未预期货币政策冲击	预期货币政策冲击	加总货币政策冲击
产出	37.43	0.89	61.69	27.37	0.76	40.91	30.97	71.88
消费	51.38	3.81	44.81	39.06	3.75	34.59	22.6	57.19
投资	32.6	1.05	66.56	23.84	0.78	38.09	37.29	75.38
通胀	89.7	0.6	9.7	78.35	0.43	8.82	12.4	21.22

由表6-5中价格型规则下各主要宏观经济变量的方差分解结果可以看出：

在未考虑预期冲击时（模型1），影响产出、消费、投资、通货膨胀等主要宏观经济变量的因素来自于实体经济冲击，尤其是总供给冲击的作用最大，而货币政策冲击对宏观经济波动的影响效果有限。具体而言，货币政策冲击对投资变动的解释程度最高，大约为31.06%，其次是产出、消费，影响程度分别为5.1%、2.28%，而对通货膨胀的影响程度相对较小。

在引入预期冲击后（模型2），实体经济冲击对产出、消费、投资、通货膨胀等主要宏观经济变量的作用相对减弱，但仍然占据主导地位，货币政策冲击对宏观经济波动的影响效果有所增强。值得注意的是，货币政策冲击对投资的影响程度上升幅度较大。总的来看，货币政策冲击对投资的波动贡献了66.3%，其次是产出、消费，解释程度分别达到24.46%、7.98%，对通货膨胀变动的解释程度虽然也有所上升，但是仍然较低，仅为0.55%。再者分项来看，相比未预期到的货币政策冲击，预期货币政策冲击对产出、通胀、投资的影响效果都更大。最后，与模型1相比，在模型2下货币政策冲击对宏观经济波动的解释力增强了。

由表6-5中数量型法则下各主要宏观经济变量的方差分解结果可以看出：

在未考虑预期冲击时（模型3），产出波动主要来自货币政策冲击，其贡献了大约61.69%，而实体经济冲击对产出波动的影响效果相对较小，总供给和总需求冲击对产出波动的贡献分别为37.43%和0.89%。消费波动主要来自总供给冲击和货币政策冲击，分别为51.38%和44.81%，总需求冲击的贡献较为微弱仅为 3.81%。另外，投资波动也主要来自货币政策冲击，贡献程度为 66.56%，因此综合来看，货币当局可以充分利用数量型货币政策工具实施有效的宏观调控。最后，通货膨胀波动的影响因素与产出、消费、投资最大区别之处在于货币政策冲击对其影响程度相对较小，仅占 9.7%，总供给冲击解释了通货膨胀的绝大部分，总需求冲击的影响可以忽略不计，仅为 0.6%。

在引入预期冲击后，货币政策冲击对宏观经济波动的影响效果总体上有所增强，尤其是对产出（71.88%）、消费（57.19%）和投资（75.38%）波动的影响效果尤其明显。而且，未预期到的货币政策冲击仍然占据重要地位，但是预期货币政策冲击的影响也不容小觑。通货膨胀的波动仍然主要来自总供给冲击，其贡献了 78.35%，但是与未预期到的货币政策冲击相比，预期货币政策冲击对通胀波动的解释程度更大，为 12.4%。因此，货币当局在调节通货膨胀的过程中要尤其注重对公众预期的引导，加强央行的前瞻性指引，以便更好发挥货币政策调控宏观经济的能力。

综合上述方差分解分析可以得出如下结论：（1）忽略预期冲击会低估货币政策的实施效果；（2）无论何种政策规则下，货币政策冲击对投资的影响最大，对通货膨胀的影响较小；（3）应该密切关注总供给冲击对宏观经济波动的影响。基于以上分析，结合我国当前政策环境的现实情况，理论模型分析的政策含义包括：第一，在现阶段，央行实施的稳健中性的货币政策强调对去杠杆的调控，从而对投资影响重大；第二，央行提高货币政策的前瞻性指引，加强预调微调和预期管理；第三，注重发挥信贷政策的结构引导作用，加强供给侧结构性改革。

2. 脉冲响应分析

本节通过对价格型货币政策规则与数量型货币政策规则的脉冲响应结果进行对比分析，从影响幅度及影响周期两方面考察了价格型规则和数量型法则下各类货币政策冲击（预期与未预期货币政策冲击）对我国主要宏观经济变量波动的影响特征，并进一步分析两种货币政策规则在我国的适用性问题（见图 6 - 5、图 6 - 6、表 6 - 6）。

图 6 - 5 上所示的不包含预期因素的货币政策的脉冲响应刻画了经济体面临一个正的利率冲击的情况下，各种宏观经济变量的波动情况。首先，从变动幅度来看，在紧缩性的货币政策作用下，消费、投资、产出、通货膨胀等主要宏

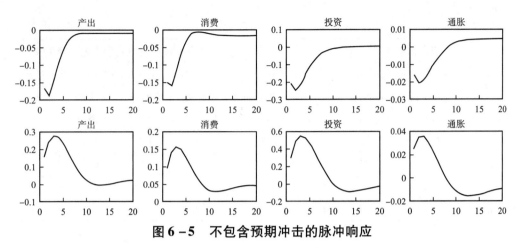

图 6-5 不包含预期冲击的脉冲响应

注：上：价格型规则、下：数量型规则。

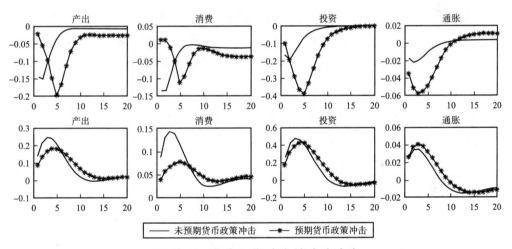

图 6-6 包含预期冲击的脉冲响应

注：上：价格型规则、下：数量型法则。

表 6-6   **不同模型下货币政策冲击的脉冲响应结果**

变量	不包含预期冲击的价格型规则（模型 1）		不包含预期冲击的数量型规则（模型 3）	
	货币政策冲击		货币政策冲击	
	最大瞬时效应	周期性效应	最大瞬时效应	周期性效应
产出	-0.1972	9 期	0.2795	15 期
消费	-0.1613	12 期	0.1584	16 期
投资	-0.2623	12 期	0.5476	15 期
通胀	-0.02216	13 期	0.03662	14 期

变量	包含预期冲击的价格型规则（模型2）				包含预期冲击的数量型规则（模型4）			
	未预期货币政策冲击		预期货币政策冲击		未预期货币政策冲击		预期货币政策冲击	
	最大瞬时效应	周期性效应	最大瞬时效应	周期性效应	最大瞬时效应	周期性效应	最大瞬时效应	周期性效应
产出	-0.1564	11期	-0.1813	13期	0.2499	15期	0.1842	15期
消费	-0.1377	13期	-0.09966	15期	0.1446	16期	0.07563	18期
投资	-0.1977	11期	-0.3619	16期	0.4738	15期	0.4272	16期
通胀	-0.05166	10期	-0.08542	12期	0.03689	14期	0.04122	14期

观经济变量都会下降，这与实际的经济理论相一致，也在一定程度上说明了货币政策对调控我国宏观经济具有较好的效果。其中，在经历一单位正的货币政策冲击后，产出会立即下降大约0.2个单位，消费大约会下降0.15个单位，投资大约下降0.2个单位，而对通货膨胀的影响幅度最小，仅仅使其下降0.02个单位。总体来看，产出、消费、投资、通胀的变动趋势较为相似，他们下降幅度都会随时间不断变小，最后逐渐回归稳态。其次，从变动周期来看，大约在9个季度以后，货币政策对产出的影响消失，产出都趋于稳态。同时，可以看到，货币政策效果对投资、消费、通胀的作用周期相对较长，大约在12个季度后才回归到稳态。

图6-5下显示了不包含预期因素的数量型货币政策规则下，当货币供应量增加一个百分点时，产出、消费、投资、通货膨胀等宏观经济变量的动态演化路径。由图可知，当货币供应量上升，会引起产出、消费、投资、通货膨胀的瞬间上升。首先从变动幅度来看，由于货币供应量上升了一个百分点，产出瞬间上升大约0.2个百分点，之后增长幅度会出现暂时性上扬，达到大约0.3个单位后逐渐下调，之后逐渐收敛于一个略高于稳态值的水平之上。相比产出，消费的波动幅度有所减弱，最高达到0.15个单位。另外，值得注意的是，相比价格型货币政策，数量型货币政策对投资的影响极大，最高达到0.5个单位。最后，通货膨胀会立即上升0.03个单位。

因此，从短期来看，扩张型数量型货币政策的瞬间冲击会导致产出的瞬间上升；从中期来看，这种增长趋势会逐渐减弱；从长期来看，扩张型货币供应量政策的瞬间冲击会导致产出最终收敛于略高于稳态值的水平之上。再来看消费和投资的动态变化，在扩张型货币供应量政策的瞬间冲击下，消费和投资的变趋势较为相似。两者先上升，在达到一个正向最大偏离后，随后上升幅度逐渐下降，最终渐渐达到略高于稳态值的水平之上。但值得注意的是，投资的变动幅度大大高于消费的变动幅度，由此可见，投资对货币供应量的货币政策冲击的敏感性较大，货币供应量的变动会引起投资的较大幅度变动。这是由于货币供应量的增加使得资本更具有投资价值，进而使得经济中的投资额增加，投资的增加进一步地带动了经济体中产出的提高。这也从一个侧面说明，在拉动经济增长的过程中，投资占据主导地位。另外，由图可知，货币供应量瞬时冲击导致了通货膨胀上升，这是由于经济不断升温，劳动力和资产价格上升，生产要素价格的上升推动了通货膨胀的进一步上升。而从中期来看，通货膨胀会逐渐下降，长期来看，逐渐趋向于稳态水平。

其次，从变动周期来看，产出、消费、投资和通胀均在14期以后才逐渐回归到稳态。

最后，通过比较价格型和数量型货币政策规则，我们可以得出如下结论：（1）从影响幅度来看，相比于价格型货币政策规则，数量型货币政策规则对宏观经济的影响程度更大；（2）从影响周期来看，价格型货币政策规则短期内有效，而数量型货币政策对宏观经济的影响效果较为持久。

根据图6-6的脉冲响应结果可以看出，在价格型规则下，在模型中加入预期因素后，未预期部分的货币政策冲击对各宏观经济变量的影响特征大体没有发生变化，而预期部分的货币政策冲击对宏观经济的影响和未预期冲击相比存在较大差别。从变动趋势来看，预期货币政策冲击对产出、消费、投资、通胀等主要宏观经济变量都具有震荡效应，即在正的货币政策冲击来临的初期，各变量都先呈现出下降趋势逐渐增强，而后渐渐减弱的特点。因此，预期货币政策冲击能够在一定程度上影响宏观经济波动。

在数量型法则下，可以看出，在模型中加入预期因素后，未预期部分的货币政策冲击对各宏观经济变量的影响特征大体没有发生变化，而预期部分的货币政策冲击对宏观经济的影响和未预期冲击相比存在较大异同。首先，从变动趋势来看，预期货币政策冲击对消费、投资、产出、就业等主要宏观经济变量都具有瞬时效应，即货币供应量的1%的变动都会引起各主要宏观经济变量的立即反应，并且变动的周期性也大体相似；其次，从变动幅度来看，在考虑预期因素后，预期货币政策冲击下产出、消费的波动幅度有所减弱。但总体来看，加入预期因素后，数量型货币政策对宏观经济的调控能力有所增强。

通过对比可以看出，首先，从各主要宏观经济变量的变动幅度来看，在数量型货币政策规则模型框架下，货币供应量每上升一个百分点，各主要宏观经济变量的变动存在一定的滞后效应，随后会造成产出立即上升大约0.25个百分点，消费立即上升0.15个百分点，投资立即上升大约0.5个百分点。而在价格型货币政策规则框架下，利率每变动一个百分点，会造成产出变动大约0.15个百分点，消费变动大约0.1个百分点，投资变动大约0.3个百分点，这说明较之于价格型货币政策规则，数量型货币政策规则对产出、消费、投资的影响程度更大。另外，从通货膨胀的反应情况来看，与产出、消费、投资不同，在价格型货币政策规则下，其波动幅度更为剧烈，说明价格型货币政策对通货膨胀的调控效果更为明显。但是，无论是以利率调控为主的价格型货币政策还是以货币供给调控为主的数量型货币政策都可以起到调控经济的作用。

其次，从各主要宏观经济变量的变动周期来看，数量型货币政策规则下，产出、消费、投资、通货膨胀均在15期以后逐渐回归稳态，而价格型货币政策规则下，各主要变量大约在10期后波动幅度就降到低位并逐渐向稳态靠近。

因此通过对比我们可以得出以下结论：（1）数量型货币政策对宏观经济的影响程度较大，政策实施效果发挥作用的周期较长；（2）价格型政策调控对宏观经济的影响强度更小，但对通货膨胀的影响相对较大，且政策效果的持续期相对较短，在短期内的调控效果更为显著。

综上所述，本章节认为产生这种不同效果的原因在于利率和货币供给对金融体系和实体经济的作用渠道存在差异性。具体而言，当中央银行降低利率以刺激经济发展时，市场信贷条件放松，进而企业融资需求显著提升，大幅激发市场投资热情，因此在扩张性政策下，投资的直接变化带动产出水平和价格水平相应提高。而当央行对货币供给进行调控时，消费者交易成本发生改变，但是考虑到由于市场消费具有跨期平滑的特点，交易成本的变化并不会使消费产生较大波动，因此数量型货币政策调控在短期内的调控效果相对较弱。与此同时，目前我国正处于经济结构的转型阶段，我国利率机制还不健全，利率的传导渠道并不完全顺畅，因此较之数量型货币政策，价格型货币政策调控在调控宏观经济的过程中的优势性还不明显。综上，我国现阶段还应采取数量型和价格型货币政策工具规则相结合的货币政策，充分发挥货币政策在调控我国宏观经济波动过程中的作用。

第三节　本 章 小 结

本章将预期机制引入我国宏观经济的分析框架中，发现货币政策预期冲击对宏观经济有重要影响，在预期冲击的影响下，货币政策实施效果与传统动态随机一般均衡模型下的实际政策冲击的效果之间具有一定差别。同时，文章通过对数量型和价格型货币政策规则进行分别研究，通过比较实证结果，发现了现阶段两种货币政策工具规则在我国的适用性，从而为我国货币当局的政策工具选择提供一定的借鉴意义。

具体而言，本章主要有以下研究结论：（1）在价格型货币政策框架下，经济主体预期行为的最优期限为提前 4 个季度；在数量型货币政策框架下，经济主体预期行为的最优期限为提前 3 个季度；（2）区分预期与未预期货币政策冲击的 DSGE 模型要明显优于未包含预期冲击的模型；（3）同时包含预期与未预期货币政策冲击模型估计结果显示，考虑预期因素后，货币政策对宏观经济的影响效果增强；（4）对于调控宏观经济，两类货币政策冲击的作用效果都较为明显，尤其是在对产出、投资、通胀的调控上，预期货币政策冲击比未预期货币政策冲击更为有效；（5）现阶段，相比于价格型货币政策调控，数量型货币政策对我国的宏观经济的影响程度更大，但是价格型货币政策在短期内更具有效性，符合我国货币政策实施的连续性需求和预调微调的调控模式。

因此，根据本章实证研究所得出的结论，对我国货币政策的宏观经济调控方式有以下政策建议：（1）央行应保持与公众的沟通和交流，通过公众的预期管理来提高货币政策的实施效果；（2）央行应该保持货币政策的连续性、平稳性和透明性，不应进行过度地、频繁的操作；（3）央行在货币政策实施过程中应该保持言行一致，从而引导公众进行合理预期，避免宏观经济的过度波动；（4）货币当局应继续维持数量型货币政策在调控宏观经济中的主体地位，同时，还应注重发挥价格型货币政策工具的调控职能,尤其是在当前央行越发重视预期管理的背景下;(5)货币当局应继续定期公布存贷款基准利率,发挥好基准利率的引导作用。此外,货币当局在政策调整过程中还要注重营造中性的货币金融环境,进一步完善中央银行利率调控体系,疏通货币政策向实体经济的传导渠道,提高货币政策传导效率,并提高金融运行效率和服务实体经济的能力,不断增强利率调控的预调和微调功能。

附录: 模型推导和求解过程

一、基本模型

本节主要构建了一个符合中国经济特点的 DSGE 模型,模型包含家庭、企业(中间产品生产商和最终产品生产商)、政府三个部门,并在模型中引入三种实际摩擦:投资调整成本、可变资本利用率和部分指数化定价方式。另外,模型中引入了多种冲击:技术冲击、偏好冲击、劳动供给冲击、投资冲击、成本冲击(价格加成冲击、工资加成冲击和外部融资成本冲击)、政府支出冲击和货币政策冲击(利率冲击或货币供给冲击)。

1. 家庭部门

(1)消费和储蓄行为。

经济中存在一个家庭的连续统一且测度为 1 的家庭,用 $\tau \in (0, 1)$ 表示。家庭提供差异化劳动,是劳动力市场上的垄断供给者。家庭的目标是最大化其一生的期望效用:

$$E_0 \sum_{t=0}^{\infty} \beta^t U_t^{\tau}$$

这里,β 代表贴现因子,并且家庭的瞬时效用函数中消费、劳动和实际货币余额是可分离的。具体形式如下:

家庭的瞬时效用函数：

$$U_t^\tau = \varepsilon_t^B\left[\frac{1}{1-\sigma_c}(C_t^\tau - H_t)^{1-\sigma_c} - \frac{\varepsilon_t^L}{1+\sigma_L}(l_t^\tau)^{1+\sigma_L} + \frac{\varepsilon_t^M}{1-\sigma_m}\left(\frac{M_t^\tau}{P_t}\right)^{1-\sigma_m}\right]$$

由函数可知，家庭的效用与消费 C_t^τ 正相关，并且消费与外部习惯形成变量 H_t 有关；家庭的效用函数与实际货币余额 M_t^τ/P_t 正相关；与劳动供给 l_t^τ 负相关。σ_c 表示居民的风险厌恶系数，也称为跨期替代弹性的倒数，σ_L 表示与实际工资相关的劳动报酬弹性的倒数；σ_m 表示与利率相关的货币需求弹性的倒数。

其中，ξ_t^B 表示家庭的偏好冲击，遵循如下过程：$\ln\xi_t^B = \rho_B\ln\xi_{t-1}^B + \eta_t^B$，$\eta_t^B \sim IIDN$ $(0,\sigma_B^2)$；ξ_t^L 表示家庭的劳动供给冲击，遵循如下过程：$\ln\xi_t^L = \rho_L\ln\xi_{t-1}^L + \eta_t^L$，$\eta_t^B \sim IIDN(0,\sigma_L^2)$；$\xi_t^M$ 表示家庭的货币需求冲击，遵循如下过程：$\ln\xi_t^M = \rho_M\ln\xi_{t-1}^M + \eta_t^M$，$\eta_t^B \sim IIDN(0,\sigma_M^2)$。

习惯形成假定为过去总消费的一定比例，具体形式如下：

$$H_t = hC_{t-1}$$

家庭在最大化其目标函数时遵循如下跨期预算约束：

$$\frac{M_t^\tau}{P_t} + b_t\frac{B_t^\tau}{P_t} = \frac{M_{t-1}^\tau}{P_t} + \frac{B_{t-1}^\tau}{P_t} + Y_t^\tau - C_t^\tau - I_t^\tau$$

居民持有金融财富的形式为：现金流 M_t 和债券 B_t。债券假设为价格为 b_t 的一期证券。当期收入和金融资产被用来消费和物理资本的投资。

家庭的总收入方程：

$$Y_t^\tau = (W_t^\tau l_t^\tau + A_t^\tau) + (r_t^K z_t^\tau K_{t-1}^\tau - \psi(Z_t^\tau)K_{t-1}^\tau) + DiVt^\tau$$

家庭的总收入由三部分组成：劳动收入和参与状态依存证券所获得净现金流之和、资本回报减去与资本利用率改变相联系的成本、来自于不完全竞争厂商的股息红利。

遵循学者（CEE，2001）的观点，我们假设状态依存证券的存在是为了确保居民能够应对其劳动收入的变化。结果表现为，居民收入的第一部分将等于总劳动收入并且不同类型居民的财富的边际效用是相等的。

出租资本所取得的收入不仅取决于上一期所配置资本的水平，而且取决于资本的利用率 z_t。假设当资本利用率为 1 时，资本利用成本为 0，即 $\psi(1)=0$。接下来对居民的每个经济行为决策进行分别考察。

（2）劳动供给和工资设定方程。

由于家庭是劳动力的垄断供给者，所以家庭是劳动力市场上的价格制定者。假定家庭采用 Calvo 型的工资设定方式：每一期有 $(1 - \xi_w)$ 比例的家庭被随机的选中可以最优的设定其工资水平 $\tilde{W}_t^\tau$，剩下的不能最优化设定其工资的家庭则按照部分指数化过去的通货膨胀来设定工资，即：

$$W_t^\tau = \left(\frac{P_{t-1}}{P_{t-2}} \right)^{\gamma_w} W_{t-1}^\tau$$

这里，γ_w 代表工资的指数化程度。当 $\gamma_w = 0$ 表示工资不进行指数化，工资将不被重新最优化制定而是保持为常数；当 $\gamma_w = 1$，表示工资由通货膨胀进行完全指数化的设定。

家庭将差异化的劳动提供给完全竞争的劳动加总企业，劳动加总企业将这些差异化的劳动组合成一种单一的有效劳动后再提供给中间品生产企业。劳动加总企业采用不变替代弹性的加总技术，定义 L_t 为 t 时期提供给中间产品企业的有效劳动，则有：

$$L_t = \left[\int_0^1 (l_t^\tau)^{\frac{1}{1+\lambda_{w,t}}} d\tau \right]^{1+\lambda_{w,t}}$$

（3）投资和资本积累。

家庭拥有经济中的初始资本存量，家庭每期把资本租给企业以获得资金。家庭通过投资（I_t）来积累新资本或者通过改变现有资本的利用率（z_t）来增加资本的供给，这两种方式的成本都是以消费品来度量。

家庭的资本积累方程为：$K_t = (1 - \delta) K_{t-1} + [1 - S(\varepsilon_t^I I_t / I_{t-1})] I_t$

这里，I_t 代表总投资，δ 代表折旧率，$S(\cdot)$ 为投资调整函数，它是关于投资变动的正相关函数，在稳态时，由于投资水平保持不变，则 $S(\cdot) = 0$。另外，根据学者（CEE，2001），我们假设在稳态附近投资调整函数的一阶导数也等于 0，从而使投资调整成本仅仅依赖于函数的二阶差分。即 $S(1) = S'(1) = 0$，$S''(1) > 0$。ε_t^I 为投资冲击，服从如下一阶自回归过程：$\ln\varepsilon_t^I = \rho_I \ln\varepsilon_{t-1}^I + \eta_t^I$。

2. 企业部门

假设一国生产唯一的最终产品，并且中间品生产商可表示为一个连续统，用 j 表示，$j \in (0, 1)$。最终品市场是完全竞争的，最终产品被用于居民的消费和投资。另外，中间产品市场是垄断竞争的，每一种中间产品有单独的厂商所生产。

（1）最终品生产企业。

最终品市场是完全竞争的，最终品用于消费和投资。最终产品生产企业用差异化的中间产品生产最终品，其生产技术为：$Y_t = \left[\int_0^1 (Y_t^j)^{1/(1+\lambda_{p,t})} dj\right]^{1+\lambda_{p,t}}$，$Y_t^j$ 表示用来生产最终产品的中间品 j 的数量。$\lambda_{p,t}$ 为成本加成冲击，服从下列过程：$\lambda_{p,t} = \lambda_p + \eta_t^P$。最终产品生产企业的目标是选择中间产品 Y_t^j，最大化其利润。

（2）中间产品生产企业。

假设中间产品生产企业的生产技术为：

$$Y_t^j = \varepsilon_t^a \tilde{K}_{j,t}^\alpha L_{j,t}^{1-\alpha} - \phi$$

ε_t^a 为生产率冲击，服从如下过程：$\ln\varepsilon_t^a = \rho_a \ln\varepsilon_{t-1}^a + \eta_{a,t}$，$\tilde{K}_{j,t}$ 为有效利用的资本存量，$\tilde{K}_{j,t} = z_t K_{j,t-1}$，$L_{j,t}$ 表示不同类型的劳动，ϕ 为固定成本。

中间品市场是垄断竞争的市场，中间品生产企业生产差异化的商品，因此对其产品有一定的定价能力。假设中间品生产企业采用 Calvo 型的价格制定方式：每一期有比例 $(1-\xi_P)$ 的中间品生产商被随机选中可以最优设定其价格水平 $(P_t^j)^*$，剩下的不能最优制定价格的企业采用如下经验法则设定其价格：$P_t^j = (\pi_{t-1})^{\gamma_P} P_{t-1}^j$。

3. 政府部门

政府维持预算平衡，其预算方程为：

$$\frac{M_t - M_{t-1}}{P_t} + \frac{B_t}{P_t} + T_t = \frac{R_t B_{t-1}}{P_t} + G_t$$

假设政府支出是一个外生的冲击过程，表示为产出的一定比例，即 $G_t = g_t \bar{Y}$，g_t 是一个随机变量，服从如下一阶自回归过程：

$$\ln(g_t) = \rho_g \ln(g_{t-1}) + \varepsilon_t^g$$

4. 市场均衡

市场均衡要求最终产品市场、要素市场（劳动市场和资本租赁市场）和资本市场（货币和债券市场）出清。

最终产品市场均衡：$Y_t = C_t + I_t + G_t + \psi(z_t) K_{t-1}$

劳动市场均衡意味着劳动需求等于劳动供给：

$$L_t = \int_0^1 L_t^j dj = \left[\int_0^1 L_t^{\tau 1/(1+\lambda_w)} d\tau\right]^{1+\lambda_w}$$

资本市场均衡意味着资本需求等于资本供给：$K_t = \int_0^1 K_t^j dj$

当货币当局采用数量型的货币政策时，货币市场均衡意味着货币需求等于货币供给：$M_t^D = M_t^S$，当货币当局采用价格型货币政策时，利率反应函数代表货币当局的政策决策。

债券市场均衡意味着政府债券由国内投资者以市场名义利率 R_t 持有。

二、模型求解过程

1. 家庭部门

（1）消费和储蓄行为。

在预算约束下，家庭选择消费、债券、货币存量来最大化其效用函数，即

$$\max E_0 \sum_{t=0}^{\infty} \beta^t \xi_t^B \Big[\frac{1}{1-\sigma_c}(C_t^\tau - H_t)^{1-\sigma_c} - \frac{\xi_t^L}{1+\sigma_L}(l_t^\tau)^{1+\sigma_L} + \frac{\xi_t^M}{1-\sigma_m}\Big(\frac{M_t^\tau}{P_t}\Big)^{1-\sigma_m} \Big]$$

$$\text{s. t } \frac{M_t^\tau}{P_t} + b_t \frac{B_t^\tau}{P_t} = \frac{M_{t-1}^\tau}{P_t} + \frac{B_{t-1}^\tau}{P_t} + Y_t^\tau - C_t^\tau - I_t^\tau$$

构造拉格朗日函数：

$$L = E_0 \sum_{t=0}^{\infty} \beta^t \Big\{ \xi_t^B \Big[\frac{1}{1-\sigma_c}(C_t^\tau - H_t)^{1-\sigma_c} - \frac{\xi_t^L}{1+\sigma_L}(l_t^\tau)^{1+\sigma_L} + \frac{\xi_t^M}{1-\sigma_m}\Big(\frac{M_t^\tau}{P_t}\Big)^{1-\sigma_m} \Big]$$

$$+ \lambda_t^1 \Big[\frac{M_{t-1}^\tau}{P_t} + \frac{B_{t-1}^\tau}{P_t} + Y_t^\tau - C_t^\tau - I_t^\tau - \frac{M_t^\tau}{P_t} - b_t \frac{B_t^\tau}{P_t} \Big] \Big\}$$

一阶均衡条件：

$$\frac{\partial L}{\partial C_t} = \xi_t^B (C_t^\tau - H_t)^{-\sigma_c} - \lambda_t^1 = 0$$

$$\frac{\partial L}{\partial B_t} = -\frac{\lambda_t^1 b_t}{P_t} + \beta E_t \frac{\lambda_{t+1}^1}{P_{t+1}} = 0$$

$$\frac{\partial L}{\partial \frac{M_t}{P_t}} = \xi_t^B \xi_t^M \Big(\frac{M_t^\tau}{P_t}\Big)^{-\sigma_m} + \beta E_t \frac{\lambda_{t+1}^1 P_t}{P_{t+1}} - \lambda_t^1 = 0$$

化简得：

消费的欧拉方程：

$$E_t \Big[\beta \frac{\lambda_{t+1}}{\lambda_t} \frac{R_t P_t}{P_{t+1}} \Big] = 1$$

这里，R_t 代表债券的总的名义回报率，表示为 $R_t = 1 + i_t = 1/b_t$，λ_t^1 代表居民消费的边际效用，具体表示如下：

$$\lambda_t^1 = \xi_t^B (C_t - H_t)^{-\sigma_c}$$

货币需求函数：

$$\varepsilon_t^M \left(\frac{M_t}{P_t} \right)^{-\sigma_m} = (C_t - H_t)^{-\sigma_c} \left(1 - \frac{1}{1 + i_t} \right)$$

可以看出，实际货币需求与消费正相关，弹性为 σ_c / σ_m。同时，与名义利率负相关。在后面的讨论中，名义利率被视作中央银行的货币政策工具。由于假设在居民效用函数中，货币余额与消费是可以分离的，因此货币需求不会进入到其他任何结构性方程中。

（2）劳动供给和工资设定方程。

劳动打包者的目标是利润最大化：

$$L = \max \left\{ w_t l_t - \int_0^1 w_t^\tau l_t^\tau d\tau \right\}$$

将上述劳动打包方程代入得其一阶条件：

$$\frac{\partial L}{\partial l_t^\tau} = w_t (1 + \lambda_{w,t}) \left[\int_0^1 (l_t^\tau)^{\frac{1}{1+\lambda_{w,t}}} d\tau \right]^{\lambda_{w,t}} \frac{1}{1 + \lambda_{w,t}} (l_t^\tau)^{\frac{-\lambda_{w,t}}{1+\lambda_{w,t}}} - w_t^\tau = 0$$

化简得：

$$l_t^\tau = \left(\frac{w_t}{w_t^\tau} \right)^{\frac{1+\lambda_{w,t}}{\lambda_{w,t}}} L_t$$

将其打入劳动打包方程得：

$$w_t = \left[\int_0^1 (w_t^\tau)^{-1/\lambda_{w,t}} d\tau \right]^{-\lambda_{w,t}}$$

所以，劳动需求函数为：

$$l_t^\tau = \left(\frac{w_t}{w_t^\tau} \right)^{\frac{1+\lambda_{w,t}}{\lambda_{w,t}}} L_t$$

另外，假设总劳动需求函数 L_t 和总名义工资 W_t 由下列方程给定：

$$L_t = \left[\int_0^1 (l_t^\tau)^{\frac{1}{1+\lambda_{w,t}}} d\tau \right]^{1+\lambda_{w,t}}$$

$$w_t = \left[\int_0^1 (w_t^\tau)^{-1/\lambda_{w,t}} d\tau \right]^{-\lambda_{w,t}}$$

在预算约束和劳动需求条件下，可以设定工资的家庭选择最优工资 $\tilde{W}_t^\tau$，以最大化其期望效用。家庭最优工资设定问题可以表述为：

$$\max_{\widetilde{w}_t^\tau} E_t \sum_{t=0}^{\infty} (\beta \xi_w)^i U_t^\tau$$

$$\text{s. t. } \frac{M_{t+i}^\tau}{P_{t+i}} + b_{t+i} \frac{B_{t+i}^\tau}{P_{t+i}} = \frac{M_{t+i-1}^\tau}{P_{t+i}} + \frac{B_{t+i-1}^\tau}{P_{t+i}} + Y_{t+i}^\tau - C_{t+i}^\tau - I_{t+i}^\tau$$

$$Y_{t+i}^\tau = (w_{t+i}^\tau L_{t+i}^\tau + A_{t+i}^\tau) + (r_{t+i}^\tau z_{t+i}^\tau K_{t+i-1}^\tau - \psi(z_{t+i}^\tau) K_{t+i-1}^\tau) + DiV_{t+i}^\tau$$

注意：资源约束方程中的工资为实际工资水平。

$$L_{t+i}^\tau = \left(\frac{W_{t+i}^\tau}{W_{t+i}} \right)^{-\frac{1+\lambda_{w,t}}{\lambda_{w,t}}} L_{t+i}$$

其中，$w_{t+i}^\tau = \left(\dfrac{P_{t+i-1}}{P_{t-1}} \right)^{\gamma_w} \widetilde{w}_t^\tau$

构造拉格朗日函数：

$$L = \max_{(W_t^\tau)^*} E_t \sum_{i=0}^{\infty} (\beta \xi_w)^i \left\{ \varepsilon_{t+i}^B \left[\frac{1}{1-\sigma_c} (C_{t+i}^\tau - hC_{t+i-1})^{1-\sigma_c} \right. \right.$$

$$- \frac{\varepsilon_t^L}{1+\sigma_l} \left(\left(\frac{\left(\frac{P_{t+i-1}}{P_{t-1}} \right)^{\gamma_w} (W_t^\tau)^*}{W_{t+i}} \right)^{-\frac{1+\lambda_{w,t+i}}{\lambda_{w,t+i}}} L_{t+i} \right)^{1+\sigma_l} + \frac{\varepsilon_{t+i}^M}{1-\sigma_m} \left(\frac{M_{t+i}^\tau}{P_{t+i}} \right)^{1-\sigma_m}$$

$$- \lambda_{t+i} \left[\left(C_{t+i}^\tau + I_{t+i}^\tau + \frac{M_{t+i}^\tau}{P_{t+i}} + \frac{B_{t+i}^\tau}{R_{t+i} P_{t+i}} \right) - \left(\frac{M_{t+i-1}^\tau}{P_{t+i}} + \frac{B_{t+i-1}^\tau}{P_{t+i}} \right. \right.$$

$$+ \left(\left(\frac{P_{t+i-1}}{P_{t-1}} \right)^{\gamma_w} (W_t^\tau)^* \left(\frac{\left(\frac{P_{t+i-1}}{P_{t-1}} \right)^{\gamma_w} (W_t^\tau)^*}{W_{t+i}} \right)^{-\frac{1+\lambda_w}{\lambda_w}} \frac{1}{P_{t+i}} L_{t+i} + A_{t+i}^\tau \right.$$

$$\left. \left. \left. \left. + r_{t+i} z_{t+i}^\tau K_{t+i-1}^\tau - \psi(z_{t+i}^\tau) K_{t+i-1}^\tau + DiV_{t+i}^\tau + T_{t+i}^\tau \right) \right] \right] \right\}$$

对 $\widetilde{W}_t^\tau$ 求一阶导数得：

$$\frac{\partial L}{\partial \widetilde{W}_t^\tau} = E_t \sum_{i=0}^{\infty} (\beta \xi_w)^i \left[\varepsilon_{t+i}^B \frac{\varepsilon_t^L (1+\lambda_{w,t+i})}{\lambda_{w,t+i}} (\widetilde{W}_t^\tau)^{-\frac{1+\lambda_{w,t+i}}{\lambda_{w,t+i}}(1+\sigma_l)-1} \left(\left(\frac{\left(\frac{P_{t+i-1}}{P_{t-1}} \right)^{\gamma_w}}{W_{t+i}} \right)^{-\frac{1+\lambda_{w,t+i}}{\lambda_{w,t+i}}} L_{t+i} \right)^{1+\sigma_l} \right.$$

$$- \lambda_{t+i} \left(\frac{P_{t+i-1}}{P_{t-1}} \right)^{\gamma_w} \left(-\frac{1}{\lambda_{w,t+i}} \right) (\widetilde{W}_t^{\tau})^{-\frac{1}{\lambda_w}-1} \left(\frac{\left(\frac{P_{t+i-1}}{P_{t-1}} \right)^{\gamma_w}}{W_{t+i}} \right)^{-\frac{1+\lambda_w}{\lambda_w}} \frac{1}{P_{t+i}} L_{t+i} \right] = 0$$

化简得家庭的最优名义工资为：

$$\frac{\widetilde{W}_t^{\tau}}{P_t} E_t \sum_{i=0}^{\infty} (\beta \xi_w)^i \left(\frac{P_{t+i-1}}{P_{t-1}} \right)^{\gamma_w} \left(\frac{P_t}{P_{t+i}} \right) \frac{U_{t+i,\tau}^C L_{t+i}^{\tau}}{\lambda_{w,t+i}} = E_t \sum_{i=0}^{\infty} (\beta \xi_w)^i \left(-\frac{1+\lambda_{w,t+i}}{\lambda_{w,t+i}} \right) U_{t+i,\tau}^L L_{t+i}^{\tau}$$

这里，$U_{t+i,\tau}^L$ 表示劳动的边际效用，$U_{t+i,\tau}^C$ 表示消费的边际效用。

上式表明：可以设定工资的家庭选择的最优工资使得劳动的边际回报的现值等于劳动的边际成本的现值的加成。当工资是完全可变时，即 $\xi_w = 0$，实际工资将是劳动的边际负效用与额外一单位消费的边际效用的比例的加成。

这里，$\lambda_{w,t}$ 为工资加成冲击，服从如下过程：$\lambda_{w,t} = \lambda_w + \eta_t^w$。

最后，将家庭的最优工资 $\widetilde{W}_t^{\tau}$ 代入加总的名义工资方程得到加总工资的运动方程：

$$(W_t)^{-1/\lambda_{w,t}} = \xi_w \left(W_{t-1} \left(\frac{P_{t-1}}{P_{t-2}} \right)^{\gamma_w} \right)^{-1/\lambda_{w,t}} + (1-\xi_w)(\widetilde{W}_t)^{-1/\lambda_{w,t}}$$

（3）投资和资本积累。

在资本积累过程和预算约束下，家庭通过选择投资、资本存量、资本利用率来最大化其期望效用，求解过程如下：

$$\max E_0 \sum_{t=0}^{\infty} \beta^t \xi_t^B \left[\frac{1}{1-\sigma_c} (C_t^z - H_t)^{1-\sigma_c} - \frac{\xi_t^L}{1+\sigma_L} (I_t^z)^{1+\sigma_L} + \frac{\xi_t^M}{1-\sigma_m} \left(\frac{M_t^{\tau}}{P_t} \right)^{1-\sigma_m} \right]$$

$$\frac{M_t^{\tau}}{P_t} + b_t \frac{B_t^{\tau}}{P_t} = \frac{M_{t-1}^{\tau}}{P_t} + \frac{B_{t-1}^{\tau}}{P_t} + Y_t^{\tau} - C_t^{\tau} - I_t^{\tau}$$

$$K_t = (1-\delta) K_{t-1} + [1 - S(\varepsilon_t^I I_t / I_{t-1})] I_t$$

$$Y_t^{\tau} = (w_t^{\tau} L_t^{\tau} + A_t^{\tau}) + (r_t^{\tau} z_t^{\tau} K_{t-1}^{\tau} - \psi(z_t^{\tau}) K_{t-1}^{\tau}) + DiV_t^{\tau}$$

构造拉格朗日函数：

$$L = \max E_0 \beta^t \varepsilon_t^B \left\{ \frac{1}{1-\sigma_C} (C_t^{\tau} - hC_{t-1})^{1-\sigma_c} - \frac{\varepsilon_t^L}{1+\sigma_L} (L_t^{\tau})^{1+\sigma_L} + \frac{\varepsilon_t^M}{1-\sigma_m} \left(\frac{M_t}{P_t} \right)^{1-\sigma_m} \right.$$

$$- \lambda_t^1 \left[C_t^{\tau} + I_t^{\tau} + \frac{M_t^{\tau}}{P_t} + \frac{B_t^{\tau}}{R_t P_t} - \left(\frac{M_{t-1}^{\tau}}{P_t} + \frac{B_{t-1}^{\tau}}{P_t} \right) + (w_t^{\tau} L_t^{\tau} + A_t^{\tau}) + r_t z_t^{\tau} K_{t-1}^{\tau} \right.$$

$$\left. - \psi(z_t^{\tau}) K_{t-1}^{\tau} + DiV_t^{\tau} \right) \Big] - \lambda_t^2 [K_t - (1-\delta) K_{t-1} - [1 - S(\varepsilon_t^I I_t / I_{t-1})] I_t] \Big\}$$

分别对 I_t、K_t、z_t^τ 求一阶导数得：

$$\frac{\partial L}{\partial I_t} = -\lambda_t^1 - \frac{\lambda_t^2\left(1 - S\left(\frac{\varepsilon_t^I I_t}{I_{t-1}}\right)\right)' \varepsilon_t^I I_t}{I_{t-1}} + \lambda_t^2\left(1 - S(\varepsilon_t^I I_t/I_{t-1})\right)$$

$$+ \beta\lambda_{t+1}^2\left(1 - S\left(\frac{\varepsilon_{t+1}^I I_{t+1}}{I_t}\right)\right)'\left(-\frac{\varepsilon_{t+1}^I I_{t+1}}{I_t^2}\right)I_{t+1} = 0$$

$$\frac{\partial L}{\partial K_t} = \beta\lambda_{t+1}^1 r_{t+1} z_{t+1} - \beta\lambda_{t+1}^1 \psi(z_{t+1}) - \lambda_t^2 + \beta\lambda_{t+1}^2(1-\delta) = 0$$

$$\frac{\partial L}{\partial z_t} = \lambda_t^1 r_t K_{t-1} - \lambda_t^1 \psi'(z_t) K_{t-1} = 0$$

令 $Q_t = \dfrac{\lambda_t^2}{\lambda_t^1}$，然后化简以上 3 个式子得：

投资方程：

$$Q_t\left[1 - S\left(\frac{\varepsilon_t^I I_t}{I_{t-1}}\right) - S'\left(\frac{\varepsilon_t^I I_t}{I_{t-1}}\right)\varepsilon_t^I I_t/I_{t-1}\right] + \beta E_t\left[Q_{t+1}\left(\frac{\lambda_{t+1}^1}{\lambda_t^1}\right)\frac{\varepsilon_{t+1}^I I_{t+1}^2}{I_t^2}S'\left(\frac{\varepsilon_{t+1}^I I_{t+1}}{I_t}\right)\right] = 1$$

托宾 Q 方程：

$$Q_t = \beta E_t \frac{\lambda_{t+1}^1}{\lambda_t^1}\left[Q_{t+1}(1-\delta) - \psi(z_{t+1}) + r_{t+1}z_{t+1}\right]$$

资本利用率方程：

$$r_t = \psi'(z_t)$$

这里，λ_t^1 为预算约束的拉格朗日乘子，$\lambda_t^1 Q_t$ 为资本积累方程的拉格朗日乘子。托宾 Q 方程所表示的含义是：所投资的资本的价值取决于考虑折旧因素后的资本的预期未来价值和资本的预期未来报酬。资本利用率的一阶条件是将更高的资本利用率和资本服务的租金成本等同。随着租金率的增加，使用资本存量的利润会越来越高，直到其边际收益等于产出的边际成本。可变资本利用的一个含义是它减少了产出变化对资本租金的影响因此，对于产出的波动，边际成本的反应是平缓的。

2. 企业部门

（1）最终产品生产企业。

最终品生产企业的利润最大化问题为：

$$\max\left\{P_t Y_t - \int_0^1 P_t^j Y_t^j dj\right\}$$

$$\text{s. t.} \quad Y_t = \left[\int_0^1 (Y_t^j)^{1/(1+\lambda_{p,t})} dj \right]^{1+\lambda_{p,t}}$$

$$\frac{\partial L}{\partial Y_t^j} = P_t (1 + \lambda_{p,t}) \left[\int_0^1 (Y_t^j)^{\frac{1}{(1+\lambda_{p,t})}} dj \right]^{\lambda_{p,t}} \frac{1}{(1+\lambda_{p,t})} (Y_t^j)^{\frac{1}{(1+\lambda_{p,t})}-1} - P_t^j = 0$$

化简得中间产品生产企业面临的中间品需求函数为：

$$Y_t^j = \left(\frac{P_t^j}{P_t} \right)^{-\frac{1+\lambda_{p,t}}{\lambda_{p,t}}} Y_t$$

这里，P_t^j 表示中间产品 j 的价格，P_t 表示最终产品的价格。

将中间产品需求函数代入最终品生产技术得到加总名义价格方程：

$$P_t = \left[\int_0^1 (P_t^j)^{-1/\lambda_{p,t}} dj \right]^{-\lambda_{p,t}}$$

（2）中间产品生产企业。

中间品生产企业成本最小化问题为：

$$\min TC_{j,t} = r_t \widetilde{K}_{j,t} + w_t L_{j,t}$$

$$\text{s. t.} \quad Y_t^j = \varepsilon_t^a \widetilde{K}_{j,t}^\alpha L_{j,t}^{1-\alpha} - \phi$$

成本最小化的一阶条件：

$$\frac{w_t L_{j,t}}{r_t \widetilde{K}_{j,t}} = \frac{1-\alpha}{\alpha}$$

将一阶条件代入中间品生产企业的生产技术，得到如下要素需求函数：

$$L_{j,t} = \frac{Y_{j,t} + \phi}{\varepsilon_t^a} \left(\frac{(1-\alpha) r_t}{\alpha w_t} \right)^\alpha$$

$$\widetilde{K}_{j,t} = \frac{Y_{j,t} + \phi}{\varepsilon_t^a} \left(\frac{(1-\alpha) r_t}{\alpha w_t} \right)^{\alpha-1}$$

将要素需求函数代入总成本函数得：

$$TC_{j,t} = \left(\frac{r_t}{\alpha} \right)^\alpha \left(\frac{w_t}{1-\alpha} \right)^{1-\alpha} \frac{Y_{j,t} + \phi}{\varepsilon_t^a}$$

从而，中间品生产企业的实际边际成本可以表示为：

$$MC_{j,t} = \left(\frac{r_t}{\alpha} \right)^\alpha \left(\frac{w_t}{1-\alpha} \right)^{1-\alpha} \Big/ \varepsilon_t^a$$

中间品市场是垄断竞争的市场，中间品生产企业生产差异化的商品，因此对其产品有一定的定价能力。假设中间品生产企业采用 Calvo 型的价格制定方式：每一期有比例（$1 - \xi_P$）的中间品生产商被随机选中可以最优设定其价格水

平 $(P_t^j)^*$ ，剩下的不能最优制定价格的企业采用如下经验法则设定其价格：$P_t^j = (\pi_{t-1})^{\gamma_P} P_{t-1}^j$。

在给定中间品需求的条件下，可以最优设定价格的中间品生产企业选择最优价格 $(P_t^j)^*$ 最大化其期望利润。中间品生产企业的最优价格选择问题可以表示问题：

$$\max_{(P_t^j)^*} E_t \sum_{i=0}^{\infty} (\beta \xi_P)^i \Lambda_{t+i} [P_{t+i}^j Y_{j,t+i} - P_{t+i} MC_{j,t+i} Y_{j,t+i}]$$

s. t.

$$Y_{t+i}^j = \left(\frac{P_{t+i}^j}{P_{t+i}}\right)^{-\frac{1+\lambda_{p,t+i}}{\lambda_{p,t+i}}} Y_{t+i}$$

$$P_{t+i}^j = \left(\frac{P_{t+i-1}}{P_{t-1}}\right)^{\gamma_P} (P_t^j)^*$$

这里，$\Lambda_{t+i} = \frac{\lambda_{t+i}}{\lambda_t P_{t+i}}$ 为随机折现因子，表示名义收入的边际价值，λ_t 为消费的边际效用，$\lambda_t = (C_t - hC_{t-1})^{-\sigma_c}$。

构造拉格朗日函数：

$$L = \max_{(P_t^j)^*} E_t \sum_{i=0}^{\infty} (\beta \xi_P)^i \frac{\lambda_{t+i}}{\lambda_t P_{t+i}} \left[\left(\frac{P_{t+i-1}}{P_{t-1}}\right)^{\gamma_P} (P_t^j)^* \left(\frac{\left(\frac{P_{t+i-1}}{P_{t-1}}\right)^{\gamma_P} (P_t^j)^*}{P_{t+i}} \right)^{-\frac{1+\lambda_{p,t+i}}{\lambda_{p,t+i}}} Y_{t+i} \right.$$

$$\left. - P_{t+i} MC_{j,t+i} \left(\frac{\left(\frac{P_{t+i-1}}{P_{t-1}}\right)^{\gamma_P} (P_t^j)^*}{P_{t+i}} \right)^{-\frac{1+\lambda_{p,t+i}}{\lambda_{p,t+i}}} Y_{t+i} \right]$$

$$\frac{\partial L}{\partial (P_t^j)^*} = E_t \sum_{i=0}^{\infty} (\beta \xi_P)^i \frac{\lambda_{t+i}}{\lambda_t P_{t+i}} \left[\left(\frac{P_{t+i-1}}{P_{t-1}}\right)^{\gamma_P} \left(-\frac{1}{\lambda_{p,t+i}}\right) (P_t^j)^{*-\frac{1}{\lambda_{p,t+i}}-1} \left(\frac{\left(\frac{P_{t+i-1}}{P_{t-1}}\right)^{\gamma_P}}{P_{t+i}}\right)^{-\frac{1+\lambda_{p,t+i}}{\lambda_{p,t+i}}} Y_{t+i} \right.$$

$$\left. - P_{t+i} MC_{j,t+i} \left(-\frac{1+\lambda_{p,t+i}}{\lambda_{p,t+i}}\right) (P_t^j)^{*-\frac{1+\lambda_{p,t+i}}{\lambda_{p,t+i}}-1} \left(\frac{\left(\frac{P_{t+i-1}}{P_{t-1}}\right)^{\gamma_P}}{P_{t+i}}\right)^{-\frac{1+\lambda_{p,t+i}}{\lambda_{p,t+i}}} Y_{t+i} \right] = 0$$

化简得中间品生产企业的最优价格：

$$\frac{(P_t^j)^*}{P_t} E_t \sum_{i=0}^{\infty} (\beta \xi_P)^i \lambda_{t+i} \frac{1}{\lambda_{p,t+i}} \left(\frac{P_{t+i-1}}{P_{t-1}}\right)^{\gamma_P} \frac{P_t}{P_{t+i}} Y_{t+i}^j = E_t \sum_{i=0}^{\infty} (\beta \xi_P)^i \lambda_{t+i} \frac{1+\lambda_{p,t+i}}{\lambda_{p,t+i}} MC_{j,t+i} Y_{t+i}^j$$

上式表明，可以最优定价的企业选择的最优价格等于加权边际成本的加成。
这里，$\lambda_{p,t}$ 表示价格的加成冲击。服从如下过程：$\lambda_{p,t} = \lambda_p + \eta_{P,t}$。

最后，将中间产品生产商的最优价格 $(P_t^j)^*$ 代入加总的价格方程得到加总
价格的运动方程为：

$$P_t = \left[\xi_P \left((\pi_{t-1})^{\gamma_P} P_{t-1} \right)^{-1/\lambda_{p,t}} + (1 - \xi_P)(P_t^j)^{*\,-1/\lambda_{p,t}} \right]^{-\lambda_{p,t}}$$

三、稳态求解和对数线性化

1. 稳态求解过程

（1）由家庭消费和储蓄决策：$\bar{R} = 1/\beta$，$\bar{\lambda} = (\bar{C} - h\bar{C})^{-\sigma_c}$。

（2）由家庭投资和资本积累方程：$\bar{Q} = 1$，$\bar{r} = \dfrac{1}{\beta} - (1 - \delta)$，$\bar{I} = \delta\bar{K}$。

（3）由中间品生产商的最优定价方程：

$$\frac{1}{1 + \lambda_p} = \overline{MC} = \frac{1}{\bar{\varepsilon}_a}\left(\frac{\bar{r}}{\alpha}\right)^\alpha \left(\frac{\bar{w}}{1 - \alpha}\right)^{1-\alpha}$$

得到：$\bar{w} = (1 - \alpha)\left[\dfrac{\bar{\varepsilon}_a}{1 + \lambda_p}\left(\dfrac{\bar{r}}{\alpha}\right)^{-\alpha}\right]^{\frac{1}{1-\alpha}}$

（4）由成本最小化一阶条件：

$$\bar{L} = \frac{\Theta}{\bar{\varepsilon}_a}\left(\frac{1-\alpha}{\alpha}\frac{\bar{r}}{\bar{w}}\right)^\alpha \bar{Y}$$

$$\bar{K} = \frac{\Theta}{\bar{\varepsilon}_a}\left(\frac{1-\alpha}{\alpha}\frac{\bar{r}}{\bar{w}}\right)^{\alpha-1} \bar{Y}$$

这里，$\Theta = 1 + \dfrac{\phi}{\bar{Y}}$

（5）由家庭最优工资设定方程：

$$\bar{C} = \frac{1}{1-h}\left(\frac{\bar{w}}{1+\lambda_w}\right)^{1/\sigma_c} \bar{L}^{-\frac{\sigma_L}{\sigma_c}}$$

（6）由资源约束：

$$\bar{Y} = \bar{C} + \bar{I} + \bar{G} = \bar{C} + \delta\bar{K} + \bar{g}\bar{Y}$$

$$\bar{Y} = \frac{1}{1-h}\left(\frac{\bar{w}}{1+\lambda_w}\right)^{1/\sigma_c}\left[\frac{\Theta}{\bar{\varepsilon}_a}\left(\frac{1-\alpha}{\alpha}\frac{\bar{r}}{\bar{w}}\right)^\alpha\right]^{-\frac{\sigma_L}{\sigma_c}}\bar{Y}^{-\frac{\sigma_L}{\sigma_c}} + \delta\frac{\Theta}{\bar{\varepsilon}_a}\left(\frac{1-\alpha}{\alpha}\frac{\bar{r}}{\bar{w}}\right)^{\alpha-1}\bar{Y} + \bar{g}\bar{Y}$$

化简得：

$$\bar{Y} = \left\{ \frac{\dfrac{1}{1-h}\left(\dfrac{\bar{w}}{1+\lambda_w}\right)^{1/\sigma_e}\left[\dfrac{\Theta}{\bar{\varepsilon}_a}\left(\dfrac{1-\alpha}{\alpha}\dfrac{\bar{r}}{\bar{w}}\right)^{\alpha}\right]^{-\frac{\sigma_L}{\sigma_e}}}{1-g_y-\delta\dfrac{\Theta}{\bar{\varepsilon}_a}\left(\dfrac{1-\alpha}{\alpha}\dfrac{\bar{r}}{\bar{w}}\right)^{\alpha-1}} \right\}^{\frac{1}{1+\sigma_L/\sigma_e}}$$

求解顺序为：$\bar{r}-\bar{w}-\bar{Y}-\bar{L}$、$\bar{K}$、$\bar{C}-\bar{I}$。

2. 对数线性化过程

（1）消费方程：

$$E_t\left[\beta\frac{\lambda^1_{t+1}}{\lambda^1_t}\frac{R_tP_t}{P_{t+1}}\right]=1$$

$$E_t\left[\beta\frac{\varepsilon^B_{t+1}(C_{t+1}-hC_t)^{-\sigma_e}}{\varepsilon^B_t(C_t-hC_{t-1})^{-\sigma_e}}\frac{R_tP_t}{P_{t+1}}\right]=1$$

$$\beta\frac{\bar{\varepsilon}_ae^{\hat{\varepsilon}^B_{t+1}}(\bar{C}e^{\hat{C}_{t+1}}-h\bar{C}e^{\hat{C}_t})^{-\sigma_e}}{\bar{\varepsilon}_ae^{\hat{\varepsilon}^B_t}(\bar{C}e^{\hat{C}_t}-h\bar{C}e^{\hat{C}_{t-1}})^{-\sigma_e}}\frac{\bar{R}e^{\hat{R}_t}\ \bar{P}e^{\hat{P}_t}}{\bar{P}e^{\hat{P}_{t+1}}}=1$$

$$e^{-\sigma_e\frac{\hat{C}_{t+1}-h\hat{C}_t}{1-h}+\sigma_e\frac{\hat{C}_t-h\hat{C}_{t-1}}{1-h}+\hat{R}_t+\hat{P}_t-\hat{P}_{t+1}-\hat{\varepsilon}^B_{t+1}+\hat{\varepsilon}^B_t}=1$$

$$-\sigma_c\frac{\hat{C}_{t+1}-h\hat{C}_t}{1-h}+\sigma_e\frac{\hat{C}_t-h\hat{C}_{t-1}}{1-h}+\hat{R}_t+\hat{P}_t-\hat{P}_{t+1}+\hat{\varepsilon}^B_t-\hat{\varepsilon}^B_{t+1}=0$$

化简得：

$$\hat{C}_t=\frac{1}{1+h}E_t\hat{C}_{t+1}+\frac{h}{1+h}\hat{C}_{t-1}-\frac{1-h}{(1+h)\sigma_c}(\hat{R}_t-\hat{\pi}_{t+1})+\frac{1-h}{(1+h)\sigma_c}(\hat{\varepsilon}^B_t-\hat{\varepsilon}^B_{t+1})$$

（2）投资方程：

$$Q_t\left[1-S\left(\frac{\varepsilon^I_tI_t}{I_{t-1}}\right)-S'\left(\frac{\varepsilon^I_tI_t}{I_{t-1}}\right)\varepsilon^I_tI_t/I_{t-1}\right]+\beta E_t\left[Q_{t+1}\left(\frac{\lambda^1_{t+1}}{\lambda^1_t}\right)\frac{\varepsilon^I_{t+1}I^2_{t+1}}{I^2_t}S'\left(\frac{\varepsilon^I_{t+1}I_{t+1}}{I_t}\right)\right]=1$$

$$Q_t-Q_tS\left(\frac{\varepsilon^I_tI_t}{I_{t-1}}\right)-\frac{Q_tS'\left(\frac{\varepsilon^I_tI_t}{I_{t-1}}\right)\varepsilon^I_tI_t}{I_{t-1}}+\beta E_t\left[Q_{t+1}\left(\frac{\lambda^1_{t+1}}{\lambda^1_t}\right)\frac{\varepsilon^I_{t+1}I^2_{t+1}}{I^2_t}S'\left(\frac{\varepsilon^I_{t+1}I_{t+1}}{I_t}\right)\right]=1$$

运用泰勒规则将上式在稳态附近进行一阶泰勒展开（注意：$f(x,y)=f(x_0,y_0)+f'_x(x_0,y_0)(x-x_0)+f'_y(x_0,y_0)(y-y_0)$，$S(1)=S'(1)=0$，$S''(1)>0$，$\bar{Q}=1$）。

令：$\hat{x}_t=\dfrac{x_t-\bar{x}}{\bar{x}}$，表示变量对其稳态值的偏离。

首先将 $Q_tS\left(\dfrac{\varepsilon_t^I I_t}{I_{t-1}}\right)$ 进行一阶泰勒展开结果为 0，然后对 $\dfrac{Q_tS'\left(\dfrac{\varepsilon_t^I I_t}{I_{t-1}}\right)\varepsilon_t^I I_t}{I_{t-1}}$ 进行一阶泰勒展开，过程如下：

$$\dfrac{Q_tS'\left(\dfrac{\varepsilon_t^I I_t}{I_{t-1}}\right)\varepsilon_t^I I_t}{I_{t-1}} = S''(1)\dfrac{\varepsilon_t^I - \bar{\varepsilon}}{\bar{\varepsilon}} + S''(1)\dfrac{I_t - \bar{I}}{\bar{I}} - S''(1)\dfrac{I_{t-1} - \bar{I}}{\bar{I}}$$

$$= S''(1)\hat{\varepsilon}_t^I + S''(1)\hat{I}_t + S''(1)\hat{I}_{t-1}$$

在对 $Q_{t+1}\left(\dfrac{\lambda_{t+1}^1}{\lambda_t^1}\right)\dfrac{\varepsilon_{t+1}^I I_{t+1}^2}{I_t^2}S'\left(\dfrac{\varepsilon_{t+1}^I I_{t+1}}{I_t}\right)$ 进行一阶泰勒展开，过程如下：

$$Q_{t+1}\left(\dfrac{\lambda_{t+1}^1}{\lambda_t^1}\right)\dfrac{\varepsilon_{t+1}^I I_{t+1}^2}{I_t^2}S'\left(\dfrac{\varepsilon_{t+1}^I I_{t+1}}{I_t}\right) = S''(1)\dfrac{\varepsilon_{t+1}^I - \bar{\varepsilon}}{\bar{\varepsilon}} + S''(1)\dfrac{I_{t+1} - \bar{I}}{\bar{I}} - S''(1)\dfrac{I_t - \bar{I}}{\bar{I}}$$

$$= S''(1)\hat{\varepsilon}_{t+1}^I + S''(1)\hat{I}_{t+1} - S''(1)\hat{I}_t$$

则，原式 $= 1 + \hat{Q}_t - \left[S''(1)\hat{\varepsilon}_t^I + S''(1)\hat{I}_t + S''(1)\hat{I}_{t-1}\right] + \beta\left[S''(1)\hat{\varepsilon}_{t+1}^I + S''(1)\hat{I}_{t+1} - S''(1)\hat{I}_t\right] = 1$

化简得：$\hat{I}_t = \dfrac{\varphi}{1+\beta}\hat{Q}_t + \dfrac{1}{1+\beta}\hat{I}_{t-1} + \dfrac{\beta}{1+\beta}E_t\hat{I}_{t+1} + \dfrac{1}{1+\beta}\left[\beta E_t\hat{\varepsilon}_{t+1}^I - \hat{\varepsilon}_t^I\right]$，$\varphi = \dfrac{1}{S''(1)}$

（3）托宾 Q 方程：

$$Q_t = \beta E_t\dfrac{\lambda_{t+1}^1}{\lambda_t^1}\left[Q_{t+1}(1-\delta) - \psi(z_{t+1}) + r_{t+1}z_{t+1}\right]$$

$$\bar{R} = 1/\beta$$

$$\bar{r} = \dfrac{1}{\beta} - (1-\delta),\ \bar{r} = \psi'(1)$$

$$\psi(1) = 0$$

由消费欧拉方程 $E_t\left[\beta\dfrac{\lambda_{t+1}^1}{\lambda_t^1}\dfrac{R_tP_t}{P_{t+1}}\right] = 1$ 得：$\beta\dfrac{\lambda_{t+1}^1}{\lambda_t^1} = \dfrac{P_{t+1}}{R_tP_t}$，故原式化为：

$$Q_t - \dfrac{P_{t+1}}{R_tP_t}Q_{t+1}(1-\delta) + \dfrac{P_{t+1}}{R_tP_t}\psi(z_{t+1}) - \dfrac{P_{t+1}}{R_tP_t}r_{t+1}z_{t+1} = 0$$

运用泰勒规则将上式在稳态附近进行一阶泰勒展开，过程如下：

$$Q_t = 1 + \hat{Q}_t$$

$$\frac{P_{t+1}}{R_t P_t} Q_{t+1}(1-\delta) = \frac{1-\delta}{\bar{R}} + \frac{1-\delta}{\bar{R}}(Q_{t+1} - \bar{Q}) + \frac{1-\delta}{\bar{R}}\frac{P_{t+1} - \bar{P}}{\bar{P}} - \frac{1-\delta}{\bar{R}}\frac{P_t - \bar{P}}{\bar{P}} - \frac{1-\delta}{\bar{R}}\frac{R_t - \bar{R}}{\bar{R}}$$

$$= \frac{1-\delta}{\bar{R}} + \frac{1-\delta}{\bar{R}}\hat{Q}_{t+1} + \frac{1-\delta}{\bar{R}}\hat{P}_{t+1} - \frac{1-\delta}{\bar{R}}\hat{P}_t - \frac{1-\delta}{\bar{R}}\hat{R}_t$$

$$= \frac{1-\delta}{\bar{R}} + \frac{1-\delta}{\bar{R}}\hat{Q}_{t+1} + \frac{1-\delta}{\bar{R}}\hat{\pi}_{t+1} - \frac{1-\delta}{\bar{R}}\hat{R}_t$$

$$\frac{P_{t+1}}{R_t P_t}\psi(z_{t+1}) = \frac{1}{\bar{R}}\psi'(1)(z_{t+1} - \bar{Z}) = \frac{\bar{r}}{\bar{R}}\hat{z}_{t+1}$$

$$\frac{P_{t+1}}{R_t P_t} r_{t+1} z_{t+1} = \frac{\bar{r}}{\bar{R}} + \frac{\bar{r}}{\bar{R}}\frac{P_{t+1} - \bar{P}}{\bar{P}} - \frac{\bar{r}}{\bar{R}}\frac{P_t - \bar{P}}{\bar{P}} - \frac{\bar{r}}{\bar{R}}\frac{R_t - \bar{R}}{\bar{R}} + \frac{\bar{r}}{\bar{R}}\frac{r_{t+1} - \bar{r}}{\bar{r}} + \frac{\bar{r}}{\bar{R}}\frac{Z_{t+1} - \bar{Z}}{\bar{Z}}$$

$$= \frac{\bar{r}}{\bar{R}} + \frac{\bar{r}}{\bar{R}}\hat{\pi}_{t+1} - \frac{\bar{r}}{\bar{R}}\hat{R}_t + \frac{\bar{r}}{\bar{R}}\hat{r}_{t+1} + \frac{\bar{r}}{\bar{R}}\hat{Z}_{t+1}$$

故，原式 $= 1 + \hat{Q}_t - \left[\frac{1-\delta}{\bar{R}} + \frac{1-\delta}{\bar{R}}\hat{Q}_{t+1} + \frac{1-\delta}{\bar{R}}\hat{\pi}_{t+1} - \frac{1-\delta}{\bar{R}}\hat{R}_t\right] + \frac{\bar{r}}{\bar{R}}\hat{z}_{t+1} -$

$\left[\frac{\bar{r}}{\bar{R}} + \frac{\bar{r}}{\bar{R}}\hat{\pi}_{t+1} - \frac{\bar{r}}{\bar{R}}\hat{R}_t + \frac{\bar{r}}{\bar{R}}\hat{r}_{t+1} + \frac{\bar{r}}{\bar{R}}\hat{Z}_{t+1}\right] = 0$

将 $\bar{R} = \bar{r} + (1-\delta)$ 代入上式，整理得：

$$\hat{Q}_t = [E_t\hat{\pi}_{t+1} - \hat{R}_t] + \frac{1-\delta}{\bar{r}+1-\delta}E_t\hat{Q}_{t+1} + \frac{\bar{r}}{\bar{r}+1-\delta}E_t\hat{r}_{t+1} + \eta_{q,t}$$

（4）资本积累方程：$K_t = (1-\delta)K_{t-1} + [1 - S(\varepsilon_t^I I_t/I_{t-1})]I_t, \quad \bar{I} = \delta\bar{K}$

$$\bar{K}\frac{K_t - \bar{K}}{\bar{K}} + \bar{K} = (1-\delta)\left[\bar{K}\frac{K_{t-1} - \bar{K}}{\bar{K}} + \bar{K}\right] + \left[\bar{I}\frac{I_{t-1} - \bar{I}}{\bar{I}} + \bar{I}\right]$$

$$\bar{K}\hat{K}_t + \bar{K} = (1-\delta)[\bar{K}\hat{K}_t + \bar{K}] + [\bar{I}\hat{I}_{t-1} + \bar{I}]$$

化简得：$\hat{K}_t = (1-\delta)\hat{K}_{t-1} + \delta\hat{I}_t$

（5）资源约束方程：$Y_t = C_t + I_t + G_t + \psi(z_t)K_{t-1}$

$$\bar{Y}\frac{Y_t - \bar{Y}}{\bar{Y}} + \bar{Y} = \bar{C}\frac{C_t - \bar{C}}{\bar{C}} + \bar{I} + \bar{I}\frac{I_t - \bar{I}}{\bar{I}} + \bar{I} + \bar{K}\frac{K_t - \bar{K}}{\bar{K}} + \bar{K} + \bar{G}\frac{G_t - \bar{G}}{\bar{G}}$$

$$+ \bar{G} + \bar{K}\psi'(\bar{Z})(Z_t - \bar{Z})$$

由资本利用率方程可得稳态下：$\bar{r} = \psi'(\bar{Z}) = \psi'(1)$

化简得：$\hat{Y}_t = \frac{\bar{C}}{\bar{Y}}\hat{C}_t + \frac{\bar{I}}{\bar{Y}}\hat{I}_t + \frac{\bar{G}}{\bar{Y}}\hat{G}_t + \frac{\bar{K}\bar{r}}{\bar{Y}}\hat{z}_t$

（6）加总生产函数：$Y_t = \varepsilon_t^a \widetilde{K}_t^\alpha L_t^{1-\alpha} - \phi = \varepsilon_t^a (Z_t K_{t-1})^\alpha L_t^{1-\alpha} - \phi$

$$\hat{Y}_t = \left(1 + \frac{\phi}{\overline{Y}}\right)(\hat{\varepsilon}_t^a + \alpha \hat{K}_t^s + (1-\alpha)\hat{L}_t)$$

令 $\Theta = 1 + \dfrac{\phi}{\overline{Y}}$

$$\hat{Y}_t = \Theta(\hat{\varepsilon}_t^a + \alpha \hat{K}_t^s + (1-\alpha)\hat{L}_t)$$

（7）劳动需求：

$$\frac{w_t L_t}{r_t \widetilde{K}_t} = \frac{w_t L_t}{r_t Z_t K_{t-1}} = \frac{1-\alpha}{\alpha}$$

$$\hat{L}_t = -\hat{w}_t + \hat{r}_t + \hat{Z}_t + \hat{K}_{t-1}$$

将资本利用率方程线性化得：

$$r_t = \psi'(z_t)$$

$$\hat{r}_t = \frac{\psi''(1)}{\psi'(1)}\hat{z}_t$$

即，$\hat{z}_t = \dfrac{\psi'(1)}{\psi''(1)}\hat{r}_t$，代入劳动需求方程得：

$$\hat{L}_t = -\hat{w}_t + \left(1 + \frac{\psi'(1)}{\psi''(1)}\right)\hat{r}_t + \hat{K}_{t-1}$$

令 $A = \dfrac{\psi'(1)}{\psi''(1)}$，则原式化为：

$$\hat{L}_t = -\hat{w}_t + (1+A)\hat{r}_t + \hat{K}_{t-1}$$

（8）价格通胀方程：

总价格运动方程：

$$P_t = \left[\xi_P((\pi_{t-1})^{\gamma_P} P_{t-1})^{-1/\lambda_{p,t}} + (1-\xi_P)(P_t^j)^{*-1/\lambda_{p,t}}\right]^{-\lambda_{p,t}}$$

线性化得：$\hat{P}_t = \xi_P(\gamma_P \hat{\pi}_{t-1} + \hat{P}_{t-1}) + (1-\xi_P)\hat{P}_t^*$

最优价格设定方程：

$$\frac{(P_t^j)^*}{P_t}E_t\sum_{i=0}^{\infty}(\beta\xi_P)^i \lambda_{t+i}\frac{1}{\lambda_{p,t+i}}\left(\frac{P_{t+i-1}}{P_{t-1}}\right)^{\gamma_P}\frac{P_t}{P_{t+i}}Y_{t+i}^j = E_t\sum_{i=0}^{\infty}(\beta\xi_P)^i \lambda_{t+i}\frac{1+\lambda_{p,t+i}}{\lambda_{p,t+i}}MC_{j,t+i}Y_{t+i}^j$$

$$\text{左边} = \frac{\overline{P}e^{\hat{P}_t^*}}{\overline{P}e^{\hat{P}_t}}E_t\sum_{i=0}^{\infty}(\beta\xi_p)^i e^{\hat{\varepsilon}_{t+i}^B}(\overline{C}e^{\hat{C}_{t+i}} - h\overline{C}e^{\hat{C}_{t+i-1}})^{-\sigma_c}\frac{1}{\lambda_p}\left(\frac{e^{\hat{P}_{t+i-1}}}{e^{\hat{P}_{t-1}}}\right)^{\gamma_P}\frac{\overline{P}e^{\hat{P}_t}}{\overline{P}e^{\hat{P}_{t+i}}}\overline{Y}e^{\hat{Y}_{t+i}}$$

$$= \overline{Y}(\overline{C} - h\overline{C})^{-\sigma_c}\frac{1}{\lambda_p}E_t\sum_{i=0}^{\infty}(\beta\xi_p)^i e^{\hat{P}_t^* - \hat{P}_t + \hat{\varepsilon}_{t+i}^B - \sigma_c\frac{\hat{C}_{t+i} - h\hat{C}_{t+i-1}}{1-h} + \gamma_P\hat{P}_{t+i-1} - \gamma_P\hat{P}_{t-1} + \hat{P}_t - \hat{P}_{t+i} + \hat{Y}_{t+i}}$$

$$= \bar{Y}(\bar{C} - h\bar{C})^{-\sigma_c} \frac{1}{\lambda_p} E_t \sum_{i=0}^{\infty} (\beta\xi_p)^i (1 + \hat{P}_t^* + \hat{\varepsilon}_{t+i}^B - \sigma_c \frac{\hat{C}_{t+i} - h\hat{C}_{t+i-1}}{1 - h}$$

$$+ \gamma_P \hat{P}_{t+i-1} - \gamma_P \hat{P}_{t-1} - \hat{P}_{t+i} + \hat{Y}_{t+i})$$

$$右边 = E_t \sum_{i=0}^{\infty} (\beta\xi_p)^i \lambda_{t+i} \frac{1 + \lambda_{p,t+i}}{\lambda_{p,t+i}} MC_{j,t+i} Y_{t+i}^j$$

$$= E_t \sum_{i=0}^{\infty} (\beta\xi_p)^i (C_{t+i}^\tau - hC_{t+i-1})^{-\sigma_c} \frac{1 + \lambda_{p,t+i}}{\lambda_{p,t+i}} \left(\frac{r_{t+i}}{\alpha}\right)^\alpha \left(\frac{w_{t+i}}{1-\alpha}\right)^{1-\alpha} \Big/ \varepsilon_{t+i}^a Y_{t+i}^j$$

$$= E_t \sum_{i=0}^{\infty} (\beta\xi_p)^i (\bar{C}e^{\hat{C}_{t+i}} - h\bar{C}e^{\hat{C}_{t+i-1}})^{-\sigma_c} \frac{1 + \lambda_p}{\lambda_p} \left(\frac{\bar{r}e^{\hat{r}_{t+i}}}{\alpha}\right)^\alpha \left(\frac{\bar{w}e^{\hat{w}_{t+i}}}{1-\alpha}\right)^{1-\alpha} \frac{1}{\bar{\varepsilon}^a e^{\hat{\varepsilon}_{t+i}^a}} \bar{Y}e^{\hat{Y}_{t+i}}$$

$$= \frac{1 + \lambda_p}{\lambda_p} \bar{Y}(\bar{C} - h\bar{C})^{-\sigma_c} \left(\frac{\bar{r}}{\alpha}\right)^\alpha \left(\frac{\bar{w}}{1-\alpha}\right)^{1-\alpha} E_t \sum_{i=0}^{\infty} (\beta\xi_p)^i e^{\hat{\varepsilon}_{t+i}^B - \sigma_c \frac{\hat{C}_{t+i} - h\hat{C}_{t+i-1}}{1-h} + \alpha\hat{r}_{t+i} + (1-\alpha)\hat{w}_{t+i} - \hat{\varepsilon}_{t+i}^a + \hat{Y}_{t+i}}$$

$$= \frac{1 + \lambda_p}{\lambda_p} Y(\bar{C} - h\bar{C})^{-\sigma_c} \left(\frac{\bar{r}}{\alpha}\right)^\alpha \left(\frac{\bar{w}}{1-\alpha}\right)^{1-\alpha} E_t \sum_{i=0}^{\infty} (\beta\xi_p)^i \Big(1 + \hat{\varepsilon}_{t+i}^B$$

$$- \sigma_c \frac{\hat{C}_{t+i} - h\hat{C}_{t+i-1}}{1 - h} + \alpha\hat{r}_{t+i} + (1-\alpha)\hat{w}_{t+i} - \hat{\varepsilon}_{t+i}^a + \hat{Y}_{t+i}\Big)$$

得：

$$E_t \sum_{i=0}^{\infty} (\beta\xi_p)^i \Big(1 + \hat{P}_t^* + \hat{\varepsilon}_{t+i}^B - \sigma_c \frac{\hat{C}_{t+i} - h\hat{C}_{t+i-1}}{1 - h} + \gamma_P \hat{P}_{t+i-1} - \gamma_P \hat{P}_{t-1} - \hat{P}_{t+i} + \hat{Y}_{t+i}\Big)$$

$$= E_t \sum_{i=0}^{\infty} (\beta\xi_p)^i \Big(1 + \hat{\varepsilon}_{t+i}^B - \sigma_c \frac{\hat{C}_{t+i} - h\hat{C}_{t+i-1}}{1 - h} + \alpha\hat{r}_{t+i} + (1-\alpha)\hat{w}_{t+i} - \hat{\varepsilon}_{t+i}^a + \hat{Y}_{t+i}\Big)$$

化简得：

$$\frac{\hat{P}_t^* - \gamma_P \hat{P}_t}{1 - \beta\xi_p} = E_t \sum_{i=0}^{\infty} (\beta\xi_p)^i (\alpha\hat{r}_{t+i} + (1-\alpha)\hat{w}_{t+i} - \hat{\varepsilon}_{t+i}^a - \gamma_P \hat{P}_{t+i-1} + \hat{P}_{t+i})$$

$$\hat{P}_t^* = (1 - \beta\xi_p) E_t \sum_{i=0}^{\infty} (\beta\xi_p)^i (\alpha\hat{r}_{t+i} + (1-\alpha)\hat{w}_{t+i} - \hat{\varepsilon}_{t+i}^a - \gamma_P \hat{P}_{t+i-1} + \hat{P}_{t+i}) + \gamma_P \hat{P}_t$$

将上式代入总价格运动方程得：

$$\hat{P}_t = \xi_p (\gamma_P \hat{\pi}_{t-1} + \hat{P}_{t-1}) + (1 - \xi_p) \Big[(1 - \beta\xi_p) E_t \sum_{i=0}^{\infty} (\beta\xi_p)^i (\alpha\hat{r}_{t+i}$$

$$+ (1-\alpha)\hat{w}_{t+i} - \hat{\varepsilon}_{t+i}^a - \gamma_P \hat{P}_{t+i-1} + \hat{P}_{t+i}) + \gamma_P \hat{P}_t\Big]$$

$$\hat{P}_t - \xi_p (\gamma_P \hat{\pi}_{t-1} + \hat{P}_{t-1}) - (1 - \xi_p)\gamma_P \hat{P}_t = (1 - \xi_p)(1 - \beta\xi_p) E_t \sum_{i=0}^{\infty} (\beta\xi_p)^i (\alpha\hat{r}_{t+i}$$

$$+ (1-\alpha)\hat{w}_{t+i} - \hat{\varepsilon}_{t+i}^a - \gamma_P \hat{P}_{t+i-1} + \hat{P}_{t+i})$$

两边同时乘以滞后算子：$1 - \beta\xi_p L^{-1}$，化简上式得：

$$左边 = (1 - \beta\xi_p L^{-1})(\hat{P}_t - \xi_p(\gamma_P\hat{\pi}_{t-1} + \hat{P}_{t-1}) - (1-\xi_p)\gamma_P\hat{P}_t)$$

$$= (\hat{P}_t - \xi_p(\gamma_P\hat{\pi}_{t-1} + \hat{P}_{t-1}) - (1-\xi_p)\gamma_P\hat{P}_t) - \beta\xi_p(\hat{P}_{t+1} - \xi_p(\gamma_P\hat{\pi}_t + \hat{P}_t)$$

$$- (1-\xi_p)\gamma_P\hat{P}_{t+1})$$

$$右边 = (1 - \beta\xi_p L^{-1})(1-\xi_p)(1-\beta\xi_p) E_t \sum_{i=0}^{\infty} (\beta\xi_p)^i (\alpha\hat{r}_{t+i} + (1-\alpha)\hat{w}_{t+i}$$

$$- \hat{\varepsilon}_{t+i}^a - \gamma_P\hat{P}_{t+i-1} + \hat{P}_{t+i})$$

$$= (1-\xi_p)(1-\beta\xi_p) E_t \sum_{i=0}^{\infty} (\beta\xi_p)^i (\alpha\hat{r}_{t+i} + (1-\alpha)\hat{w}_{t+i} - \hat{\varepsilon}_{t+i}^a - \gamma_P\hat{P}_{t+i-1}$$

$$+ \hat{P}_{t+i}) - \beta\xi_p(1-\xi_p)(1-\beta\xi_p) E_t \sum_{i=0}^{\infty} (\beta\xi_p)^i (\alpha\hat{r}_{t+i+1} + (1-\alpha)\hat{w}_{t+i+1}$$

$$- \hat{\varepsilon}_{t+i+1}^a - \gamma_P\hat{P}_{t+i} + \hat{P}_{t+i+1})$$

$$= (1-\xi_p)(1-\beta\xi_p)(\alpha\hat{r}_t + (1-\alpha)\hat{w}_t - \hat{\varepsilon}_t^a - \gamma_P\hat{P}_{t-1} + \hat{P}_t)$$

$$(\hat{P}_t - \xi_p(\gamma_P\hat{\pi}_{t-1} + \hat{P}_{t-1}) - (1-\xi_p)\gamma_P\hat{P}_t) - \beta\xi_p(\hat{P}_{t+1} - \xi_p(\gamma_P\hat{\pi}_t + \hat{P}_t) - (1-\xi_p)\gamma_P\hat{P}_{t+1})$$

$$= (1-\xi_p)(1-\beta\xi_p)(\alpha\hat{r}_t + (1-\alpha)\hat{w}_t - \hat{\varepsilon}_t^a - \gamma_P\hat{P}_{t-1} + \hat{P}_t)$$

化简得：

$$\hat{\pi}_t = \frac{\beta}{1+\beta\gamma_P}\hat{\pi}_{t+1} + \frac{\gamma_P}{1+\beta\gamma_P}\hat{\pi}_{t-1} + \frac{(1-\xi_p)(1-\beta\xi_p)}{\xi_p(1+\beta\gamma_P)}(\alpha\hat{r}_t + (1-\alpha)\hat{w}_t - \hat{\varepsilon}_t^a + \eta_t^p)$$

（9）工资通胀方程：

$$\hat{w}_t = \frac{\beta}{1+\beta}E_t\hat{w}_{t+1} + \frac{\beta}{1+\beta}\hat{w}_{t-1} + \frac{\beta}{1+\beta}E_t\hat{\pi}_{t+1} - \frac{1+\beta\gamma_w}{1+\beta}\hat{\pi}_t + \frac{\gamma_w}{1+\beta}\hat{\pi}_{t-1}$$

$$- \frac{1}{1+\beta} \frac{(1-\beta\xi_w)(1-\xi_w)}{\left(1 + \frac{(1+\lambda_w)\sigma_L}{\lambda_w}\right)\xi_w}\left[\hat{w}_t - \sigma_L\hat{L}_t - \frac{\sigma_c}{1-h}(\hat{C}_t - h\hat{C}_{t-1}) - \hat{\xi}_t^L - \hat{\eta}_t^w\right]$$

（10）货币政策：

①泰勒规则：$\hat{R}_t = \lambda_1\hat{R}_{t-1} + (1-\lambda_1)[\lambda_2(E_t\hat{\pi}_{t+1} - \hat{\pi}_t) + \lambda_3\hat{\pi}_t + \lambda_4\hat{Y}_t] + \varepsilon_{R,t}$

$$\varepsilon_{R,t} = \rho_R\varepsilon_{R,t-1} + \eta_{R,t}$$

②麦克勒姆法则：$\hat{m}_t = \sigma_c\sigma_m^{-1}(1-h)^{-1}(\hat{C}_t - h\hat{C}_{t-1}) - \sigma_m^{-1}(\bar{R}-1)\hat{R}_t$

$$\hat{m}_t = \hat{m}_{t-1} - \hat{\pi}_t + \hat{v}_t$$

$$\hat{v}_t = \rho_v\hat{v}_{t-1} + \xi_1 E_t\hat{\pi}_{t+1} + \xi_2\hat{Y}_t + \varepsilon_{M,t}$$

$$\varepsilon_{M,t} = \rho_M\varepsilon_{M,t-1} + \eta_{M,t}$$

在货币政策冲击中加入 news 后，模型为：

①泰勒规则 1：$\hat{R}_t = \lambda_1\hat{R}_{t-1} + (1-\lambda_1)[\lambda_2(E_t\hat{\pi}_{t+1} - \hat{\pi}_t) + \lambda_3\hat{\pi}_t + \lambda_4\hat{Y}_t] + \varepsilon_{R,t}$

$$\varepsilon_{R,t} = \rho_R \varepsilon_{R,t-1} + \eta_{R,t}$$

$$\eta_{R,t} = \eta_{R,t}^0 + \eta_{R,t-1}^1 + \cdots + \eta_{R,t-H}^H$$

②麦克勒姆法则：

3. 完整的线性化模型

（1）消费方程：

$$\hat{C}_t = \frac{1}{1+h}E_t\hat{C}_{t+1} + \frac{h}{1+h}\hat{C}_{t-1} - \frac{1-h}{(1+h)\sigma_c}(\hat{R}_t - \hat{\pi}_{t+1} + E_t\hat{\varepsilon}_{t+1}^B - \hat{\varepsilon}_t^B)$$

（2）投资方程：

$$\hat{I}_t = \frac{\varphi}{1+\beta}\hat{Q}_t + \frac{1}{1+\beta}\hat{I}_{t-1} + \frac{\beta}{1+\beta}E_t\hat{I}_{t+1} + \frac{1}{1+\beta}[\beta E_t\hat{\varepsilon}_{t+1}^I - \hat{\varepsilon}_t^I], \quad \varphi = \frac{1}{S''(1)}$$

（3）托宾 Q 方程：

$$\hat{Q}_t = [E_t\hat{\pi}_{t+1} - \hat{R}_t] + \frac{1-\delta}{\bar{r}+1-\delta}E_t\hat{Q}_{t+1} + \frac{\bar{r}}{\bar{r}+1-\delta}E_t\hat{r}_{t+1} + \eta_{q,t}$$

（4）资本积累方程：

$$\hat{K}_t = (1-\delta)\hat{K}_{t-1} + \delta\hat{I}_t$$

（5）资源约束方程：

$$\hat{Y}_t = \frac{\bar{C}}{\bar{Y}}\hat{C}_t + \frac{\bar{I}}{\bar{Y}}\hat{I}_t + \frac{\bar{G}}{\bar{Y}}\hat{G}_t + \frac{\bar{K}\bar{r}}{\bar{Y}}\hat{z}_t$$

（6）加总生产函数：

$$\hat{Y}_t = \Theta(\hat{\varepsilon}_t^a + \alpha\hat{K}_t^s + (1-\alpha)\hat{L}_t)$$

（7）劳动需求函数：

$$\hat{L}_t = -\hat{w}_t + (1+A)\hat{r}_t + \hat{K}_{t-1}, \quad A = \frac{\psi'(1)}{\psi''(1)}$$

（8）价格通胀方程：

$$\hat{\pi}_t = \frac{\beta}{1+\beta\gamma_P}\hat{\pi}_{t+1} + \frac{\gamma_P}{1+\beta\gamma_P}\hat{\pi}_{t-1} + \frac{(1-\xi_p)(1-\beta\xi_p)}{\xi_p(1+\beta\gamma_P)}(\alpha\hat{r}_t + (1-\alpha)\hat{w}_t - \hat{\varepsilon}_t^a + \eta_t^P)$$

（9）工资通胀方程：

$$\hat{w}_t = \frac{\beta}{1+\beta}E_t(\hat{w}_{t+1} + \hat{\pi}_{t+1}) - \frac{1+\beta\gamma_w}{1+\beta}\hat{\pi}_t + \frac{1}{1+\beta}(\hat{w}_{t-1} + \gamma_w\hat{\pi}_{t-1})$$

$$- \frac{(1-\xi_w)(1-\beta\xi_w)}{(1+\beta)\xi_w\left(1+\frac{\sigma_1(1+\lambda_w)}{\lambda_w}\right)}\left[\hat{w}_t - \sigma_1\hat{L}_t - \frac{\sigma_c}{1-h}(\hat{C}_t - h\hat{C}_{t-1}) - \hat{\varepsilon}_{1,t} - \eta_{w,t}\right]$$

（10）货币政策方程：

① 泰勒规则 1：$\hat{R}_t = \lambda_1 \hat{R}_{t-1} + (1-\lambda_1)\left[\lambda_2(E_t\hat{\pi}_{t+1} - \hat{\pi}_t) + \lambda_3\hat{\pi}_t + \lambda_4\hat{Y}_t\right] + \varepsilon_{R,t}$

$$\varepsilon_{R,t} = \rho_R \varepsilon_{R,t-1} + \eta_{R,t}$$

$$\eta_{R,t} = \eta_{R,t}^0 + \eta_{R,t-1}^1 + \cdots + \eta_{R,t-H}^H$$

② 麦克勒姆法则：$\hat{m}_t = \sigma_c \sigma_m^{-1}(1-h)^{-1}(\hat{C}_t - h\hat{C}_{t-1}) - \sigma_m^{-1}(\bar{R}-1)\hat{R}_t$

$$\hat{m}_t = \hat{m}_{t-1} - \hat{\pi}_t + \hat{v}_t$$

$$\hat{v}_t = \rho_v \hat{v}_{t-1} + \xi_1 E_t \hat{\pi}_{t+1} + \xi_2 \hat{Y}_t + \varepsilon_{M,t}$$

$$\varepsilon_{M,t} = \rho_M \varepsilon_{M,t-1} + \eta_{M,t}$$

$$\eta_{M,t} = \eta_{M,t}^0 + \eta_{M,t-1}^1 + \cdots + \eta_{M,t-H}^H$$

第七章
中国经济周期波动的福利成本研究

第一节　引　言

我国目前正处经济发展的转型时期，由于外部经济的影响，经济波动幅度逐步加大。当前全球金融危机对我国经济的影响正在加深，进一步加剧中国的经济波动。宏观经济的大幅波动给消费者带来极大的福利损失。宏观经济政策的目标之一就是通过消除这种经济波动，平滑消费者在不同时期的消费，提高消费者的福利水平。然而，美国著名经济学家卢卡斯（2003）利用美国1947～2001年年度消费数据估计发现，经济波动的福利成本仅为0.05%，即消除所有消费波动性为消费者带来的福利增加，大约仅仅相当于将消费水平提高0.05个百分点，这就是著名的卢卡斯论断。这是一个非常小的数值，大大出乎许多经济学家的意料，这一结论也暗示了政府的宏观经济稳定政策实施效果的有限性。

卢卡斯论断无疑向从事宏观稳定政策分析的经济学家提出了挑战，由此引发了大量的后续研究，这些研究大多数是对经济波动极小福利成本的质疑。一些研究通过修正卢卡斯的模型，得到了经济波动的较大福利成本（Ayse Imrohoroglu and Selahattin Imrohoroglu，1997；Pallage and Robe，2001；Dolmas，1998；Epaulard and Pommeret，2003；Van Wincoop，1994）。另外一些研究估算的经济波动福利成本与卢卡斯估计的结果比较接近（Otrok 2001；Alvarez and Jermann 2004）。显然，这些研究结果在某种程度上支持了卢卡斯的结论。然而，这是否意味着，对于美国经济而言，宏观稳定政策并不重要？

进一步的问题是，卢卡斯论断是否适用于其他国家和地区？一些学者尝试运用卢卡斯模型及其改进模型来揭示经济欠发达国家和地区的经济周期的福利成本。这些研究发现，在这些国家和地区，同类型福利成本要比卢卡斯估计的美国数据高很多。例如，伊姆罗霍罗格姆和伊姆罗霍罗格姆（1997）使用卢卡斯模型估计了土耳其的经济周期福利成本。他们发现土耳其的经济周期福利成本是美国的22倍。帕拉奇和罗伯（Pallage and Robe，2001）估计了南非等11个非洲国家的经济周期福利成本，同样发现这11个国家的平均经济周期福利成本比美国的高 25 倍。这表明经济欠发达国家和地区经济波动的福利成本更大，一个合理的推断是，这些国家和地区更需要宏观经济稳定政策。

中国的经济特征既不同于美国也不同于土耳其和非洲等发展中国家，卢卡斯模型的结论是否适用于中国？或者，中国是否更需要经济稳定政策？陈彦斌和周业安（2006）运用 2001 年 1 季度到 2003 年 4 季度中国数据，估计了中国经济周期的福利成本，结果显示：如果风险规避系数取值与本章相同，福利成本将增加几倍，但仍然不到 1 个百分点。陈太明（2007）运用卢卡斯的模型，计算了改革开放之后中国经济周期的福利成本，结果表明：在风险规避系数合理取值范围内，经济周期的福利成本也不到 1 个百分点。饶晓辉、廖进球（2008）运用中国 1978～2004 年度数据计算了两种福利成本，结果表明，对于合理的偏好参数，中国经济波动的福利成本与经济增长的福利收益两者数值相对比较接近。以上学者利用卢卡斯模型或其扩展形式估算的中国经济周期的福利成本均比较小，一般不超过 1 个百分点。到目前为止，国内学者的研究并不能说明中国是否更需要宏观经济稳定政策。

值得注意的是，卢卡斯（2003）曾经指出，经济周期福利成本的估算与股票溢价之谜之间存在着密不可分的联系，因为二者都取决于消费者边际效用的波动率。因此，那些有助于解释股票溢价之谜的各种拓展模型（如非期望效用模型）同样适合于研究经济周期的福利成本问题。然而，在卢卡斯（2003）给出的解释股票溢价之谜的各种拓展模型之中，一个模型显然被忽略了，那就是里兹（1988）提出来的存在小概率"严重衰退"状态的模型。里兹（1988）证明了存在小概率"严重衰退"状态的模型可以很好地解释股票溢价之谜。最近，巴罗（2006）拓展了里兹（1988）模型，并给出了估计"严重衰退"状态的实证方法，为股票溢价之谜以及与之相关的一些谜团（如低无风险利率之谜和股票回报波动性之谜）提供了合理的解释。既然里兹（1988）模型及其拓展模型（Barro，2006）可以为资产定价问题提供合理的解释，那么按照卢卡斯（2003）的论断，它也同样适合于研究经济周期的福利成本问题。后续的研究在某种程度上支持了这种论断。萨莱尔（2007）应用存在小概率"严重衰退"状态模型估算的美国经济周期的福利成本远远高于卢卡斯（2003）模型的估算结果。他进一步指出，宏观稳定政策的收益主要来源于降低"严重衰退"状态的发生概率，而不是减少通常意义上的经济波动（消费的二阶矩）。同样地，巴罗

（2007）利用其拓展模型（Barro，2006）估算了美国经济周期的福利成本，指出美国社会甚至愿意每年放弃实际 GDP 的 20% 以消除所有的"灾难性"风险。因此，降低那些导致经济大幅波动的"灾难性"风险的发生概率对于改善社会福利具有重要的意义。

沿着巴罗（2007；2006）、萨莱尔（2007）、里兹（1988）的研究思路，本章在卢卡斯模型基础上，引入存在"严重衰退"状态的消费增长过程，研究了"经济灾难"对福利成本的影响，尝试为宏观稳定政策决策提供一个合理的理论和实证基础。在本章中，我们证明，应用存在"严重衰退"状态的福利成本模型估算的中国经济波动的福利成本远远高于卢卡斯模型估算的结果。在合理的参数范围内，前者一般是后者的十倍左右。因此，对于中国经济而言，旨在防止经济大起大落（降低"严重衰退"状态的发生概率）的宏观稳定政策的收益很大，这一结论为中国当前实施的宏观稳定政策提供了有力的理论和实证依据。

本章结构安排如下：第二节回顾卢卡斯模型，并用其估计中国经济周期的福利成本。第三节在卢卡斯模型基础上，引入存在"严重衰退"状态的消费增长过程，研究"经济灾难"对福利成本的影响。第四节应用存在"严重衰退"状态的福利成本模型估算中国经济周期的福利成本。第五节是结论。

第二节　中国经济周期的福利成本的估计：卢卡斯模型

在计算消费波动的福利成本方面，卢卡斯（1987；2003）的理论模型最为成熟，其他模型都是在此基础上拓展而成。假设时间是离散的，人口总数固定不变。经济由具有无限生命的同质消费者构成，代表性消费者的目标是最大化自己的一生期望总效用：

$$E\left\{\sum_{t=0}^{\infty}\beta^t u(c_t)\right\} \tag{7.1}$$

其中 c_t 表示第 t 期的消费水平，$\beta\in(0,1)$ 为主观贴现因子。$u(c_t)$ 为消费者的即期效用函数，取即期效用函数的具体形式为 CRRA 效用函数：

$$u(c_t) = \frac{c_t^{1-\gamma}}{1-\gamma} \qquad (7.2)$$

其中 γ 为相对风险规避系数。

这里关于消费的假定与卢卡斯（2003）一致，即消费流服从如下随机过程：

$$c_t = Ae^{\mu t}e^{-\frac{1}{2}\sigma^2}\varepsilon_t \qquad (7.3)$$

其中 $\log(\varepsilon_t)$ 独立同分布，并且服从均值为0，方差为 σ^2 的正态分布。那么由对数正态分布的性质可以得到平均消费为 $E(c_t) = Ae^{\mu t}$。

卢卡斯提出这样一个简单的问题：假如消费者当前的消费路径以不变速率 μ 稳定增长。如果在消费者的消费路径引入不确定性，那么应该对随机性的消费流补偿多少，才能使得消费者对于确定的消费流和补偿后的随机消费流无差异。也就是说，选择一个参数 λ，使得：

$$E\left\{\sum_{t=0}^{\infty}\beta^t\frac{\left[(1+\lambda)c_t\right]^{1-\gamma}}{1-\gamma}\right\} = \sum_{t=0}^{\infty}\beta^t\frac{\left[E(c_t)\right]^{1-\gamma}}{1-\gamma} = \sum_{t=0}^{\infty}\beta^t\frac{\left[Ae^{\mu t}\right]^{1-\gamma}}{1-\gamma} \quad (7.4)$$

补偿参数 λ 度量了消除消费波动性所得到的福利收益（welfare gain），也就是存在消费波动性的福利成本（welfare cost）。卢卡斯（2003）证明，当消费流的增长服从对数正态过程时，经济周期的福利成本近似地等于0.5倍相对风险规避系数（γ）乘以消费增长的波动率（σ^2）。

$$\lambda \approx \frac{1}{2}\gamma\sigma^2 \qquad (7.5)$$

可见，卢卡斯模型所定义的经济周期的福利成本（用 λ 表示）不仅取决于消费的波动 σ^2，还依赖消费者的相对风险规避系数 γ。因此，消费波动越大（σ^2 越大）以及消费者越厌恶消费波动（γ 越高），经济周期的成本就越高。

因此，在给出相对风险规避系数 γ 的合理取值范围[1]，我们可以利用卢卡斯模型计算中国消费波动给消费者带来的福利损失。表7－1给出了中国消费波动的福利成本，并将其与美国经济进行比较。

从表7－1可以看出，对于美国经济（$\gamma = 2$ 时）而言，消除所有消费波动性为消费者带来的福利增加，大约仅仅相当于将消费水平提高了0.1个百分点，这

---

[1]　Hashmat Khan and John Tsoukalas（2009）在剔除价格加成冲击后也出现类似情况，即对美国经济波动的影响力由非预期投资冲击向非预期生产率冲击和生产率预期冲击转移。
　　Kydland and Prescott（1982）估计相对风险回避系数处于1和2之间。然而资产定价理论一般认为，相对风险规避系数处于［2，10］区间比较合理。因此，本书将选取 γ 的值分别为2，3，4，5，6。

是一个非常小的数值，大大出乎许多经济学家的意料。即使取更高的 γ 值，消除所有消费波动的福利收益也很小，最好的情况也只是将消费水平提高不到 0.4 个百分点。同样地，对于中国经济（$\gamma = 2$ 时）而言，消除所有消费波动性为消费者带来的福利增加，大约只相当于将消费水平提高了 0.24 个百分点。而且对于更高的 γ 值，消除所有消费波动的福利收益仍然很小，最好的情况也不到 1 个百分点。

表 7 - 1   消费波动的福利成本——卢卡斯模型   单位：%

γ	λ（美国）[1]	λ（中国）[2]
2	0.102	0.240
3	0.154	0.360
4	0.205	0.480
5	0.256	0.600
6	0.307	0.720

注：①卢卡斯（2003）使用美国 1947～2001 年度消费数据估计美国消费的波动率为 $(0.032)^2$；

②本书使用中国 1952～2004 年度消费数据估计中国消费的波动率为 $(0.049)^2$。这里消费波动率的取值为本书的估计值。

第三节   中国经济周期的福利成本的估计： 存在 "严重衰退" 状态的福利成本模型

国内的一些学者（陈彦斌、周业安，2006；饶晓辉、廖进球，2008）试图在卢卡斯模型的基础上通过修改消费者的偏好来研究中国经济周期的福利成本。本章采用另一种方法，通过假设消费增长服从一个三状态的离散马尔科夫过程来估算中国经济周期的福利成本。具体地，我们假设消费增长（$c_{t+1}/c_t = \mu_{t+1}$）服从如下离散状态马尔科夫过程：

$$\mu_t = \begin{cases} \mu_1 = 1 + m + \delta \\ \mu_2 = 1 + m - \delta \\ \mu_3 = k(1 + m) \end{cases}$$

同时，假设这个三状态离散马尔科夫过程的一步转移概率矩阵为：

$$\Pi = \begin{pmatrix} \pi & 1-\pi-p & p \\ 1-\pi-p & \pi & p \\ \dfrac{1}{2} & \dfrac{1}{2} & 0 \end{pmatrix}$$

其中矩阵的第 i 行第 j 列（i，j = 1，2，3）的元素表示经济从状态 i 到达状态 j 的条件概率。

在消费增长的三个状态中，状态 1 和状态 2 表示消费的正常增长状态。1 + m 表示消费增长的平均值，δ 表示消费增长的波动。在假设 k < 1 的情况下，第三个状态代表经济处于"严重衰退"状态。这里，我们假设经济不会持续处于"严重衰退"状态。而且，我们假设经济从"严重衰退"状态恢复到两个正常增长状态的概率相等。

关于消费者偏好的假定与前一节完全相同。在新的经济环境下，我们考虑卢卡斯提出的问题：假如消费者当前的消费路径以不变的平均速率 μ 稳定增长，如果在消费者的消费路径引入不确定性，那么应该对随机性的消费流补偿多少，才能使得消费者对于确定的消费流和补偿后的随机消费流无差异。同样地，我们选择参数 λ，使得：

$$E\left\{ \sum_{t=0}^{\infty} \beta^t \frac{\left[(1+\lambda)c_t\right]^{1-\gamma}}{1-\gamma} \right\} = \sum_{t=0}^{\infty} \beta^t \frac{\left[E(c_t)\right]^{1-\gamma}}{1-\gamma} = \sum_{t=0}^{\infty} \beta^t \frac{\left[c_0\mu^t\right]^{1-\gamma}}{1-\gamma} \quad (7.6)$$

其中 μ = E(μ_t)。

方程式（7.6）的右边可以简化为：

$$\frac{c_0^{1-\gamma}}{1-\gamma} \frac{1}{1-\beta\mu^{1-\gamma}} \quad (7.7)$$

方程式（7.6）的左边可以化为：

$$\frac{(1+\lambda)^{1-\gamma}}{1-\gamma} E_0\left[\sum_{t=0}^{\infty} \beta^t c_t^{1-\gamma} \right] \quad (7.8)$$

接下来，我们定义值函数 $v(c_0, \mu_0) = \max E_0\left[\sum_{t=0}^{\infty} \beta^t c_t^{1-\gamma} \right]$。有了值函数的定

义之后，我们知道值函数满足如下函数形式：

$$v(c_t, \mu_t) = \max[c_t^{1-\gamma} + \beta E_t[v(c_{t+1}, \mu_{t+1})]] \tag{7.9}$$

与扬奎斯特和萨金特（Ljungqvist and Sargent，2004）的做法一样，在 CRRA 效用函数的假设条件下，我们猜值函数的形式为：

$$v(c_t, \mu_t) = c_t^{1-\gamma} w(\mu_t) \tag{7.10}$$

把值函数的具体函数形式代入方程式（7.9），得到关于函数 w 的表达式：

$$w(\mu_t) = 1 + \beta E_t\left[\left(\frac{c_{t+1}}{c_t}\right)^{1-\gamma} w(\mu_{t+1})\right] \tag{7.11}$$

让 $w_i = w(\mu_i)$，式（7.11）可以表示为：

$$w_i = 1 + \beta E_i[(\mu_j)^{1-\gamma} w_j]; \quad (i, j = 1, 2, 3) \tag{7.12}$$

式（7.12）是关于未知变量（w_1，w_2，w_3）的三个线性方程组，解这个线性方程组得到 $w_i(i = 1, 2, 3)$ 的值。因此，方程式（7.6）的左边，即消费者一生期望效用的加总，可以表示为：

$$\frac{(1+\lambda)^{1-\gamma}}{1-\gamma} E_0[c_0^{1-\gamma} w(\mu_0)] = \frac{(1+\lambda)^{1-\gamma}}{1-\gamma} c_0^{1-\gamma} E(w) \tag{7.13}$$

其中 $E(w)$ 表示以非条件概率计算的非条件期望。非条件概率通过求解特征根为 1 时转移概率矩阵 Π 的特征向量而得到。

至此，解下述方程得到代表经济周期福利成本的参数 λ 的值：

$$(1+\lambda)^{1-\gamma} E(w) = \frac{1}{1-\beta\mu^{1-\gamma}} \tag{7.14}$$

为了量化存在"严重衰退"状态的经济周期的福利成本，我们必须对描述离散状态马尔科夫过程的参数（π，p，k，m，δ）进行校准。也就是说，选择参数（π，p，k，m，δ），使得模型中关于 μ_t 的期望、标准差以及一阶自相关系数在最大程度上与样本数据的期望、标准差以及一阶自相关系数相吻合。虽然可以通过估计得到关于 μ_t 的三个矩（期望、标准差、一阶自相关系数），但是仅有这些条件还不足以确定描述上述马尔科夫过程的五个参数（π，p，k，m，δ）。这里，我们采取与里兹（1988）和萨莱尔（2007）同样的做法，合理地选取参数 p 和 k 的值。这样，我们有三个已知条件，正好确定剩下的三个参数（参数估计过程见附录 A）。

下面我们以美国经济为例，用本模型来估算美国经济周期的福利成本。表 7－2 给出了美国 1948～2001 年度人均消费数据的期望、标准差以及一阶自相关系数。我们对参数 p 和 k 取三组值 [（p = 0.003，k = 0.45）、（p = 0.008，k = 0.59）和（p = 0.017，k = 0.71）][①]，然后与卢卡斯模型的结果进行比较，比较结果见表 7 - 3。

表 7 - 2　　　　　　　　　　美国年度消费数据的样本矩

样本矩	数值
$E(\mu_t)$	1.02
$Sd(\mu_t)$	0.032
$Corr(\mu_t, \mu_{t-1})$	0.05

资料来源：Salyer（2007）。

表 7 - 3　　　　　　　　　　美国消费波动的福利成本　　　　　　　　单位：%

γ	经济 1 （p = 0.003，k = 0.45）	经济 2 （p = 0.008，k = 0.59）	经济 3 （p = 0.017，k = 0.71）	卢卡斯模型
2.0	3.644	3.167	2.554	0.102
3.0	5.879	4.617	3.382	0.154
4.0	9.658	6.532	4.261	0.205
5.0	17.846	9.387	5.295	0.256
6.0	55.966	14.274	6.591	0.307

通过表 7 - 3 我们可以看出，在消费存在"严重衰退"状态的经济中消费波动的福利成本远远高于消费流为对称分布的经济中消费波动的福利成本。而且，对于不同的 γ 值，经济 1 的福利成本大约是卢卡斯模型的福利成本的 25 ~ 182 倍，经济 2 的福利成本大约是卢卡斯模型的福利成本的 30 ~ 46 倍，经济 3 的福利成本大约是卢卡斯模型的福利成本的 20 ~ 25 倍。因此，到目前为止，我们从表 7 - 3 至少可以得出这样一个推论：本模型的结论不支持观点"经济波动的福利成本是微不足道的，政府的优先任务并不是制定稳定经济的政策"（Lucas，1987；2003）。

---

① 关于参数 p 和 k 的三组取值可通过附表计算得到，具体见第四节。

第四节　对中国经济周期的福利成本估计的讨论

在本节，我们将应用前一节讨论的福利成本模型估算中国经济周期的福利成本。从前一节的分析我们知道，要利用存在"严重衰退"状态的福利成本模型来估算中国经济周期的福利成本，我们必须估计中国经济运行过程中"严重衰退"状态的发生频率和幅度（即估计 p 和 k 的合理取值）。

一、关于"严重衰退"状态的发生频率和幅度（p 和 k）的合理取值

在估计 p 和 k 的合理取值方面，美国哈佛大学经济系教授巴罗（2006；2007；2008）对此进行了深入和广泛的研究。Barro 认为，实际和潜在的经济灾难（严重衰退）可由以下诸多事件所导致：经济事件（大萧条、金融危机）、战争（世界大战、核冲突）、自然灾害（海啸、飓风、地震）以及传染病（黑死病、禽流感）。一个典型的经济灾难是导致全球性经济衰退的大萧条，但是，如果仅从经济衰退严重程度的角度来看，在二十世纪的所有灾难当中，战争引起的经济衰退可能比纯经济事件更为严重。虽然对于美国来说，战争并没有对其国内的生产能力造成严重损害，但是战争（尤其是第一次和第二次世界大战）却对其他 OECD 国家造成了深远影响。

然后，巴罗用二十世纪经济灾难的历史数据估计了经济运行过程中"严重衰退"状态在单位时间内发生的概率和幅度。巴罗把人均实际 GDP 下降 15% 及以上视为一种经济灾难（"严重衰退"）。附表 7 – 1 的第一部分给出了部分 OECD 国家在二十世纪发生经济灾难的情况（见本章附录 B）。附表 7 – 2 的第二部分给出了拉美国家和亚洲国家在二十世纪发生经济灾难的情况（见附录 B）。从附表我们知道：（1）在整个二十世纪，被考察的 35 个国家总共发生人均实际

GDP 下降 15% 及以上的经济灾难的次数达到 60 次。其中，OECD 国家发生经济灾难的次数为 28 次，拉美和亚洲国家发生经济灾难的次数为 32 次。而且，这 60 次经济灾难的均值为 29%，也就是说，每个国家平均每年约以 1.7% 的概率进入人均实际 GDP 下降 29% 的"严重衰退"状态。（2）在整个二十世纪，被考察的 35 个国家总共发生人均实际 GDP 下降 25% 及以上的经济灾难的次数达到 27 次。而且，这 27 次经济灾难的均值约为 41%。也就是说，每个国家平均每年约以 0.8% 的概率进入人均实际 GDP 下降 41% 的"严重衰退"状态。（3）在整个二十世纪，被考察的 35 个国家总共发生人均实际 GDP 下降 45% 及以上的经济灾难的次数达到 10 次。而且，这 10 次经济灾难的均值约为 55%，也就是说，每个国家平均每年约以 0.3% 的概率进入人均实际 GDP 下降 55% 的"严重衰退"状态。因此，根据巴罗（2006 QJE）对经济灾难发生频率和幅度的估算，我们得到关于 p 和 k 的合理取值为：

表 7-4   **p 和 k 的合理取值**

经济灾难为情况（a）时	经济灾难为情况（b）时	经济灾难为情况（c）时
p = 0.017	p = 0.008	p = 0.003
k = 0.71	k = 0.59	k = 0.45

二、估算中国经济波动的福利成本

上述关于 p 和 k 的合理取值是否适用于研究中国经济波动的福利成本问题？这是一个非常难以回答的问题。本章将首次尝试深入地讨论这一重要问题，并试图寻找解决这一问题的方法。对此，我们的研究思路是这样的：首先，缺乏关于中国 GDP 或消费的长期（一个世纪甚至更长时间）数据，正如巴罗（2008）所指出的"往往在那些发生经济灾难（尤其是战争导致的经济灾难）的年份，数据缺失问题更为严重，然而这些缺失的数据却正是估计经济灾难发生频率和幅度的关键因素"。其次，利用存在"严重衰退"状态的福利成本模型来研究经济波动的福利成本问题尚处于起步阶段，对于经济灾难的发生频率和幅度的估算还存在争议。再次，中国经济现在处于转型阶段，迄今为止还没有学者利用存在"严重衰退"状态的福利成本模型研究转型经济的经济周期福利成本问题。因此，基于上述原因，在估算中国经济波动的福利成本时，我们仍然采用巴罗（2006）的方法来选取 p 和 k 的值。即我们同样选择 p 和 k 的三组取值 [（p = 0.003，k = 0.45）、（p = 0.008，k = 0.59）、（p = 0.017，k = 0.71）] 来估算中国经济波动的福利成本。

下面我们用存在"严重衰退"状态的福利成本模型来估算中国经济波动的福利成本。表 7 - 5 给出了我国 1952 ~ 2004 年度人均实际消费增长的期望、标准差以及一阶自相关系数。我们用参数 p 和 k 的三组取值 [（p = 0.003，k = 0.45）、（p = 0.008，k = 0.59）、（p = 0.017，k = 0.71）] 计算中国经济波动的福利成本，然后与卢卡斯模型的结果进行比较，比较结果见表 7 - 6。

表 7 - 5　　　　　　　　　　中国人均消费增长的样本矩

$E(\mu_t)$	1.045673
$Sd(\mu_t)$	0.04934
$Corr(\mu_t, \mu_{t-1})$	0.189252

　　资料来源：本章采用的数据为全国居民的名义消费水平、全国居民的消费价格指数（CPI）及全国人口数等时间序列，具体数据来源于《新中国五十五年统计资料汇编》，时间跨度为 1952 ~ 2004 年。实际年度人均消费水平是以 1978 年的 CPI 为基期对全国居民的名义消费水平进行价格平减后得到。

从表 7 - 6 可以看出，存在"严重衰退"状态的福利成本模型估算的福利成本远远高于卢卡斯模型估算的福利成本。对于不同的 γ 值，经济 1 的福利成本大约是卢卡斯模型的福利成本的 15 ~ 23 倍，经济 2 的福利成本大约是卢卡斯模型的福利成本的 12 ~ 19 倍，经济 3 的福利成本大约是卢卡斯模型的福利成本的 8 ~ 17 倍。而且在相对风险规避系数的取值范围内，经济 1 的福利成本高于经济 2 的福利成本，而经济 2 的福利成本又高于经济 3 的福利成本。具体地，对于相对风险规避系数为 4 的代表性消费者来说，他愿意永久性地每年放弃大约 6% 的消费以消除所有的"经济灾难"，虽然这些"灾难"每年发生的概率很小。也就是说，彻底消除"经济灾难"带来的消费波动性所改善的每一个中国消费者的福利水平，大约相当于永远增加每一个居民的消费水平 6 个百分点。中国 2004 年的城镇居民家庭名义消费性支出为 9 105 元，经济波动的福利成本等于每年给每一个家庭 546.3 元[①]。

表 7-6　　　　中国消费波动的福利成本（%）

γ	经济 1 (p=0.003, k=0.45)	经济 2 (p=0.008, k=0.59)	经济 3 (p=0.017, k=0.71)	卢卡斯模型
2.0	4.519	4.454	4.097	0.237
3.0	5.598	5.166	4.493	0.356
4.0	7.278	5.989	4.814	0.475
5.0	10.323	7.122	5.165	0.593
6.0	16.786	8.796	5.596	0.712

注：为了与国内其他学者的研究结果比较，这里卢卡斯模型中的消费波动率采用陈太明（2007）的数据，即 σ 的取值为 0.048711（见陈太明（2007）表 3）。用卢卡斯模型或其扩展模型来研究中国经济波动的福利成本问题的学者还有：陈彦斌、周业安（2006），饶晓辉、廖进球（2008）。在相对风险规避系数取值为 2 到 6 时，他们估算的中国经济波动的福利成本一般不超过 1%。

进一步，我们考察在经济 3 中降低"严重衰退"状态发生的概率（从 0.017 降到 0.003）所引起的福利影响。表 7-7 给出了这种概率变化所导致的福利收益，然后与卢卡斯模型的结果进行比较，比较结果见表 7-7。

表 7-7 告诉我们，与卢卡斯模型的结果相比，降低"经济灾难"发生概率的边际福利收益相当大，大约是卢卡斯模型结果的 3~4 倍。

表 7-7　　　降低"严重衰退"状态发生概率的福利收益　　单位：%

γ	$\lambda_{p=0.017} - \lambda_{p=0.003}$	卢卡斯模型
2.0	0.848	0.243
3.0	1.108	0.365
4.0	1.359	0.487
5.0	1.653	0.609
6.0	2.021	0.730

注：这里卢卡斯模型中的消费波动率采用本书估算的数据，即 σ 的取值为 0.04934。

[①] 陈彦斌、周业安（2006）计算得到中国经济波动的福利成本相当于永久性地每季度给城镇居民家庭 17.7 元；饶晓辉、廖进球（2008）计算得到中国经济波动的福利成本相当于每年给城镇居民家庭 70.1 元；陈太明（2007）计算得到中国经济波动的福利成本相当于每年给城镇居民家庭 108 元。

另外，我们考察存在"严重衰退"状态的福利成本模型在不同经济体之间的适用性问题，结果见表7-8。

表7-8　中国消费波动的福利成本与美国消费波动的福利成本之比较

γ	经济1（中国） （p = 0.003，k = 0.45）	经济1（美国） （p = 0.003，k = 0.45）
2.0	4.519	3.644
3.0	5.598	5.879
4.0	7.278	9.658
5.0	10.323	17.846
6.0	16.786	55.966
γ	经济2（中国） （p = 0.008，k = 0.59）	经济2（美国） （p = 0.008，k = 0.59）
2.0	4.454	3.167
3.0	5.166	4.617
4.0	5.989	6.532
5.0	7.122	9.387
6.0	8.796	14.274
γ	经济3（中国） （p = 0.017，k = 0.71）	经济3（美国） （p = 0.017，k = 0.71）
2.0	4.097	2.544
3.0	4.493	3.382
4.0	4.814	4.261
5.0	5.165	5.295
6.0	5.596	6.591

从表7-8我们可以看出，在相对风险规避系数取值比较小时（比如经济1中γ小于3；经济2中γ小于4；经济3中γ小于5），中国经济波动的福利成本高于美国经济波动的福利成本。然而，在相对风险规避系数比较大时（比如经济1中γ大于等于3；经济2中γ大于等于4；经济3中γ大于等于5），美国经济波动的福利成本高于中国经济波动的福利成本。而且，随着"经济衰退"的幅度越来越大，经济波动的福利成本对于相对风险规避系数的敏感度越来越高。另外，由表7-7

我们还发现，在相对风险规避系数取值范围内（γ小于6），中国经济波动的福利成本与美国经济波动的福利成本相当接近[①]，这从某种程度上说明了存在"严重衰退"状态的福利成本模型适用于不同的经济体。进一步，我们从表7-8可以得出这样一个结论：厌恶风险（比如，γ大于5）的消费者甚至愿意永久地每年放弃50%的消费以消除那些小概率但是后果极其严重的"经济灾难"（比如经济1）。因此，政府防止经济进入"严重衰退"的稳定政策（如美国及欧洲政府对金融市场的救援计划和中国政府的经济刺激计划）有利于缓解目前波及全球的经济衰退问题，而且这些稳定政策对于改善社会福利具有更为重要的意义。

第五节　本 章 小 结

一般说来，在市场经济下，在消费结构升级、工业化和城镇化进程加快的时期，即工业化中期，是经济波动幅度最大的时期（刘树成，1996）。美国在20世纪20年代到30年代初所发生的大繁荣和随后的大危机、大萧条，就是处于美国工业化中期阶段的事情。中国现在正值工业化和城镇化进程加快时期，客观上说，正是经济波动幅度加大的时期。克服经济的大幅起落，实现经济周期波动在适度高位的平滑化，是人们一直所盼望的（刘树成，2005）。因此，政府制定防止经济大起大落的宏观稳定政策对于改善社会福利具有重要的意义。

本章在卢卡斯模型基础上，引入存在"严重衰退"状态的消费增长过程，重新估算中国经济周期的福利成本。通过本章模型的计算，我们得出：（1）应用存在"严重衰退"状态的福利成本模型估算的中国经济波动的福利成本远远高于卢卡斯模型估算的结果。在合理的参数范围内，前者一般是后者的十倍左右。因此，从理论上来说，对于中国经济而言旨在防止"严重衰退"状态发生的宏观稳定政策的福利收益相当大，这一结论为中国当前实施的宏观稳定政策提供了理论依据。（2）对于中国经济而言降低"严重衰退"状态发生的概率

[①]　陈彦斌、周业安（2006）计算得到中国经济波动的福利成本大约是美国经济波动的福利成本的22倍。

（从 0.017 降低到 0.003）所获得的福利收益大约是卢卡斯模型结果的 3～4 倍。这表明，中国宏观稳定政策的收益主要来源于降低"严重衰退"状态的发生概率，而不是减少通常意义上的经济波动。（3）在相对风险规避系数取值范围内（γ 小于 6），中国经济波动的福利成本与美国经济波动的福利成本相当接近，这从某种程度上说明了存在"严重衰退"状态的福利成本模型适用于不同的经济体。因此，各国政府当前制定的各种预防经济进入"严重衰退"状态的稳定政策（如美国及欧洲政府对金融市场的救援计划和中国政府的经济刺激计划）有利于缓解目前波及全球的经济衰退问题。

本章模型的分析采用一些简化的假设，例如，我们假设消费增长服从一个三状态的离散马尔科夫过程。然而，在现实中，消费增长可能服从一个连续状态的随机过程，而且经济从"严重衰退"状态恢复到各个正常增长状态的概率也不一样。因此本章的一个扩展方向是找到更能拟合现实的随机过程来描述消费的增长过程，以便更为精确地估计经济波动的福利成本。另外，由于缺乏关于中国的 GDP 或消费的长期（一个世纪甚至更长时间）数据，特别是那些在"经济灾难"（尤其是战争导致的经济灾难）发生年份的数据，本章直接采用巴罗（2006）对"经济灾难"发生频率和幅度的估计值来计算中国经济波动的福利成本。虽然巴罗（2006）采用的样本具有普遍性，但其研究对象主要是针对发达经济体。中国经济的特征具有自身的特殊性。因此本章的另一个扩展方向是挖掘中国长期的经济数据，进而估计出体现中国经济特征的"经济灾难"的发生频率和幅度。

附录： 参数估计和附表

一、参数估计

在估计参数前，我们必须得到关于转移概率矩阵的稳定分布。通过一步转移概率矩阵，计算与其对应的稳定概率分布。稳定概率分布由下式确定：

$$(\Pi^{T} - I) P = 0$$

其中 Π^{T} 表示转移概率矩阵的转秩矩阵，I 为单位矩阵，$P = (p_1, p_2, p_3)^{T}$ 表示对应于转移概率矩阵 Π 的稳定分布。通过计算得到稳定概率分布为：

$$P = \begin{pmatrix} p_1 \\ p_2 \\ p_3 \end{pmatrix} = \begin{pmatrix} 1/2(1+p) \\ 1/2(1+p) \\ p/(1+p) \end{pmatrix}$$

接下来对描述马尔科夫过程的参数 (m, δ, π) 进行校准。也就是说，选择参数 (m, δ, π)，使得模型中关于 μ_t 的期望、标准差以及一阶自相关系数在最大程度上与样本数据的期望、标准差以及一阶自相关系数相吻合。我们首先定义 M_1，M_2 和 M_3 分别表示消费增长率 μ_t 的期望、二阶矩以及 μ_t 与自身一期滞后变量的矩。即，$M_1 \equiv E(\mu_t)$，$M_2 \equiv E(\mu_t^2)$，$M_3 \equiv E(\mu_t \mu_{t-1})$。根据期望算子的定义，我们有：

$$M_1 = p_1 \mu_1 + p_2 \mu_2 + p_3 \mu_3 = \frac{(1+p)(1+m)}{(1+p)}$$

$$M_2 = p_1 \mu_1^2 + p_2 \mu_2^2 + p_3 \mu_3^2 = \frac{(1+pk^2)(1+m)^2 + \delta}{(1+p)}$$

$$M_3 = E[E[\mu_t \mu_{t-1} | \mu_{t-1}]]$$
$$= p_1 E_1(\mu_1 \mu_t) + p_2 E_2(\mu_2 \mu_t) + p_3 E_3(\mu_3 \mu_t)$$
$$= \frac{\delta^2(2\pi - 1 + p) + (1+m)^2(1-p+2pk)}{(1+p)}$$

因此，根据上面的三个等式，我们得到参数 (m, δ, π) 的估计值分别为：

$$\hat{m} = \frac{(1+p)M_1}{(1+pk)} - 1$$

$$\hat{\delta} = [(1+p)M_2 - (1+pk^2)(1+\hat{m})^2]^{\frac{1}{2}}$$

$$\hat{\pi} = \frac{[(1+p)M_3 - (1-p+2pk)(1+\hat{m})^2 + (1-p)\hat{\delta}^2]}{2\hat{\delta}^2}$$

二、附表

附表 7 – 1　　第一部分：部分 OECD 国家在二十世纪发生经济灾难的情况

事件	国家	年份	人均实际 GDP 下降（%）
第一次世界大战	奥地利	1913 ~ 1919	35
	比利时	1916 ~ 1918	30
	丹麦	1914 ~ 1918	16
	芬兰	1913 ~ 1918	35
	法国	1916 ~ 1918	31
	德国	1913 ~ 1919	29
	荷兰	1913 ~ 1918	17
	瑞典	1913 ~ 1918	18
大萧条	澳大利亚	1928 ~ 1931	20
	奥地利	1929 ~ 1933	23
	加拿大	1929 ~ 1933	33
	法国	1929 ~ 1932	16
	德国	1928 ~ 1932	18
	荷兰	1929 ~ 1934	16
	新西兰	1929 ~ 1932	18
	美国	1929 ~ 1933	31
西班牙内战	葡萄牙	1934 ~ 1936	15
	西班牙	1935 ~ 1938	31
第二次世界大战	奥地利	1944 ~ 1945	58
	比利时	1939 ~ 1943	24
	丹麦	1939 ~ 1941	24
	法国	1939 ~ 1944	49
	德国	1944 ~ 1946	64
	希腊	1939 ~ 1945	64
	意大利	1940 ~ 1945	45
	日本	1943 ~ 1945	52
	荷兰	1939 ~ 1945	52
	挪威	1939 ~ 1944	20

资料来源：参见 Barro（2006 QJE）表 1。

附表 7 - 2　第二部分：拉美国家和亚洲国家在二十世纪发生经济灾难的情况

事件	国家	年份	人均实际 GDP 下降（%）
第一次世界大战	阿根廷	1912～1917	29
	智利	1912～1915	16
	智利	1917～1919	23
	乌拉圭	1912～1915	30
	委内瑞拉	1913～1916	17
大萧条	阿根廷	1929～1932	19
	智利	1929～1932	33
	墨西哥	1926～1932	31
	秘鲁	1929～1932	29
	乌拉圭	1930～1933	36
	委内瑞拉	1929～1932	24
	马来西亚	1929～1932	17
	斯里兰卡	1929～1932	15
第二次世界大战	秘鲁	1941～1943	18
	委内瑞拉	1939～1942	22
	印度尼西亚	1941～1949	36
	马来西亚	1942～1947	36
	菲律宾	1940～1946	59
	韩国	1938～1945	59
	斯里兰卡	1943～1946	21
第二次世界大战后的危机	阿根廷	1979～1985	17
	阿根廷	1998～2002	21
	智利	1971～1975	24
	智利	1981～1983	18
	秘鲁	1981～1983	17
	秘鲁	1987～1992	30
	乌拉圭	1981～1984	17
	乌拉圭	1998～2002	20
	委内瑞拉	1977～1985	24
	印度尼西亚	1997～1999	15
	菲律宾	1982～1985	18
GDP 下降 15% 及以上共发生 60 次，其均值为			29

资料来源：参见 Barro（2006 QJE）表 1。

第八章
结 论

第一节　本书的主要结论

本书以中国经济周期波动为研究主题，重点研究两个问题：一是，中国经济周期波动的原因是什么？二是，中国经济周期波动究竟给人们带来多少成本？因此本书的结论也相应地包括两部分。

一、关于中国经济周期波动的原因

本书第三章至第六章尝试将预期冲击与中国经济结合起来研究，以考察预期冲击解释中国经济周期波动的重要性，主要结论如下：

首先，本书第三章在标准的 RBC 模型中引入预期冲击（news shocks），建立一个扩展的 RBC 模型，旨在分析预期冲击导致经济波动的机制和效应。第三章分析表明，在标准 RBC 模型中，预期冲击难以形成经济波动的共动特征，这是本章模型的一个缺陷。接下来，我们利用这个扩展的 RBC 模型模拟中国 1981～2008 年的经济数据，考察其解释中国经济周期波动的能力。我们发现，技术冲击和关于未来技术的预期冲击对中国经济波动的解释力不够理想，技术冲击大约能够解释总产出波动的 45%，预期冲击可以解释 50% 以上的中长期经济波动。模型经济对中国经济波动的解释力不够理想是本章模型的另一个缺陷。第三章的分析是初步的，目的是探讨如何将预期冲击纳入经济周期理论模型，并初步考察预期冲击导致经济波动的机制和效应。

在充分认识第三章模型缺陷的基础上，本书第四章首先建立一个包含预期冲击的简单 DSGE 模型。我们在这个简单模型中引入两类实际摩擦：消费习惯和投资调整成本，因为消费习惯和投资调整成本是预期冲击导致经济总量间共动性的重要因素。在此模型基础上，我们利用贝叶斯方法估计了预期冲击在解释改革开放以后中国经济周期波动的重要性。我们发现，预期冲击是中国经济周期波动的最主要的驱动力,可以解释超过三分之二的经济总量的波动。最后,在简单模型的基础上,我们构建了一个不包含名义摩擦的大型 DSGE 模型,以考察简单模型的结论是否稳健。我们的分析表明,简单模型的结论是稳健的。

在包含大量摩擦和冲击的新凯恩斯 DSGE 模型中,非预期冲击依旧是我国经济周期波动的主要驱动力,预期冲击在减缓我国经济剧烈波动方面发挥着重要的作用(在 1992 ~ 2008 年我国经济周期波动大起大落时期,预期冲击的作用微弱;在 2009 ~ 2016 年我国经济周期波动相对平缓的期间,预期冲击对经济波动的解释力有了大幅提升)。因此,国外文献关于预期冲击重要性的争议在中国经济同样存在。

最后,在对技术(全要素生产率,TFP)的预期冲击讨论之后,我们转向政策预期冲击(主要是货币政策预期冲击)的讨论。研究结果表明:区分预期与未预期货币政策冲击的 DSGE 模型要明显优于未包含预期冲击的模型,且预期货币政策冲击对大多数宏观经济变量的影响更大,因此,忽略预期冲击会低估货币政策的实施效果。无论何种政策规则下,货币政策冲击影响宏观经济波动的效果都较为明显,尤其是在对产出、投资、通胀的调控上,预期货币政策冲击比未预期货币政策冲击更为有效。

二、关于中国经济周期波动的福利成本

对经济周期福利成本的研究是我们研究经济波动问题的一种自然延伸。因为,对任何经济政策的评价最终都要归结到经济参与人的福利水平上来,当然,旨在消除经济波动的宏观经济政策也不例外。因此,为保证全文结构在逻辑上的完整性,本书第七章考察了中国经济周期的福利成本。

本书第七章沿着巴罗(2007;2006)和萨莱尔(2007)的思路,重新估算中国经济周期的福利成本。通过本章模型的计算,我们得出:(1)中国经济波动的福利成本远远高于卢卡斯模型估算的结果。在合理的参数范围内,前者一般是后者的十倍左右。(2)对于中国经济而言,降低"严重衰退"状态发生的概率(从 0.017 降低到 0.003)所获得的福利收益大约是卢卡斯模型结果的 3 ~ 4 倍。(3)在相对风险规避系数取值范围内(γ 小于 6),中国经济波动的福利成

本与美国经济波动的福利成本相当接近，这从某种程度上说明了本章模型适用于不同的经济体。

上述结论具有重要的理论和现实意义。首先，对于中国经济而言，旨在防止"严重衰退"状态发生的宏观稳定政策的福利收益相当大，这一结论为中国当前实施的宏观稳定政策提供了理论依据。其次，宏观稳定政策的收益主要来源于降低"严重衰退"状态的发生概率，而不是减少通常意义上的经济波动，这一结论为各国政府当前制定的各种预防经济进入"严重衰退"状态的稳定政策（如美国及欧洲政府对金融市场的救援计划和中国政府的经济刺激计划）提供了证据支持。

第二节　不足与进一步的研究方向

本书将预期冲击与中国经济结合起来研究，是一种初步的理论尝试，存在较多不足之处。首先，本书第四章至第六章主要以 DSGE 模型为基础，使用完全信息计量方法（贝叶斯方法）估计了预期冲击解释中国经济波动的重要性。这种方法仅从数量上证明了预期冲击是驱动中国经济波动的重要（或者不可忽略）的力量。遗憾的是，目前并没有确凿的经验证据表明预期冲击是导致中国经济周期波动的重要因素。国外学者在寻找表明预期冲击重要性的经验证据方面取得了重大突破（如 Beaudry and Portier，2006；Barsky and Sims，2011；Ben Zeev and Khan，2015；Forni and Gambetti，2016 等）。因此，寻找表明中国经济中预期冲击重要性的经验证据将是未来研究中国经济周期波动问题的一个重要方向。其次，本书的 DSGE 模型虽然考虑了各种实际冲击、名义冲击和市场不完善等因素，但是并没有考虑金融部门，尤其是中国特殊的金融结构等因素。因此，将本书的 DSGE 模型扩展到符合中国经济金融特征的 DSGE 模型也是未来的研究方向。

参考文献

［1］卜永祥、靳炎：《中国实际经济周期：一个基本解释和理论扩展》，载《世界经济》2002 年第 7 期。

［2］陈建斌：《政策方向、经济周期与货币政策效力非对称性》，载《管理世界》2006 年第 9 期。

［3］陈昆亭、龚六堂：《粘滞价格模型模拟中国经济的数值试验：对基本RBC 模型的改进》，载《数量经济与技术经济研究》2006 年第 8 期。

［4］陈昆亭、龚六堂：《中国经济增长的周期与波动的研究——引入人力资本后的 RBC 模型》，载《经济学（季刊）》2004 年第 4 期。

［5］陈昆亭、龚六堂、邹恒甫：《基本 RBC 方法模拟中国经济的数值试验》，载《世界经济文汇》2004 年第 2 期。

［6］陈昆亭、龚六堂、邹恒甫：《什么造成了经济增长的波动，供给还是需求：中国经济的 RBC 分析》，载《世界经济》2004 年第 4 期。

［7］陈昆亭、周炎、龚六堂：《中国经济周期波动特征分析：滤波方法的应用》，载《世界经济》2004 年第 10 期。

［8］陈师、赵磊：《中国的实际经济周期与投资专有技术变迁》，载《管理世界》2009 年第 4 期。

［9］陈师、赵磊：《中国经济周期特征与技术变迁——中性、偏向性抑或投资专有技术变迁》，载《数量经济技术经济研究》2009 年第 4 期。

［10］陈师：《中国经济波动——实际经济周期理论与实证研究》，西南财经大学博士论文，2009 年。

［11］陈太明：《中国经济周期的福利成本：1978～2004》，载《数量经济技术经济研究》2007 年第 1 期。

［12］陈彦斌：《中国经济增长与经济稳定：何者更为重要》，载《管理世界》2005 年第 7 期。

[13] 陈彦斌、周业安:《中国商业周期的福利成本》,载《世界经济》2006 年第 2 期。

[14] 崔建军、王利辉:《不同货币政策工具选择与有效性分析——以价格型和数量型为例》,载《大连理工大学学报(社会科学版)》2017 年第 1 期。

[15] 丁志帆:《预期到的与未预期到的财政政策冲击及其宏观影响》,载《经济理论与经济管理》2016 年第 6 期。

[16] 龚刚:《实际商业周期:理论、检验与争议》,载《经济学(季刊)》2004 年第 4 期。

[17] 龚刚、林毅夫:《过度反应:中国经济"缩长"之解释》,载《经济研究》2007 年第 4 期。

[18] 郭庆旺、贾俊雪:《中国潜在产出与产出缺口的估算》,载《经济研究》2004 年第 5 期。

[19] 郭庆旺、贾俊雪:《中国经济波动的解释:投资冲击与全要素生产率冲击》,载《管理世界》2004 年第 7 期。

[20] 国世平、张智川:《信息冲击、预期与中国居民消费动态》,载《沈阳师范大学学报(社会科学版)》2016 年第 5 期。

[21] 郝晓辉、许玥:《货币政策前瞻性指引有助于稳定经济——基于预期视角的数量分析》,载《广义虚拟经济研究》2015 年第 1 期。

[22] 胡岳峰:《关于中国新兴货币政策工具"常备借贷便利"的解析与国际比较》,载《金融经济》2015 年第 2 期。

[23] 华昱:《预期冲击、房地产部门波动与货币政策》,载《当代经济科学》2018 年第 2 期。

[24] 黄赜琳:《中国经济周期特征与财政政策效应——一个基于三部门 RBC 模型的实证分析》,载《经济研究》2005 年第 6 期。

[25] 黄赜琳:《技术冲击和劳动供给对经济波动的影响分析——基于可分劳动 RBC 模型的实证检验》,载《财经研究》2006 年第 6 期。

[26] 贾俊雪:《中国经济周期波动特征及原因研究》,中国金融出版社,2008 年。

[27] 睢国余、蓝一:《中国经济周期性波动微观基础的转变》,《中国社会科学》2005 年第 1 期。

［28］林细细、龚六堂：《中国债务的福利损失分析》，载《经济研究》2007 年第 1 期。

［29］林毅夫：《潮涌现象与发展中国家宏观经济理论的重新构建》，载《经济研究》2007 年第 1 期。

［30］林毅夫、巫和懋、邢亦青：《"潮涌现象"与产能过剩的形成机制》，北京大学中国经济研究中心工作论文，2009 年。

［31］刘辉霞：《为什么中国经济不是过冷就是过热?》，载《经济研究》2004 年第 1 期。

［32］刘树成：《论中国经济周期波动的新阶段》，载《经济研究》1996 年第 11 期。

［33］刘树成：《中国经济波动的新轨迹》，载《经济研究》2003 年第 3 期。

［34］刘树成：《中国五次宏观调控比较分析》，载《经济学动态》2004 年第 9 期。

［35］刘树成、张晓晶、张平：《实现经济周期波动在适度高位的平滑化》，载《经济研究》2005 年第 11 期。

［36］吕光明、齐鹰飞：《中国经济周期波动的典型化事实：一个基于 CF 滤波的研究》，载《财经问题研究》2006 年第 7 期。

［37］马德功、韩喜昆：《后危机时代中国货币政策的有效性研究——基于2008 年～2016 年月度数据的实证分析》，载《云南师范大学学报（哲学社会科学版)》2007 年第 1 期。

［38］马文涛、魏福成：《基于新凯恩斯动态随机一般均衡模型的季度产出缺口测度》，载《管理世界》2011 年第 5 期。

［39］钱士春：《中国宏观经济波动实证分析：1952～2002》，载《统计研究》2004 年第 4 期。

［40］曲琦、郭步超：《价格型与数量型货币政策工具比较——基于包含时变通胀目标的 DSGE 模型》，载《技术经济》2013 年第 12 期。

［41］饶晓辉、廖进球：《递归偏好、经济波动与增长的福利成本：基于中国的实证分析》，载《经济科学》2008 年第 4 期。

［42］沈坤荣、孙文杰：《投资效率、资本形成与宏观经济波动：基于金融发展视角的实证研究》，载《中国社会科学》2004 年第 6 期。

［43］ 盛松成、吴培新：《中国货币政策的二元传导机制——"两中介目标，两调控对象"模式研究》，载《经济研究》2008 年第 10 期。

［44］ 宋海云：《技术冲击和投资冲击对中美两国经济波动影响的比较分析——基于 RBC 模型的实证检验》，载《经济问题探索》2015 年第 8 期。

［45］ 汤铎铎：《中国经济周期波动的经验研究：描述性事实和特征事实（1949～2006）》，中国社会科学院研究生院博士研究生学位论文，2007 年。

［46］ 唐文健、李琦：《中国设备投资专有技术进步的估计》，载《统计研究》2008 年第 4 期。

［47］ 仝冰：《货币、利率与资产价格——基于 DSGE 模型的分析和预测》，北京大学博士论文，2010 年。

［48］ 仝冰：《投资冲击、混合频率数据与中国宏观经济波动》，载《经济研究》2017 年第 6 期。

［49］ 王君斌、郭新强、蔡建波：《扩张性货币政策下的产出超调、消费抑制和通货膨胀惯性》，载《管理世界》2011 年第 3 期。

［50］ 王君斌、王文甫：《非完全竞争市场、技术冲击和中国劳动就业——动态新凯恩斯主义视角》，载《管理世界》2010 年第 1 期。

［51］ 王频、侯成琪：《预期冲击、房价波动与经济波动》，载《经济研究》2017 年第 4 期。

［52］ 王文甫：《价格粘性、流动性约束与中国财政政策的宏观效应——动态新凯恩斯主义视角》，载《管理世界》2010 年第 9 期。

［53］ 王曦、王茜、陈中飞：《货币政策预期与通货膨胀管理——基于消息冲击的 DSGE 分析》，载《经济研究》2016 年第 2 期。

［54］ 王曦、邹文理、叶茂：《中国治理通货膨胀的货币政策操作方式选择》，载《中国工业经济》2012 年第 8 期。

［55］ 王晓芳、毛彦军：《预期到的与未预期到的货币供给冲击及其宏观影响》，载《经济科学》2012 年第 2 期。

［56］ 王旭东：《我国数量型与价格型货币政策调控的宏观经济效应研究》，武汉大学博士学位论文，2014 年。

［57］ 王勇、王鹏飞：《对〈基本 RBC 方法模拟中国经济的数值试验〉的评论及其他》，载《世界经济文汇》2004 年第 2 期。

［58］吴化斌、许志伟、胡永刚、鄢萍：《消息冲击下的财政政策及其宏观影响》，载《管理世界》2011 年第 9 期。

［59］徐高：《基于动态随机一般均衡模型的中国经济数量分析》，北京大学博士研究生学位论文，2008 年。

［60］徐琨、谭小芬：《中国数量型与价格型货币政策的权衡协调——基于含银行资本约束与金融资产的 DSGE 分析》，载《投资研究》2016 年第 5 期。

［61］徐忠：《经济高质量发展阶段的中国货币调控方式转型》，中国人民银行工作论文，2018 年。

［62］许江山：《投资冲击与经济周期》，载《期货日报》2010 年第 4 版。

［63］闫先东、张炎涛：《价格与数量型工具相互支撑的货币政策框架研究》，载《财贸经济》2016 年第 10 期。

［64］杨柳、李力、吴婷：《预期冲击与中国房地产市场波动异象》，载《经济学（季刊）》2017 年第 1 期。

［65］姚莉、马文鹏：《经济转型中货币政策工具选择问题探析》，载《价格理论与实践》2015 年第 6 期。

［66］易小丽：《投资专有技术冲击、货币冲击与中国宏观经济波动》，载《福建师范大学学报（哲学社会科学版）》2014 年第 4 期。

［67］尹雷、杨源源：《中国货币政策调控效率与政策工具最优选择——基于 DSGE 模型的分析》，载《当代经济科学》2017 年第 4 期。

［68］张达平、赵振全：《新常态下货币政策规则适用性研究——基于 DSGE 模型的分析》，载《经济学家》2016 年第 8 期。

［69］张海波、谢德泳：《股市收益率、货币政策与宏观经济变化关系的实证检验》，载《统计与决策》2014 年第 13 期。

［70］张杰平：《DSGE 模型框架下我国货币政策规则的比较分析》，载《上海经济研究》2012 年第 3 期。

［71］张军、章元：《对中国资本存量 K 的再估计》，载《经济研究》2003 年第 7 期。

［72］张伟、郑婕、黄炎龙：《货币政策的预期冲击与产业经济转型效应分析——基于跨产业 DSGE 模型的视角》，载《金融研究》2014 年第 6 期。

［73］张向达、娄峰：《中国货币政策的宏观经济效应分析：基于 FAVAR 模

型》，载《宏观经济研究》2017 年第 10 期。

[74] 张吟雪：《货币调控应从数量型向价格型转换》，载《上海证券报》2011 年。

[75] 赵根宏、林木西：《预期冲击、情绪与中国宏观经济波动》，载《经济体制改革》2016 年第 3 期。

[76] 赵胜民、罗琦：《动态随机一般均衡模型视角下的预期冲击与住房价格波动》，载《南方经济》2015 年第 2 期。

[77] 赵志耘、吕冰洋、郭庆旺、贾俊雪：《资本积累与技术进步的动态融合：中国经济增长的一个典型事实》，载《经济研究》2007 年第 11 期。

[78] 庄子罐、崔小勇、龚六堂、邹恒甫：《预期与经济波动——预期冲击是驱动中国经济波动的主要力量吗?》，载《经济研究》2012 年第 6 期。

[79] 庄子罐、崔小勇、赵晓军：《不确定性、宏观经济波动与中国货币政策规则选择——基于贝叶斯 DSGE 模型的数量分析》，载《管理世界》2016 年第 11 期。

[80] Alexopoulos, Michelle, 2011, Read All about It!! What Happens Following a Technology Shock? [J]. *American Economic Review*, 101 (4), 1144 – 1179.

[81] Alvarez, F. and Jermann, U. J., 2004, "Using Asset Prices to Measure the Cost of Business Cycles", *Journal of Political Economy*, 112, 1223 – 1256.

[82] An, S. and Schorfheide, F., 2007, "Bayesian analysis of DSGE models", *Econometric Reviews*, 26, 113 – 172.

[83] Barlevy, Gadi1., 2004, "The Cost of Business Cycles and the Benefits of Stabilization: A Survey", NBER Working Papers 10926.

[84] Barro, R. and R. King, 1984, "Time-separable preferences and intertemporal substitution models of business cycles", *Quarterly Journal of Economics*, 99 (4), 817 – 839.

[85] Barro, R. J., 2006, "Rare Disasters and Asset Markets in the Twentieth Century", *Quarterly Journal of Economics*, 121, 823 – 866.

[86] Barro, Robert J., 2007, "On the welfare cost of consumption uncertainty", NBER Working Papers 12763.

[87] Barro, Robert J. and Jose F. Ursua, 2008 (a), "Consumption Disasters

in the 20th Century", *American Economic Review*, Papers and Proceedings, 98 (May).

[88] Barro, Robert J. and Jose F. Ursua, 2008 (b), "Consumption Disasters since 1870", Forthcoming, *Brookings Papers on Economic Activity*.

[89] Barro, Robert J. , 1977, "Long – Term Contracting, Sticky Prices, and Monetary Policy", *Journal of Monetary Economics*, 3, 305 – 316.

[90] Barsky R B, Sims E R. 2011, News shocks and business cycles [J]. *Journal of monetary Economics*, 58 (3), 273 – 289.

[91] Basu, Susanto, John Fernald, and Miles Kimball, 1999, "Are Technology Improvements Contractionary?", mimeo, University of Michigan.

[92] Beaudry, P. and B. Lucke, 2009, "Letting different views about business cycles compete", in K. Rogoff and M. Woodford (eds), *NBER Macroeconomics Annual* (forthcoming).

[93] Beaudry, P. and F. Portier, 2004, "An Exploration into Pigou's Theory of Cycles", *Journal of Monetary Economics*, 51, 1183 – 1216.

[94] Beaudry, P. and F. Portier, 2006, "Stock prices, news and economic fluctuations", *American Economic Review*, 96, 1293 – 1307.

[95] Beaudry, P. and F. Portier, 2007, "When can changes in expectations cause business cycle fluctuations in neo-classical settings?", *Journal of Economic Theory*, 135, 458 – 477.

[96] Beaudry, P. and Portier, F. , 2005, "The News View of Economic Fluctuations: Evidence from Aggregate Japanese Data and Sectoral US Data", *Journal of the Japanese and International Economies* 19 (4), 635 – 652.

[97] Bekaert, G. , M. Hoerova, and M. Duca. Risk, 2013, Uncertainty and Monetary Policy [J]. *Journal of Monetary Economics*, 60 (7), 771 – 788.

[98] Ben Zeev, Nadav, Christopher M. Gunn, and Hashmat Khan. 2015, Monetary news shocks. No. CEP 15 – 02.

[99] Benhabib, Jess and Yi Wen, 2003, "Indeterminacy, Aggregate Demand, and the Real Business Cycles", *Journal of Monetary Economics*, 51, 503 – 530.

[100] Bernanke, Ben, Mark Gertler and Simon Gilchrist, 1999, "*The Finan-*

cial Accelerator in a Quantitative Business Cycle Framework", Handbook of Macroeconomics, edited by John B. Taylor and Michael Woodford, Amsterdam, New York and Oxford: Elsevier Science, North – Holland, 1341 – 1393.

[101] Beveridge, William H. , 1909, *Unemployment: A Problem of Industry*, Longmans Green, London.

[102] Blanchard, Olivier J. and Danny Quah, 1989, "The Dynamic Effects of Aggregate Demand and Supply Disturbances", *American Economic Review*, 79, 655 – 673.

[103] Blanchard, Olivier Jean, 1993, "Consumption and the Recession of 1990 – 91", *American Economic Review*, 83, 270 – 274.

[104] Boldrin, Michelle and Michael Woodford, 1990, "Equilibrium Models Displaying Endogenous Fluctuations and Chaos: A Survey", *Journal of Monetary Economics*, 25, 189 – 222.

[105] Bundick, B. , and A. L. , 2016, Smith. The Dynamic Effects of Forward Guidance Shocks [R]. Federal Reserve Bank of Kansas City Working Paper.

[106] Burdekin, R. C. K. , and P. L. Siklos. , 2005, What Has Driven Chinese Monetary Policy Since 1990? [R]. East – West Center Working Paper.

[107] Burns, Arthur and Wesley Mitchell, 1946, Measuring Business Cycles, National Bureau of Economic Research, New York.

[108] Burnside, Craig, Martin Eichenbaum, and Jonas Fisher, 2004, "Assessing the Effects of Fiscal Shocks", *Journal of Economic Theory*, 115, 89 – 117.

[109] Bussière, M. , C. Mulder, 2000, Political instability and economic vulnerability [J]. *International Journal of Finance & Economics*, 5 (4), 309 – 330.

[110] Calvo, Guillermo A. , 1983, Staggered prices in a utility-maximizing framework [J]. *Journal of Monetary Economics*, 12 (3), 383 – 398.

[111] Chang C. , K. Chen, D. Waggoner, T. Zha, 2016, Trends and Cycles in China's Macroeconomy [J]. *NBER Macroeconomics Annual*, 30, 1 – 84.

[112] Chari, V. V. and Kehoe, Patrick J. , 1999, "Optimal Fiscal and Monetary Policy", in John B. Taylor and Michael Woodford, eds. , Handbook of Macroeconomics, Amsterdam, The Netherlands: Elsevier Science, 1671 – 1745.

[113] Chari, V. V. , Patrick J. Kehoe, and Ellen McGrattan, 2004, "Are

Structural VARs Useful Guides for Developing Business Cycle Theories?", Federal Reserve Bank of Minneapolis, Working Paper 631.

[114] Christiano, L. J. , M. Eichenbaum, and C. L. Evans. 2005, Nominal Rigidities and the Dynamic Effects of a Shock to Monetary Policy [J]. *Journal of Political Economy*, 113 (1), 1 –45.

[115] Christiano, L. , Motto, R. and M. Rostagno, 2007, "Monetary policy and the stock market boom bust cycle", Manuscript, Northwestern University.

[116] Christiano, Lawrence and Martin Eichenbaum, 1992, "Current Real Business Cycle Theories and Aggregate Labor Market Fluctuations," *American Economic Review*, 82, 430 – 50.

[117] Christiano, Lawrence J. and Terry J. Fitzgerald. , 1998, "The Business Cycle: It's Still a Puzzle," Federal Reserve Bank of Chicago *Economic Perspectives*, 22, 56 – 83.

[118] Christiano, Lawrence, Martin Eichenbaum, and Robert Vigfusson, 2003, "What Happens After a Technology Shock?", mimeo, Northwestern University.

[119] Clarida, Richard, Jordi Gali, and Mark Gertler, 1999, "The Science of Monetary Policy: A New Keynesian Perspective," *Journal of Economic Literature*, 37, 1661 – 1707.

[120] Clark, John Maurice, 1934, Strategic Factors in Business Cycles, National Bureau of Economic Research.

[121] Cochrane, J. , 1994, "Shocks", Carnegie – Rochester Conference Series on Public Policy, 41, 295 – 364.

[122] Cogley, Timothy and James M. Nason, 1995, "Output Dynamics in Real – Business – Cycle Models", *American Economic Review*, 85, 492 – 511.

[123] Comin, Diego and Mark Gertler, 2004, "Medium Term Business Cycles," mimeo New York University.

[124] Cooley, Thomas and Edward C. Prescott, 1995, *"Economic Growth and Business Cycles"*, *In Frontiers of Business Cycle Research*, edited by Thomas F. Cooley, Princeton, Princeton University Press.

[125] D'Amico, S. , and T. B. King, 2015, What Does Anticipated Monetary

Policy Do [R]. FRB of Chicago, Working Paper.

[126] Danthine, J. B. Donaldson and T. Johnsen, 1998, "Productivity Growth, Consumer Confidence and the Business Cycle", *European Economic Review*, 42, 1113 – 1140.

[127] Davis, J., 2007, "News and the term structure in general equilibrium", Manuscript, Northwestern University.

[128] Denhaan, W. and G. Kattenbrunner, 2008, "Anticipated growth and business cycles in matching models", Manuscript, University of Amsterdam.

[129] DiCecio, Riccardo, 2003, "Comovement: It's Not a Puzzle," mimeo, Northwestern University.

[130] Dolmas, Jim., 1998, "Risk Preferences and the Welfare Cost of Business Cycles", *Review of Economic Dynamics*, 1 (3), 646 – 676.

[131] Epaulard Anne and Pommeret Aude, 2003, "Recursive Utility, Growth, and the Welfare Cost of Volatility", *Review of Economic Dynamics*, 6 (2), 672 – 684.

[132] Evans, George W. and Seppo Honkapohja, 2001, *Learning and Expectations in Macroeconomics*, Princeton University Press.

[133] Fama, Eugene F., 1992, "Transitory variation in investment and output", *Journal of Monetary Economics*, 30, 467 – 480.

[134] Fernandez – Villaverde, J., 2009, "The econometrics of DSGE models", NBER Working paper, 14677.

[135] Fisher, J., 2006, "The dynamic effects of neutral and investment-specific shocks", *Journal of Political Economy*, 114, 413 – 451.

[136] Fisher, Jonas, 2003, "Technology Shocks Matter," mimeo, Federal Reserve Bank of Chicago.

[137] Forni M, Gambetti L., 2016, Government spending shocks in open economy VARs [J]. *Journal of International Economics*, 99, 68 – 84.

[138] Francis, Neville and Valerie Ramey, 2001, "Is the Technology – Driven Real Business Cycle Hypothesis Dead? Shocks and Aggregate Fluctuations Revisited," mimeo, University of California, San Diego.

[139] Fujiwara, I., Hirose, Y. and Shintani, M., 2008, "Can news be a

major source of aggregate fluctuations? a Bayesian DSGE approach", IMES discussion paper 2008 – E – 16, Bank of Japan.

[140] Fujiwara, Ippei, Y. Hirose, M. Shintani, 2011, Can News Be a Major Source of Aggregate Fluctuations? A Bayesian DSGE Approach [J]. *Journal of Money Credit & Banking*, 43 (1), 1 – 29.

[141] Gali, Jordi and Pau Rabanal, 2004, "Technology Shocks and Aggregate Fluctuations: How Well Does the RBC Model Fit Postwar U. S. Data?", *forthcoming*, *NBER Macroeconomics Annual*.

[142] Gomes, S. , N. Iskrev, and C. Mendicino. Monetary Policy Shocks: We Got News [J]. *Journal of Economic Dynamics and Control*, 2017, 74 (1), 108 – 128.

[143] Greenwood, J. , Z. Hercowitz and G. Huffman, 1988, "Investment, Capacity Utilization and the Real Business Cycle", *American Economic Review*, 78, 402 – 417.

[144] Greenwood, J. , Z. Hercowitz and P. Krusell, 1997, "Long – Run Implications of Investment – Specific Technological Change", *American Economic Review*, 87, 342 – 362.

[145] Greenwood, J. , Z. Hercowitz and P. Krusell, 2000, "The Role of Investment-specific Technological Change in the Business Cycle", *European Economic Review*, 44, 91 – 115.

[146] Guerron – Quintana, Pablo A. , 2010, What you match does matter: the effects of data on DSGE estimation [J]. *Journal of Applied Econometrics*, 25 (5), 774 – 804.

[147] Gunn, C. M. and Johri, A. , 2009, "News and Knowledge Capital", mimeo, McMaster University.

[148] Guo, S. , 2008a, "Exploring the significance of news shocks in estimated dynamic stochastic general equilibrium model", Manuscript, Concordia University.

[149] Guo, S. , 2008b, "News shocks, expectation driven business cycles and financial market frictions", Manuscript, Concordia University.

[150] Hairault, Jean – Olivier, Francois Langot and Franck Portier, 1997, "Time to implement and aggregate fluctuations", *Journal of Economic Dynamics and*

Control, 22, 109 – 121.

[151] Hall, Robert E. , 1993, "Macroeconomic Theory and the Recession of 1990 – 1991", *American Economic Review*, 83, 275 – 279.

[152] Hamilton, James D. , 1994, Time Series Analysis, Princeton University Press, Princeton, New Jersey.

[153] Hammad Qureshiy, 2009, "News Shocks and Learning-by-doing", Working Paper, Ohio State University.

[154] Hansen, Gary D. and Edward C. Prescott, 1993, "Did Technology Shocks Cause the 1990 ~ 1991 Recession?", *American Economic Review*, 83, 280 – 286.

[155] Hashmat Khan and John Tsoukalas, 2009, "The Quantitative Importance of News Shocks in Estimated DSGE Models", Manuscript, Carleton University.

[156] Henning Weber, 2003, "Examining news shocks", Diplomarbeit Humboldt – Universit¨at zu Berlin.

[157] Imrohoroglu, Ayse. and Imrohorogu, Selahattin. , 1997, "A Note on the Welfare Cost of Business Cycles and Growth in Turkey", *Yapi Kredi Economic Review* 8 (2), 25 – 34.

[158] Ireland, P. , 2004, "Technology shocks in the new Keynesian model", *Review of Economics and Statistics*, 86 (4), 923 – 936.

[159] Jaimovich, Nir, S. Rebelo, 2009, Can News about the Future Drive the Business Cycle? [J]. *American Economic Review*, 99 (4), 1097 – 1118.

[160] Julio J. Rotemberg, 1994, "Shocks: A comment", Carnegie – Rochester Conference Series on Public Policy, North Holland, 41, 365 – 371.

[161] Justiniano, Alejandro, G. E. Primiceri, A. Tambalotti, 2009, Investment shocks and business cycles [J]. *Journal of Monetary Economics*, 57 (2), 132 – 145.

[162] Karl Walentin, 2007, "Expectation Driven Business Cycles with Limited Enforcement", Working Paper, Sveriges Riksbank.

[163] Khan, Hashmat, J. Tsoukalas, 2012, The Quantitative Importance of News Shocks in Estimated DSGE Models [J]. *Journal of Money Credit & Banking*, 44 (8), 1535 – 1561.

[164] King, R. , Plosser, C. and S. Rebelo, 1988, "Production, growth and

business cycles: I. The basic neoclassical model", *Journal of Monetary Economics*, 21, 195 – 232.

[165] King, Robert G. and Sergio Rebelo, 1999, "Resuscitating Real Business Cycles", in John Taylor and Michael Woodford, eds. , Handbook of Macroeconomics, volume 1B, 928 – 1002.

[166] Kobayashi, K. and Nutahara, K. : 2008, "Nominal rigidities, news-driven business cycles, and monetary policy", Discussion paper 08 – E – 018, REITI.

[167] Kobayashi, K. , Nakajima, T. and M. Inaba, 2007, "Collateral constraint and news-driven cycles", Discussion paper 07 – E – 013, REITI.

[168] Kydland, Finn E. , E. C. Prescott, 1982, Time to Build and Aggregate Fluctuations [J]. *Econometrica*, 50 (6), 1345 – 1370.

[169] Laurens, J. Bernard, and R. Maino, 2007, China: Strengthening Monetary Policy Implementation [R]. IMF Working Paper.

[170] Levin, Andrew T. , Alexei Onatski, John C. Williams, Noah Williams, 2005, Monetary Policy under Uncertainty in Micro – Founded Macroeconometric Models [J]. *NBER Macroeconomics Annual*, 20, 229 – 287.

[171] Lilia Karnizova, 2008, "The Spirit of Capitalism and Expectation Driven Business Cycles", Working Paper, Ottawa University.

[172] Liu, L. , and W. Zhang. , 2007, A New Keynesian Model for Analyzing Monetary Policy in Mainland China [R]. Hong Kong Monetary Authority Working Paper.

[173] Lubik, T. and Schorfheide, F. , 2004, "Testing for indeterminacy: an application to US monetary policy", *American Economic Review*, 94, 190 – 217.

[174] Lucas, R. E. , 2003, "Macroeconomic Priorities", *American Economic Review* 93 (1), 1 – 14.

[175] Lucas, R. E. J. , 1987, Models of Business Cycles, Oxford: Basil Blackwell.

[176] Lucas, Robert E. , 1977, "Understanding Business Cycles", in: K. Brunner and A. H. Meltzer, eds. , Stabilization of the domestic and international economy, Carnegie – Rochester Conference Series on Public Policy, 5, 7 – 29.

[177] Mehra, R. and Prescott, E. C. , 1985, "The equity premium: a puz-

zle", *Journal of Monetary Economics*, 15, 145 – 161.

[178] Mehra, R. , and Prescott, E. C. , 1988, "The equity risk premium: a solution?", *Journal of Monetary Economics*, 22, 133 – 136.

[179] Meinusch, A. , and P. Tillmann. 2016, The Macroeconomic Impact of Unconventional Monetary Policy Shocks [J]. *Journal of Macroeconomics*, 47 (1), 58 – 67.

[180] Milani, F. , and J. Treadwell. 2012, The Effects of Monetary Policy "News" and "Surprises" [J]. *Journal of Money*, Credit and Banking, 44 (8), 1667 – 1692.

[181] Negro M. D. Schorfheide, Smets F. and Wouters R. , 2007, "On the fit and forecasting performance of new keynesian models", *Journal of Business and Economics Statistics*, 25, 123 – 143.

[182] Olivier J. Blanchard and Danny Quah, 1989, "The Dynamic Effects of Aggregate Demand and Supply Disturbances" [J]. *American Economic Review*, 79, 655 – 673.

[183] Otrok, C. , 2001, "On Measuring the Welfare Cost of Business Cycles" [J]. *Journal of Monetary Economics*, 47 (1), 61 – 92.

[184] Pallage, Stephane. and Robe, Michel. , 2003, "On the Welfare Cost of Business Cycles in Developing Countries" [J]. *International Economic Review* 44 (2), 677 – 698.

[185] Peng, W. , H. Chen, and W. Fan. Interest Rate Structure and Monetary Policy Implementation in China [R]. Hong Kong Monetary Authority Working Paper, 2006.

[186] Pigou, Arthur, 1927, *Industrial Fluctuations*, MacMillan, London.

[187] Pigou, Arthur, *Industrial Fluctuations* [M]. MacMillan, London, 1926.

[188] Prescott, Edward C. , 1986, "Theory ahead of business cycle measurement", Federal Reserve Bank of Minneapolis Quarterly Review, Fall, 10 (4), 9 – 22.

[189] Primiceri, Giorgio E, E. Schaumburg, A. Tambalotti, 2006, Intertemporal Disturbances [A]. Meeting Papers Society for Economic Dynamics, 435 – 482.

［190］Rebelo, Sergio, 2005, "Real Business Cycle Models: Past, Present, and Future", NBER Working Paper, No. 11401.

［191］Rietz, T. A. , 1988, "The equity risk premium: a solution", *Journal of Monetary Economics* 22, 117 – 131.

［192］Salyer, K. D. , 2007, "Macroeconomic Priorities and Crash States", *Economics Letters*, 94, 64 – 70.

［193］Schmitt – Grohe and Martin, Uribe, 2012, What's News in Business Cycles ［J］. *Econometrica*, 80 (6), 2733 – 2764.

［194］Schmitt – Grohe, S. and M. Uribe, 2008, "What's news in business cycle", Manuscript, Columbia University.

［195］Schorfheide, F. , 2000, "Loss function-based evaluation of DSGE models", *Journal of Applied Econometrics*, 15, 645 – 670.

［196］Sims, Christopher A. , 1980, Macroeconomics and Reality ［J］. *Econometrica*, 48 (1), 1 – 48.

［197］Sims, E. , 2009, "Expectations driven business cycles: an empirical evaluation", Manuscript, University of Michigan.

［198］Smets, F. and Wouters, R. , 2003, "An estimated dynamic stochastic general equilibrium model of the euro area", *Journal of the European Economic Association*, 1, 1123 – 75.

［199］Smets, F. and Wouters, R. , 2007, "Shocks and frictions in US business cycles: A Bayesian DSGE approach", *American Economic Review*, 97, 586 – 606.

［200］Smets, Frank, R. Wouters, 2007, Comparing shocks and frictions in US and euro area business cycles: a Bayesian DSGE Approach ［J］. *American Economic Review*, 97 (3), 586 – 606.

［201］Stock, James H. , M. W. Watson, 1999, *Business cycle fluctuations in us macroeconomic time series* ［M］. Handbook of Macroeconomics 1, Part A, Chapter 1, 3 – 64.

［202］Summer Lawrence H. , 1986, "Some skeptical observations on real business cycle theory", Federal Reserve Bank of Minneapolis Quarterly Review, Fall, 10 (4), 23 – 27.

［203］Tallarini, Thomas, 2000, "Risk Sensitive Real Business Cycles", *Journal of Monetary Economics*, 45（3）, 507 – 32.

［204］Thomas F. Cooley and Edward C. Prescott, 1995, "Economic Growth and Business Cycles", In Frontiers of Business Cycle Research, edited by Thomas F. Cooley, Princeton, Princeton University Press.

［205］Uhlig Harald, 1999, "A Toolkit for analyzing nonlinear dynamic rational expectations models easily", In Computational Methods for the Study of Dynamic Economics, eds., R. Marimon and A. Scott, Oxford University Press, Oxford, 150 – 200.

［206］Zhang, W. 2009, China's Monetary Policy: Quantity Versus Price Rules ［J］. *Journal of Macroeconomics*, 31（3）, 473 – 484.